V&R

Stephanie Witt-Loers

Kindertrauergruppen leiten

Ein Handbuch zu Grundlagen und Praxis

Vandenhoeck & Ruprecht

Bibliografische Information der Deutschen Nationalbibliothek
Die Deutsche Nationalbibliothek verzeichnet diese Publikation in der
Deutschen Nationalbibliografie; detaillierte bibliografische Daten sind
im Internet über http://dnb.d-nb.de abrufbar.

Veränderte Neuausgabe. Die erste Ausgabe erschien 2013 im Gütersloher Verlagshaus.
ISBN 978-3-525-40287-0

Weitere Ausgaben und Online-Angebote sind erhältlich unter: www.v-r.de

Umschlagabbildung: ziviani/Shutterstock.com

© 2018, Vandenhoeck & Ruprecht GmbH & Co. KG, Theaterstraße 13, D-37073 Göttingen /
Vandenhoeck & Ruprecht LLC, Bristol, CT, U.S.A.
www.v-r.de
Alle Rechte vorbehalten. Das Werk und seine Teile sind urheberrechtlich
geschützt. Jede Verwertung in anderen als den gesetzlich zugelassenen Fällen
bedarf der vorherigen schriftlichen Einwilligung des Verlages.
Printed in Germany.

Satz: SchwabScantechnik, Göttingen
Druck und Bindung: ⊕ Hubert & Co GmbH & Co. KG,
Robert-Bosch-Breite 6, D-37079 Göttingen

Gedruckt auf alterungsbeständigem Papier.

INHALT

Vorwort
Dr. Joachim Windolph 13

Einleitung 15

Kapitel 1: Kinder und Trauer 17

1 Grundsätzliches zur Trauerarbeit mit Kindern und Familien ... 17
1.1 Verlust und Trauer 18
1.2 Kinder trauern anders 19
1.3 Trauerfreie Räume 20
1.4 Trauer im System Familie 20
1.5 Familientrauerbegleitung 21

*2 Die Themen Sterben, Tod, Trauer
in der Entwicklung von Kindern* 24
2.1 Prävention – das Thema Tod gehört zu jedem Leben 24
2.2 Todesverständnis früher und heute 24
2.3 Entwicklungspsychologische Aspekte und Trauerforschung 26
2.4 Erkenntnisse der Bindungsforschung 27
2.5 Todesvorstellungen in unterschiedlichen Lebensphasen
junger Menschen 29
    2.5.1 Die Wahrnehmung der Kleinkinder 30
    2.5.2 Bedeutung der kognitiven und
emotionalen Fähigkeiten im Vorschulalter 30
    2.5.3 Schulkinder entwickeln andere Fragen
und ein anderes Erleben 33
    2.5.4 Vom Schulkind zum Jugendlichen –
neue Erkenntnisperspektiven 37

3 Traueraufgaben und Trauerprozesse 39
3.1 Trauermodelle 39
3.2 Duales Prozessmodell der Bewältigung
von Verlusterfahrungen (DPM) 40

3.3	Erweitertes Aufgabenmodell nach James William Worden	42
	3.3.1 Themen der Trauer – Traueraufgaben	43
	3.3.2 Mediatoren	51
	3.3.3 Bewältigung der Traueraufgaben – unterstützende Faktoren im Umfeld	53
	3.3.4 Verschiedene Trauerverläufe und komplizierte Trauerprozesse	54
4	*Trauerreaktionen und Trauerprozesse bei Kindern*	59
4.1	Körperliche, psychische, soziale und Verhaltensreaktionen ...	59
	4.1.1 Regressionen	60
	4.1.2 Trauma	61
	4.1.3 Rollen und Funktionen von Gestorbenen	62
	4.1.4 Grundbedürfnisse und Bedürfnisse	64
4.2	Mögliche Ursachen für Schwierigkeiten im Trauerprozess eines Kindes	65
	4.2.1 Elternteil	66
	4.2.2 Großeltern	68
	4.2.3 Freundin/Freund	68
5	*Trauererleben, Trauerprozesse von Geschwisterkindern*	69
5.1	Frage nach der eigenen Identität	70
5.2	Frage nach der Geschwisterbeziehung vor dem Verlust	70
5.3	Mögliche Schwierigkeiten von Kindern beim Verlust eines Geschwisters	72
5.4	Mehrere zurückbleibende Geschwister	75
5.5	Erschwerte Trauer	75
6	*Trauer von Kindern getrennter Eltern*	76
6.1	Vorverlust: Trennung der Eltern	77
6.2	Trauer nach dem Tod eines Elternteils nach vorhergehender Trennung der Eltern	79
	6.2.1 Mögliche spezifische Trauerreaktionen	80
	6.2.2 Tod des fürsorgenden Elternteils	82
	6.2.3 Tod des andernorts lebenden Elternteils	83
6.3	Der Tod eines Geschwisters in einer getrennten Familie	86
7	*Trauer bei Kindern nach Suizid eines Angehörigen*	89

Kapitel 2: Das DellTha-Konzept 94

1 Trauerpädagogische Grundkriterien im DellTha-Konzept 94
1.1 Bausteine der Trauergruppenarbeit
 nach dem DellTha-Konzept 94
    1.1.1 Vernetzung zwischen Personen und Konzepten
 der Trauerbegleitung 94
    1.1.2 Konzept ist das eine – Flexibilität das andere 95
    1.1.3 Kommunikation – miteinander eine Sprache finden 95
    1.1.4 Zeiten in der Gruppe – Zeiten danach 96
    1.1.5 Ziele, Möglichkeiten, Grenzen der Arbeit 96
    1.1.6 Sinnfragen brauchen ihre Zeit, Ehrlichkeit
 und Gespür 97
    1.1.7 Verantwortlichkeit und Professionalität der Begleiter 97
1.2 Ziele des DellTha-Konzepts 98
    1.2.1 Ziele für Kindertrauergruppen 98
    1.2.2 Vermittlung der Trauerarbeit im Lebensumfeld 100
1.3 Methoden der Kindertrauerbegleitung im DellTha-Konzept ... 101
1.4 Strukturen und Rahmenbedingungen des DellTha-Konzepts ... 102
    1.4.1 Geschlossene Kindertrauergruppe mit
 gleichzeitig offener oder geschlossener
 Begleitung der Bezugspersonen 102
    1.4.2 Weitere Dienste und Angebote über
 die Gruppenarbeit hinaus 103
    1.4.3 Voraussetzungen für Mitarbeiter/-innen 104
    1.4.4 Qualitätssicherung durch Teamsupervisionen
 und Fortbildungen 107
    1.4.5 Störenden, auffälligen oder
 schwierigen Verhaltensweisen begegnen 107
    1.4.6 Kriterien für geeignete Veranstaltungsorte und Räume 111
    1.4.7 Rüstzeug für die Gruppenstunden –
 notwendige Materialien 112
1.5 Vorgespräch – Informationsabend – Anmeldung 113
    1.5.1 Vorgespräch mit Kindern und Bezugspersonen 113
    1.5.2 Entscheidungshilfen für die Teilnahme
 an einer Trauergruppe 114
    1.5.3 Wissenswertes zum jeweiligen Kind erfragen 114
    1.5.4 Gruppenstruktur im Blick haben 115

1.5.5	Komplizierte Trauerprozesse erkennen und Ausschlusskriterien beachten	117
1.5.6	Gruppengröße und Alter der Kinder in der Gruppe	118
1.5.7	Informationsabend nach dem Vorgespräch	119
1.5.8	Zeitlicher Rahmen	119
1.5.9	Kosten – Dokumentation – Statistik	120
1.5.10	Dokumentationen zur Gruppe und zu den einzelnen Kindern	120
1.5.11	Kritische Selbstreflexion nach den Gruppenstunden	121

2 Das DellTha-Konzept im Hinblick auf die Traueraufgaben nach J. W. Worden – Grundsätze der Begleitung ... 123
2.1 Den Verlust als Realität akzeptieren ... 124
2.2 Den Schmerz verarbeiten ... 124
2.3 Sich an eine Welt ohne die verstorbene Person anpassen ... 126
2.4 Eine dauerhafte neue Verbindung zu der verstorbenen Person inmitten des Aufbruchs in ein neues Leben finden ... 128
2.5 Der Trauer Zeit geben ... 130
2.6 Grenzen der Trauerbegleitung im Rahmen einer Gruppe ... 131

Kapitel 3: Voraussetzungen für die Praxis der Arbeit in der Kindertrauergruppe ... 132

1 Aufbau einer Kindertrauergruppe – vor dem Start zu klärende Fragen ... 132

2 Grundhaltungen in der Begleitung trauernder Kinder ... 135
2.1 Wertschätzung der Kinder ... 135
2.2 Selbstkongruenz und Authentizität der Begleiter/-innen ... 135
2.3 Körpersprache kennen und verstehen – Körperkontakt sensibel einfließen lassen ... 136
2.4 Aktiv zuhören – behutsam sprechen ... 136
2.5 Informieren – bestätigen – anerkennen ... 137
2.6 Aufmerksam für die Träume der Kinder ... 140
2.7 Klare Sprache mit den Kindern sprechen ... 140
2.8 Vermittlung von Sicherheit und Zuverlässigkeit ... 141
2.9 Die Rolle als Begleiter/-in reflektieren ... 142
2.10 Grenzen erkennen: im Angebot und bei sich selbst als Begleiter/-in ... 142

3	*Kommunikations- und Gestaltungsfelder der Kindertrauerarbeit: Wahrnehmung – Ausdruck – Ressourcenförderung – Neuorientierung*	*143*
3.1	Gefühle erleben – Gefühle zeigen	143
	3.1.1 Identifikation von Gefühlen	144
	3.1.2 Gefühle und Befindlichkeiten spiegeln	145
	3.1.3 Wut, Aggression, Zorn – Reaktionen von Trauer	146
	3.1.4 Seelische Verletzungen erkennen, verstehen, kanalisieren	147
	3.1.5 Wenn Kinder sich schuldig fühlen und sich schämen ...	149
	3.1.6 Weinen hat seine Zeit	150
	3.1.7 Freude und Lachen haben ihre Zeit	150
3.2	Kognitives Verstehen des Todes und des Verlustes	151
3.3	Sinnliches Wahrnehmen – sehen, berühren, erleben	152
3.4	Heilsames Erinnern	153
3.5	Kreativität und Körpersprache brauchen oft viel Raum	154
	3.5.1 Worte finden im Schreiben	155
	3.5.2 Malen	155
	3.5.3 Basteln	156
	3.5.4 Musik hören oder selber machen	157
	3.5.5 Wahrnehmen der eigenen Körperlichkeit	157
	3.5.6 Spiele und Sport	158
	3.5.7 Rollenspiele	158
	3.5.8 Entspannungsübungen	159
	3.5.9 Fantasiereisen	159
	3.5.10 Meditationen	160
	3.5.11 Yogaübungen	160
3.6	Körper und Seele	160
	3.6.1 Struktur im Alltag	161
	3.6.2 Schlaf	161
	3.6.3 Ernährung	162
	3.6.4 Massagen	162
	3.6.5 Atemübungen	163
	3.6.6 Aromatherapie	163
3.4	Begegnungen mit der Natur	164
3.5	Literatur, Filme, Bilder, Musik	165
	3.5.1 Bildbetrachtungen	165
	3.5.2 Biografiearbeit	166
3.6	Umstrukturierung von Erwartungen und Überzeugungen	166

3.7	Offen für Sinnfragen	168
3.8	Hoffnung	169
3.9	Glaube und Spiritualität	170
3.10	Neuorientierung	171
3.11	Gestaltung von schweren Tagen: Jahrestage, Geburtstage, Feste	172
3.12	Gestaltete Mitte	173

4	***Rituale und Symbole in der Kindertrauergruppenarbeit***	**175**
4.1	Bedeutung von Ritualen	175
4.2	Rituale in der Trauergruppe	177
4.3	Rituale im System Familie	178
4.4	Zwanghafte Rituale	179

5	***Die Praxis der Gruppenstunden*** *Vorbereiten, Strukturieren, Durchführen, Nachbereiten*	**180**
5.1	Vorbereitung	180
5.2	Verlauf der Gruppenstunden	181
	5.2.1 Begrüßung und Mitteilungsrunde	181
	5.2.2 Inhaltlicher Impuls: Information/Thema	182
	5.2.3 Pause	182
	5.2.4 Kreatives Angebot	182
	5.2.5 Verknüpfung inhaltlicher Impuls und kreative Arbeit: Austausch	183
	5.2.6 Zeit für Spiele und Bewegung	183
	5.2.7 Schlussrunde	183
	5.2.8 Ausklangsritual	183
	5.2.9 Nachbesprechung und Reflexion	184

6	***Inhaltliche Arbeit nach dem DellTha-Konzept in Kindertrauergruppen – Gestaltungsmöglichkeiten von acht Gruppenstunden***	**185**
6.1	Erstes Kindergruppentreffen: Sich kennen lernen	186
6.2	Zweites Kindergruppentreffen: Gefühle	190
6.3	Drittes Kindergruppentreffen: Sich erinnern	192
6.4	Viertes Kindergruppentreffen: Wie habe ich den Tod erlebt? Was hat sich seit dem Tod für mich verändert?	195
6.5	Fünftes Kindergruppentreffen: Wo sind die Verstorbenen jetzt? Wie stelle ich mir das Danach vor?	199

6.6	Sechstes Kindergruppentreffen: Was tröstet mich? Wo lasse ich meine Ängste und Sorgen?	201
6.7	Siebtes Kindergruppentreffen: Hoffnung	203
6.8	Achtes Kindergruppentreffen: Abschluss, Auswertung, Abschied	205

Schlusswort und Dank 208

Literatur 210

Code für Download-Material 212

VORWORT

Ob das wohl gut sein mag, Kindern und Eltern bzw. anderen Bezugspersonen im quälenden Zustand der Trauer nicht den gegenseitigen Trost und die gemeinsame Aufarbeitung zuzutrauen? Wissen die engsten Beziehungspersonen nicht am treffendsten, was »ihren« trauernden Kindern wohltut? Und suchen die Kinder in den irritierenden Erfahrungen des endgültigen Abschieds nicht gerade die als verlässlich bewährten Menschen und allein in ihnen eine stützende Sicherheit?

Mit diesen und vielen anderen Bedenken ist sicher zu rechnen, wenn man Kindern und Erwachsenen, die gemeinsam in Trauerprozesse gesogen wurden, eine getrennte Begleitung anbietet. Doch die Erfahrung jener, die sich auf Trauergruppen für Kinder bzw. Jugendliche oder für Eltern bzw. Bezugspersonen eingelassen haben, spricht eine andere Sprache: Ihnen tut die zeitweilige Trennung und die Begegnung mit anderen, die Ähnliches durchleben, gut. Sie dürfen aus den gewohnten Rollen ausbrechen und sich durch die Krise in Neuem probieren, ohne zugleich mitdenken zu müssen, was die in der Nähe gewohnten und geschätzten Menschen von ihnen erwarten könnten. So finden Kinder, Jugendliche und Erwachsene gelöster wieder zusammen.

Aber ist dieser Umweg über die zeitweilige Trennung wirklich nötig? Nein, nicht nötig, aber womöglich hilfreich. Traurige Kinder und Jugendliche entwickeln im heimischen Umfeld eine zuweilen schwer verständliche Dynamik und fühlen sich von den Eltern unverstanden, wenn nicht sogar ignoriert. Eltern sind allzu sehr mit ihrer eigenen Trauer beschäftigt, als dass sie sich auf das spezielle Erleben der Heranwachsenden einlassen können. Alle entwickeln Defizitgefühle, in ihrer Belastung zu kurz zu kommen. Daher müssen Trauergruppen für Kinder bzw. Jugendliche und Gruppen für Eltern bzw. Bezugspersonen selten mühsam beworben werden. Das große Interesse zeugt von einem hohen Bedarf. Damit wächst aber zugleich die Suche nach kompetenten Begleitungen und hilfreichem Material.

Die in diesem Buch beschriebenen Erfahrungen, die unter dem Namen *DellTha* zu einem Konzept entwickelt wurden, können mehrfach dienlich sein: Sie führen ein in die theoretischen Differenzierungen vielfältiger Ursachen, Phänomene und Hilfen, die in Bezug auf die Trauer von Kindern und Heranwachsenden diskutiert werden. Sie bieten ein breites

Repertoire an Methoden und Abläufen, was für Begleitende zu einer erleichternden Schatztruhe werden kann. Und zugleich wird nicht verheimlicht, dass es mit der bloßen Übernahme überzeugender Vorlagen nicht getan ist, sondern eine gründliche Auseinandersetzung durch fundierte Qualifizierungen unabdingbar ist, um trauernden Menschen, Großen und Kleinen, in der Begleitung wirklich gerecht zu werden.

Wer sich auf diesem Weg ehrlich der Trauer stellt, der eigenen und der fremden, wird erfahren, dass sie nicht nur quälen, sondern auch öffnen kann.

Dr. Joachim Windolph
Prof. für Kath. Theologie im Sozialwesen,
KatHO NRW, Abt. Köln
Supervisor (DGSv)

EINLEITUNG

Auch Kinder trauern, und oftmals sind ihre Trauerwege nicht weniger schwierig und langwierig als die von Erwachsenen. Wie Erwachsene erleben Kinder den Tod eines ihnen nahe stehenden Menschen als tiefen Einschnitt mit vielfältigen inneren und äußeren Veränderungen ihres gewohnten Lebens. Anders als Erwachsene haben Kinder oftmals aber nur wenige persönliche, emotionale und kognitive Möglichkeiten, das Erfahrene zu deuten, weil das Reservoir ihrer Kenntnisse und Lebenserfahrungen noch klein ist. Sie zeigen häufig durch ihr Verhalten, dass sie sich in einer psychischen Krisensituation befinden. Vielfach versuchen Kinder zudem, ihre Bezugspersonen zu schonen, indem sie ihre eigene Trauer zurückstellen. Sie brauchen die wache Wahrnehmung ihrer Trauer durch andere, sie brauchen Informationen, Zuwendung, Aufmerksamkeit und Unterstützung, um die Aufgaben, vor die ihre Trauer sie stellt, zu bearbeiten und den Verlust in das eigene Leben zu integrieren. Sie werden sich außerdem mit zunehmendem Alter immer wieder neu und ihren erweiterten Fähigkeiten entsprechend mit dem Verlust auseinandersetzen.

Aus diesen Erkenntnissen und langjährigen Erfahrungen ist in Zusammenarbeit zwischen dem Trauerzentrum für Kinder *Thalita* in Olpe und dem Institut für Trauerbegleitung *Dellanima* in Bergisch Gladbach das Konzept *DellTha* (Dellanima und Thalita) für die Arbeit mit trauernden Kindern und Bezugspersonen entstanden. In diesem Buch wird die Arbeit in Kindertrauergruppen im *DellTha-Konzept* vorgestellt.

Das erste Kapitel bietet grundlegende Informationen zum Themenfeld *Kinder und Trauer*. Dabei fließen Theorien aus der Trauerforschung, anderen Fachrichtungen, eigene theoretische Überlegungen sowie kreative und praktische Interventionen ein. Das zweite Kapitel stellt die Arbeit in Kindertrauergruppen nach dem *Delltha-Konzept* in seinem Ansatz, seinen Grundzügen und Zielen vor. Im dritten Kapitel dieses Teils erhalten Sie schließlich eine Einführung in die Praxis der Arbeit in einer Kindertrauergruppe nach dem *DellTha-Konzept*.

Zudem finden sich im Download-Material Vorschläge und Hinweise, welche die praktische Arbeit erleichtern sollen. Dazu zählen unter anderen: Ideen und Anleitungen zum kreativen Arbeiten, Impulstexte, ausführliche Hinweise zu weiterführender Literatur, Film- und Musiklisten sowie Anamnese-, Dokumentations- und Statistikbögen.

Eine kompetente Begleitung trauernder Kinder und Jugendlicher ist in Deutschland noch im Aufbau. Ich hoffe und wünsche, dass das Buch einen Beitrag dazu leisten kann, diesen Aufbau sowie die Entwicklung definierter Qualitätsmerkmale zu unterstützen. Es soll Hilfe und Orientierung sein für die, die sich auf diesem Feld engagieren möchten. Zugleich soll es eine Einladung sein, eigene Konzepte oder das hier vorgestellte Konzept weiter zu entwickeln, denn längst konnten nicht alle Aspekte dieses weiten Themenfeldes hier aufgegriffen werden. Ich freue mich darum über Rückmeldungen – auch über kritische.

Was dieses Buch nicht ersetzen kann ist die qualifizierte Ausbildung von Trauerbegleitern und Trauerbegleiterinnen. Wer nicht über die *Große Basisqualifikation zur Trauerbegleitung*[1] verfügt und keinerlei z. B. in Praktika erworbene Erfahrungen in der Kindertrauerarbeit hat, kann nicht allein mit Hilfe dieses Buches Kindertrauergruppen leiten!

Das Buch richtet sich darum hauptsächlich an ausgebildete Trauerbegleiterinnen und Trauerbegleiter mit Erfahrung in der Begleitung von Kindern und Jugendlichen, es kann aber auch Lehrer/-innen und Erzieher/-innen, die sich mit diesem Thema beschäftigen, nützen.

Stephanie Witt-Loers

---

1. Informationen zu zertifizierten Fortbildungen in der Trauerbegleitung gibt es beim Bundesverband Trauerbegleitung e. V.; www.bv-trauerbegleitung.de.

KAPITEL 1 KINDER UND TRAUER

1 Grundsätzliches zur Trauerarbeit mit Kindern und ihren Familien

Aufhebung

*Sein Unglück
ausatmen können*

*tief ausatmen
so daß man wieder
einatmen kann*

*Und vielleicht auch sein Unglück
sagen können
in Worten
in wirklichen Worten
die zusammenhängen
und Sinn haben
und die man selbst noch
verstehen kann
und die vielleicht sogar
irgendwer sonst versteht
oder verstehen könnte*

Und weinen können

*Das wäre schon
fast wieder Glück*

Erich Fried
aus: Beunruhigungen. © Verlag Klaus Wagenbach, Berlin 1984

Bevor ich auf grundlegende Aspekte der Kindertrauerarbeit eingehe, möchte ich kurz die Bedeutung des Wortes *Dellanima* erläutern und erklären, warum das Institut für Trauerbegleitung, Fortbildungen und

Vorträge, an dem ich nach den im Folgenden vorgestellten Grundsätzen und Konzepten arbeite, diesen Namen trägt.

Schon seit langen Zeiten und fast in allen bekannten Kulturen benennen Menschen etwas, was über den Tod hinausgeht. Viele Menschen glauben, dass ein Teil von uns weiterlebt, entweder körperlos oder in einem anderen Körper. Oft bezeichnen wir das als unsere Seele. Das deutsche Wort Seele ist nach einer ethymologischen Hypothese von »See« abgeleitet. Seen galten bei den Germanen als Orte, an denen sich die Seelen der Menschen vor der Geburt oder nach dem Tod aufhielten. Dell'anima kommt aus dem Italienischen und bedeutet: von der Seele, aus der Seele. Die Vorstellung, dass von einem verstorbenen Menschen etwas bleibt, die Seele, die vielleicht bei Gott, in einem anderen Körper oder woanders weiterlebt, ist eine tröstliche Vorstellung, die offen ist für viele Glaubensauffassungen und Kulturen. Tröstend ist auch, dass die Erinnerung an einen Menschen in unserer Seele für immer einen Platz finden kann. Deshalb heißt das Institut für Trauerbegleitung, Fortbildungen und Vorträge: *Dellanima*.

1.1 Verlust und Trauer

Trauerprozesse werden ausgelöst durch einen Verlust. Kinder erleben in vielen Bereichen ihres Lebens Verluste. Das kann neben dem Tod der Verlust von Lebensraum, geistigen oder körperlichen Fähigkeiten, einem Haustier oder Spielzeug auch der Verlust von Lebenskonzepten (z. B. durch die Trennung der Eltern) sein. Trauer ist notwendig, um mit dem erlittenen Verlust leben und diesen in das neue Lebensgefüge integrieren zu können. Trauer ist ein Prozess, der länger dauert und sich vielfältiger ausdrückt, als bisher angenommen wurde. Die früher herrschende Auffassung in der Trauerforschung, dass Trauer bei allen Menschen gleich verlaufe, hat sich durch die Auseinandersetzung mit den verschiedenen Faktoren, die Trauerprozesse beeinflussen und somit individuell prägen, verändert (vgl. Witt-Loers, Trauernde begleiten, S. 16–20).

1.2 Kinder trauern anders

Kinder trauern wie Erwachsene so schwer, so lange und doch nicht gleich. Weil sich ihre Trauer anders ausdrückt, wird sie oft als solche nicht erkannt, gewürdigt und begleitet. Kinder besitzen noch nicht die gleichen Voraussetzungen, sich mit Trauer auseinanderzusetzen, wie Erwachsene. Zu diesen Voraussetzungen gehören die Fähigkeit zu abstraktem Denken, das Gefühl für Zeit und deren Ablauf und die Möglichkeit, sich sprachlich komplex auszudrücken.

Der Tod eines nahestehenden Menschen ist für jedes Kind – auch für sehr kleine – ein nicht nur emotional folgenschweres Ereignis. Durch den Verlust werden Kinder mit neuen Lebenssituationen konfrontiert, mit denen sie zurechtkommen müssen. Sie werden gezwungen, sich einen neuen Stand in ihrer Lebenswelt zu suchen und neue Rollen einzunehmen. In der Kindheit erfahrene Verluste und deren Bewältigung haben Einfluss auf die weitere Entwicklung des Kindes. Betrauert ein Kind den erlittenen Verlust nicht angemessen, so treten nach *J. W. Worden* (amerikanischer Arzt und Trauerforscher, *1932) später häufig Depressionserscheinungen auf oder der erwachsene Mensch zeigt eine Unfähigkeit, engere Bindungen zu entwickeln (vgl. Worden, Beratung und Therapie in Trauerfällen, 2010, S. 220).

Haben Kinder nicht die Möglichkeit, ihrer Trauer Ausdruck zu verleihen, und versuchen sie, ihre Bezugspersonen durch das Verdrängen der eigenen Trauer zu schützen, oder nehmen sie verdrängendes Trauerverhalten von Bezugspersonen zum Vorbild, besteht das Risiko einer Entwicklungsstörung oder dauerhaften psychischen Erkrankung. Daher ist es so wichtig, Kinder mit dem Erlebten nicht allein zu lassen.

Trauerprozesse müssen durchlebt werden, sind aber für Menschen, Erwachsene wie Kinder, enorm anstrengend und teilweise sehr beängstigend, da sich Trauer in körperlichen und psychischen Reaktionen ebenso wie in verändertem und ungewöhnlichem Verhalten zeigen kann. Hinterbliebene, auch Kinder, sind vielen unterschiedlichen, sehr intensiven und oft widersprüchlichen Gefühlen wie Schmerz, Verzweiflung, Liebe, Wut, Angst, Trauer oder Dankbarkeit ausgesetzt. Vielfach spielt die Auseinandersetzung mit Gedanken, schuldig zu sein, eine belastende Rolle. Die Gefühle in der Trauer bei Kindern sind oft sprunghaft, schwankend und können plötzlich wechseln. Sie reichen von Heiterkeit, manchmal auch Albernheit, bis hin zu Wut, Aggression und tiefer Traurigkeit (vgl. Witt-Loers, Trauernde begleiten, 2010, S. 43–53, S. 21).

1.3 Trauerfreie Räume

Kinder gehen mit ihrer Trauer anders um als Erwachsene. Sie brauchen für sich Pausen, in denen sie Kraft für den Trauerprozess sammeln können. Trauerfreie Räume und Zeiten, in denen das Trauern in den Hintergrund tritt, ermöglichen ein normales alltägliches Erleben, erleichtern das Aushalten der schweren, belastenden Gefühle der Trauer und erfüllen eine gesundheitserhaltende Funktion. Zugleich erhalten diese Phasen den Kontakt zum sozialen Umfeld und helfen bei der Anpassung an eine Welt ohne den Verstorbenen. In trauerfreien Zeiten erfahren Kinder, dass trotz des Verlusts noch stabile, zuverlässige Beziehungen und Sicherheiten existieren, dass es Strukturen im Alltag gibt, die erhalten geblieben sind. In meiner Arbeit mit trauernden Kindern und Jugendlichen erlebe ich, dass es gerade diese »trauerfreien Bereiche« sind, in denen die Trauernden ihre Kompetenzen und Ressourcen wahrnehmen und sich stabilisieren können. Das soziale Umfeld deutet das Verhalten von Kindern in der trauerfreien Zeit jedoch vielfach irrtümlich als ein »Nicht-Trauern« oder Verdrängen.

1.4 Trauer im System Familie

Die größte Zahl der Todesfälle ereignet sich im familiären Kontext. Dann ist nicht nur eine einzelne Person, sondern das gesamte Familiensystem von den Auswirkungen des Todes betroffen. Das Kindertrauerzentrum *Thalita* und das Institut *Dellanima* begreifen ihre Arbeit auf der Grundlage systemorientierter theoretischer Modelle, die genau dieses, d. h. die gesamte Familie, berücksichtigen. Oft bricht vor oder nach dem Tod eines nahestehenden Menschen das ganze Familiengefüge zusammen. Zusätzlich können finanzielle Probleme oder Schwierigkeiten bei der täglichen Versorgung von Kindern die ohnehin schwer zu ertragende Situation belasten. Mit den Anforderungen des Alltags zurechtzukommen bedeutet häufig eine Überforderung für die Familienmitglieder.

Kindertrauergruppen wirken meist entlastend auf die gesamte trauernde Familie oder die Bezugspersonen des trauernden Kindes. Sie können das gegenseitige Verständnis und die Kommunikation innerhalb des Systems fördern sowie das »System Familie« dabei unterstützen, gemeinsame Rituale sowie eine individuelle Trauerkultur zu finden. Bewusst informieren *Thalita* und *Dellanima* Bezugspersonen der Kinder über die Arbeit in der Kindertrauergruppe, ohne dabei den geschützten Raum der Kinder zu verletzen. Zunehmend begleite ich bei *Dellanima* Kinder getrennt lebender Eltern. Hier sollten zusätzliche Aspekte in der Begleitung, auf die ich später noch einmal eingehen möchte, beachtet werden, denn Vorverluste spielen häufig eine erschwerende Rolle im Trauerprozess (vgl. Witt-Loers, Zum Tod eines Kindes, in: Kowalski, 2011, Er wischt die Tränen ab von jedem Gesicht, S. 132–133; Witt-Loers, Trauernde Jugendliche in der Familie, 2014, S. 65 ff.).

1.5 Familientrauerbegleitung

Die Begleitung trauernder Kinder bedeutet für mich, eine systemische Perspektive einzunehmen, d. h. die Familie als Ganze in ihrer Situation zu sehen und mit den engen Bezugspersonen des Kindes in Kontakt zu sein. Aus diesem Grund werden neben den Kindertrauergruppen bei *Dellanima* auch Familienbegleitungen, Einzelbegleitungen und für Kinder, Jugendliche und Erwachsene, Beratung für Kinder, Jugendliche, Frauen, Männer, Bezugspersonen und Suizidgruppen sowie Gruppen für Kinder, Jugendliche, Frauen, Männer, Bezugspersonen und Suizidgruppen angeboten. Diese Angebote sind bedürfnisorientiert ausgerichtet und miteinander kombinierbar.

Kindertrauerbegleiter sollten, da sie immer mit den Bezugspersonen oder dem System Familie in engen Kontakt kommen, deshalb immer auch im Bereich der Erwachsenentrauer qualifiziert sein. Neben der Kindertrauergruppe kann in der zusätzlichen Begleitung erwachsener Bezugspersonen oder der gesamten Familie geklärt werden, welche Entlastungsmöglichkeiten und Ressourcen die Bewältigung des Alltags erleichtern können. Deshalb sollte in der Begleitung trauernder Familien auf die Trauer des Einzelnen im Familiensystem geschaut, aber ebenso das System als Ganzes in den Blick genommen werden. Die Begleitung sollte auf gemeinsam vereinbarte realistische Ziele ausgerichtet sein.

Im System Familie hat zwar jedes Mitglied durch das Sterben eines Menschen ein und dieselbe Person verloren, trotzdem können sich die Trauerreaktionen auf den Verlust bei jedem sehr individuell äußern. Jeder ist mit seiner Trauer und auf je eigene Weise mit der Bewältigung der Aufgaben, vor der die Trauer die Einzelnen stellt, beschäftigt (zu den

Aufgaben der Trauer vgl. 39 ff.). Selten haben alle Familienmitglieder gleichzeitig mit der gleichen Traueraufgabe zu tun. Zudem hatte der Tote für jeden aus dem System eine andere Bedeutung, verknüpft mit der Rolle, die der Verstorbene für ihn hatte – als Kind, Vater, Mutter, Geschwister, Großvater, Freund usw. Dies erschwert oft das Verständnis füreinander, da alle mit ihrem eigenen Verlust belastet und beschäftigt sind. Deshalb sollte eine umfassende Unterstützung auch die Rolle, die der Verstorbene für jeden Einzelnen im System Familie hatte, berücksichtigen.

Unbewältigte Trauer in Familien kann nach *J. W. Worden* zur Herausbildung pathologischer Beziehungen in und zwischen den verschiedenen Generationen in einer Familie führen. Deshalb ist eine Begleitung, die den Umgang mit den Gefühlen der Trauer sowie offene Gespräche im Zusammenhang mit dem Verlust fördert und die einzelnen Familienmitglieder in ihren jeweils unterschiedlichen Trauerreaktionen würdigt, hilfreich. Da innerhalb der Familie Rollen neu verteilt oder eingeübte Rollen aufgegeben werden müssen, kann die Begleitung bei diesem Prozess hilfreich sein.

Bezugspersonen sollten nicht allein die Möglichkeit erhalten, sich auszutauschen und Kontakte zu knüpfen, sie sollten auch informiert werden über Themen wie Trauerreaktionen und das Verhalten von trauernden Kindern und Erwachsenen, über den Umgang mit trauernden Kindern, über Fragen des Zusammenhangs zwischen Trauer und dem sozialen Umfeld sowie über ganzheitliche Unterstützungsangebote kreativer, körperlicher oder auch ernährungswissenschaftlicher Art. Bezugspersonen sollten ermutigt werden, mit ihren Kindern über den Tod, über die Gefühle, Sorgen und Fragen in Zusammenhang mit dem Verlust zu sprechen. Informationen darüber, dass es besser ist, authentisch zu bleiben und Kindern zu zeigen, dass auch Erwachsene starke Gefühle haben, können für Bezugspersonen wichtig sein und ihnen helfen, Zuversicht zu vermitteln. Sie sollten wissen, dass die Aufrechterhaltung von Strukturen im Alltag hilfreich ist und Zeiten für schöne Erlebnisse geschaffen werden sollten. Vielfach unterstützt Familien die Ermutigung, das soziale Umfeld des Kindes (Freunde, Kita, Lehrer) zu informieren, um bei diesen ein Bewusstsein für die Situation zu schaffen. Sind Menschen des sozialen Umfelds für die Situation des Kindes sensibilisiert, können sie dem Kind mehr Verständnis, Zuwendung und wichtige Unterstützung geben. Meist allerdings sind Bezugspersonen aus der eigenen Betroffenheit heraus nicht in der Lage, den Sachverhalt selbst weiterzugeben. Hier kann eine Person des Vertrauens mit der Aufgabe beauftragt werden und so trauernden Kindern das Alltagsleben erleichtern.

Praxisbeispiel

Nicola und ihre Mitschüler bekamen im Kunstunterricht den Auftrag, ihr Leben in der Familie darzustellen und die Arbeit anschließend der Klasse vorzustellen. Nicola, deren Bruder vor drei Monaten durch einen Unfall gestorben war, traf der Auftrag emotional so heftig, dass sie sofort den Klassenraum verließ. Die Lehrerin konnte das Verhalten der Schülerin nicht einordnen und rügte den Vorfall. Wäre die Lehrerin über den familiären Hintergrund informiert gewesen, hätte diese schwierige Situation für Nicola vermieden werden können.

In der Begleitung trauernder Kinder und ihrer Bezugspersonen können wir über Trauerreaktionen, Trauerprozesse und weitere Unterstützungsangebote informieren. Außerdem sollen durch die Trauergruppe in der Familie Prozesse anregt werden, eigene Strategien und Strukturen zu schaffen, um mit dem Verlust umzugehen. Die Suche nach Formen der Kommunikation und familienspezifischen Ritualen soll gefördert werden. Eine bewusste Beschäftigung mit der Trauer und ihren Auswirkungen soll den Betroffenen, Kindern wie Bezugspersonen, Möglichkeiten eröffnen, Gefühle zu zeigen und sich im individuellen Umgang mit dem Verlust zu respektieren. Familien, in denen keine oder eine sehr eingeschränkte Kommunikation untereinander herrscht, bei denen Streit, wenig Teamarbeit und die Unterdrückung von Gefühlen das Zusammenleben bestimmen, sollten ressourcenorientiert durch eine Familientrauertherapie unterstützt werden (vgl. Kissane und Hooghe, 2011, Family Therapy for the Bereaved).

2 Die Themen Sterben, Tod, Trauer in der Entwicklung von Kindern

2.1 Prävention – das Thema Tod gehört zu jedem Leben

Den Themenkomplex Krankheit, Sterben, Tod und Trauer in der Familie und ebenso in der Kita oder Schule immer wieder präventiv einzubeziehen oder aus einem aktuellen Anlass heraus zu bearbeiten, das ist sinnvoll und notwendig. Es ist sinnvoll, Kindern zu erklären, was geschieht, wenn jemand stirbt, welche Merkmale den Tod und das Totsein kennzeichnen (keine Atmung, kein Herzschlag, blasse Haut, Kälte des Körpers). So fällt es leichter, mit einer Verlustsituation, wenn sie eintritt, umzugehen und Orientierung zu finden. Mittlerweile werden verschiedene präventive Projekte zum Umgang mit Sterben, Tod und Trauer im Kindergarten oder in der Schule angeboten (vgl. dazu Witt-Loers, Schulprojekte im Umgang mit Tod und Trauer. Leidfaden – Fachmagazin für Krisen, Leid, Trauer – Heft 4/2012).

Kinder sollten erfahren und wissen, dass unser Leben sich wandelt, dass Abschied und Schmerz zu unser aller Leben gehören. Kinder können lernen, »abschiedlich« zu leben. Deutlich machen können wir, dass das Leben sich in beständiger Veränderung und Wandlung befindet, an uns selbst (das Kind war ein Baby, jetzt ist es schon größer …) und an Beobachtungen in der Natur. Unsere Welt ist ständigen Veränderungen und Wandlungen unterworfen, die den Abschied vom vorigen Zustand beinhalten und auch die Wirklichkeit des Todes umfassen (vgl. Witt-Loers, Sterben, Tod und Trauer in der Schule, 2009 und Trauernde Jugendliche in der Schule, 2012, S. 20 ff.).

- *Projekte: Download-Material / Literaturlisten / MDL 17*

2.2 Todesverständnis früher und heute

Früher war die Kindersterblichkeit um einiges höher, und somit war es für Kinder fast üblich, um Geschwister zu trauern. Aufgrund dieser Erfahrungen und des damit verbundenen Umgangs der Erwachsenen mit dem Tod konnten Kinder ein sehr direktes Verständnis vom Tod für sich entwickeln. Heute begegnen Kinder dem Tod in den Medien oder in Computerspielen. Der Tod wird auf Distanz und als unrealistisch erlebt. Es entstehen viele Fantasien oder falsche Bilder vom Tod, die den Trauerprozess nach einem tatsächlichen Verlust erschweren können. Gerade deshalb ist eine präventive Beschäftigung mit den Themen Sterben, Tod und Trauer in Familien, Kitas und Schulen so wichtig.

Praxisbeispiel

In Trauergruppen und bei meinen Begleitungen erlebe ich immer wieder das Erstaunen von Kindern, wenn sie sich von der verstorbenen nahen Bezugsperson verabschieden. Dies verläuft zumeist ganz anders als in ihrer Vorstellung und wird dann so oder ähnlich kommentiert: »Der Papa war ja gar nicht aufgeschlitzt, das hatte ich gedacht.« – »Die Lara hat ganz friedlich und schön ausgesehen, gar nicht voller Blut und ekelig.«
Fragen im Zusammenhang mit dem Tod zeigen deutlich, dass Kinder durch falsche oder zu wenige Informationen oftmals ein unrealistisches Bild vom Tod entwickeln. »Hat es dem Papa sehr wehgetan, als er verbrannt und in die Urne gepackt wurde?« – »Ich wollte die Oma nicht sehen, weil ich dachte, sie ist ein Skelett.«

Lange Zeit hat man angenommen, dass gleichaltrige Kinder identische Todesvorstellungen haben, weil man davon ausging, dass sich die Erkenntnismöglichkeiten des Menschen in relativ starren, altersabhängigen Entwicklungsstadien entfalten würden. Heute wissen wir, dass Kinder gleichen Alters sehr unterschiedliche Todesvorstellungen haben können. Eine Systematisierung der Erkenntnisentwicklung bei Kindern entlang eines Stufenmodells erleichtert zwar ein Verständnis trauernder Kinder; wir können so beispielsweise erklären, dass für Kinder, die noch finalistisch denken, also noch meinen, dass alles, was geschieht, einen Sinn hat, auch der Tod einen Zweck haben muss; aber sie darf nur Anhaltspunkte liefern für den individuellen Umgang mit jedem trauernden Kind. Deshalb sollten systematisierende Stufenmodelle nicht zum universellen Maßstab gemacht werden, sondern wir müssen sie mit vielen weiteren Aspekten, die zum individuellen Todesverständnis eines Kindes beitragen können, korrelieren.

Mein Eindruck ist, dass das Verständnis vom Tod bei Kindern geprägt wird von immens vielen Einflussfaktoren, wie z. B. von der persönlichen kognitiven Entwicklung eines Kindes, seiner individuellen Widerstandskraft (Resilienz) sowie von resilienzfördernden Faktoren in seiner Umgebung, von seinen individuellen Erfahrungen mit Verlusten und deren Bewältigung, seinen Erlebnissen, die mit dem Tod in Verbindung stehen, von der Erziehung und anderen sozialen Einflüssen wie Medien, Kultur, Religion, Ideologien, Wertvorstellungen, von der ökonomischen Situation und der präventiven Beschäftigung mit den Themen Krankheit, Leid, Sterben und Tod.

2.3 Entwicklungspsychologische Aspekte und Trauerforschung

Jeder Verlust und jedes darum trauernde Kind sind einmalig und individuell. Trotzdem lassen sich wiederkehrende Trauerprozesse und Reaktionen beobachten, die bei Hinterbliebenen häufig auftreten. Die Erkenntnisse aus der Entwicklungspsychologie und aus der Trauerforschung sind wertvoll, um trauernde Kinder verstehen zu können, ohne dabei die Individualität des Kindes aus dem Blick zu verlieren. So können wir Probleme und Schwierigkeiten im Trauerprozess, die aus der Trauerforschung bekannt sind oder die ihren Ursprung in der Entwicklung, der Persönlichkeit und Geschichte des Kindes haben, eher unterscheiden und ihm die fachliche Unterstützung zukommen lassen, die es benötigt. Die Leitung einer Kindertrauergruppe erfordert daher meines Erachtens Kenntnisse aus den Bereichen der Entwicklungspsychologie, der Psychologie und Pädagogik sowie der Trauerforschung ebenso wie die Wahrnehmung individuell verankerter Probleme und den Einsatz innovativ, kreativ geprägter praktischer Arbeit.

In der Begleitung müssen wir sensibel auf eine individuelle Betrachtung jedes Kindes und dessen Schicksal achten. Dabei kann es hilfreich sein, entwicklungspsychologische Aspekte einzubeziehen. Es sollte uns in der Begleitung von trauernden Kindern bewusst sein, dass Kinder innerhalb ihres natürlichen Entwicklungsprozesses und mit zunehmendem Alter einen Verlust immer wieder anders und neu betrauern. So erlebe ich Bezugspersonen, die sich Jahre nach der Begleitung wieder melden, um sich darüber zu informieren, wie sie ungewohnte Haltungen und Sichtweisen des Kindes in Bezug auf den vergangenen Verlust deuten sollen. Sie fühlen sich verunsichert durch den sich entwicklungsbedingt wandelnden Ausdruck der Trauer der Kinder bzw. Jugendlichen über ihre Verlusterfahrung.

Praxisbeispiel

Helen, deren Mutter starb, als sie anderthalb Jahre alt war, stand plötzlich fünf Jahre später weinend vor ihrem Vater und sagte: »Mir geht es nicht gut, ich weiß jetzt, dass die Mama doch nie wieder kommen kann.«
In der frühen Kindheit konnte Helen den Tod der Mutter so nicht verstehen, erst im Laufe ihrer weiteren Entwicklung konnte sie die Endgültigkeit des Todes begreifen. Deshalb trauerte sie zu diesem Zeitpunkt noch einmal anders und neu um ihre Mutter.

2.4 Erkenntnisse der Bindungsforschung

Fast alle zu Fragen frühkindlicher Entwicklung forschenden Wissenschaftler beschreiben das erste und zweite Lebensjahr als einen besonderen Zeitabschnitt der menschlichen Entwicklung. In diesem Zeitraum laufen Entwicklungsprozesse auf vielen verschiedenen Ebenen gleichzeitig ab. Besonders möchte ich hier die Ausbildung der Fähigkeit zu emotionaler Bindung an andere Menschen des sozialen Umfelds hervorheben. *John Bowlby*, britischer Pionier der Bindungsforschung († 1990), und nach ihm auch andere vertreten die Auffassung, dass Bindung biologisch verankert und Voraussetzung für das Überleben und die Entwicklung des Kindes ist. Mit verschiedenen Studien konnte diese These belegt und zudem nachgewiesen werden, dass Kinder in der Lage sind, enge Bindungen an mehrere Bezugspersonen gleichzeitig aufzubauen.

Durch positive Bindungserfahrungen, so *J. W. Worden*, kann sich der aktiv-emotionale Bewältigungsstil, der im Umgang mit Problemen und Verlusterfahrungen am hilfreichsten erscheint, entwickeln. Ähnlicher Auffassung sind auch *J. Bowlby* und *M. Ainsworth*.

M. Ainsworth, amerikanische Entwicklungspsychologin († 1999), unterscheidet zwischen drei Bindungsstilen, dem unsicher-vermeidenden, dem sicher balancierten und dem ambivalent-unsicheren Bindungsstil. Es konnte in verschiedenen Studien gezeigt werden, dass ein Wechsel von einem sicheren Bindungsstil hin zu einem unsicheren als Folge schwerwiegender Ereignisse im Leben von Kindern auftritt. Unsichere Bindungsstile entstehen auch durch problematische Eltern-Kind-Beziehungen. Bei Verlusten führt ein unsicherer Bindungsstil eher zu komplizierter Trauer und erschwert die Traueraufgaben. Die Trauerforscher *J. W. Worden, M. Stroebe* und *H. Schut* beziehen deshalb Bindungsstile und Bewältigungsstile in ihre Trauermodelle ein.

Wesentliche und dauerhafte Schädigungen in der Entwicklung des Kindes können ausgelöst werden durch instabile Bindungen, durch bestimmte Verhaltensweisen von Bindungspersonen, die unsichere Bindungsstile auslösen können (fehlende Feinfühligkeit, die die kindlichen Bedürfnisse nicht wahrnimmt und nicht angemessen darauf reagiert, wenig Interaktion mit Bezugspersonen, Misshandlungen, Alkoholismus, Gewalt, mangelnde Fürsorge), durch einen häufigen Wechsel der Bezugspersonen des Kindes, das keine Gelegenheit erhält, Bindung aufzubauen, sowie durch plötzliche, unvorbereitete oder häufige Wechsel in eine fremde Umgebung. Jüngere Kinder können starke Trennungsängste und Verhaltensauffälligkeiten wie anhaltendes Weinen, Essstörungen oder Schlafstörungen entwickeln. In der Pubertät können Verhaltensauffälligkeiten wie Überempfindlichkeit, Nägelbeißen, Depressivität, erhöhte Aggressivität, Schlafstörungen bis hin zu selbstzerstörerischem Verhalten auftreten (vgl. Reddemann und Dehner-Rau, 2007, Trauma, S. 19–24).

Für die Arbeit mit trauernden Kindern haben diese Forschungsergebnisse in verschiedener Hinsicht Relevanz. Unsichere Bindungsstile können die Bewältigung eines Verlustes erschweren. In der Begleitung sollte darum der jeweilige Bindungsstil berücksichtigt werden; denn er bestimmt mit darüber, wie die Aufgaben der Trauer angegangen werden können.

Verlieren kleine Kinder eine enge Bezugsperson, sollten wir, um die weitere Entwicklung des Kindes positiv zu beeinflussen, Hinterbliebene dazu ermuntern, möglichst eine feste Bezugsperson zur Betreuung des Kindes vorzusehen. Ebenso können die entwicklungspsychologischen Erkenntnisse dann hilfreich sein, wenn pubertierende Kinder in der Gruppe sind, die auffälliges Verhalten zeigen und einen Verlust durch einen Todesfall schon in der frühen Kindheit erfahren haben.

2.5 Todesvorstellungen in unterschiedlichen Lebensphasen junger Menschen

Im Folgenden möchte ich einen kurzen Überblick darüber geben, wie sich das Todesverständnis von Kindern im Zuge ihre Entwicklung und ihres Älterwerdens verändert. Die Altersangaben sind dabei lediglich als ungefähre Einordnung zu verstehen. Weil familiäre, soziale, kulturelle, ideologische und andere individuelle Faktoren mindestens ebenso starken Einfluss auf das Todesverständnis eines Kindes haben, sollten wir stets mit einer emphatischen, wertschätzenden und achtsamen Haltung auf jedes einzelne Kind, seine Lebensgeschichte und seine persönlichen Todesvorstellungen schauen.

M. Plieth gibt dazu in ihrem Buch »Kinder und Tod – Zum Umgang mit kindlichen Schreckensvorstellungen und Hoffnungsbildern« (2001) einen sehr fundierten Überblick über die Forschungsergebnisse, die im Zusammenhang mit der Entwicklung von Todesvorstellungen bei Kindern über verschiedene Jahrhunderte zusammengetragen wurden. Diese beziehe ich neben den Feststellungen von *J. Piaget* (Schweizer Entwicklungspsychologe, † 1980) mit ein, berücksichtige aber auch neuere entwicklungspsychologische Erkenntnisse, die Piaget in einem kritischeren Licht erscheinen lassen: Vom ersten »sensomotorischen Stadium«, welches im Alter von 0–24 Monaten liegt, bis zum »konkretoperatorischen Stadium« in der Altersstufe zwischen 7 und 12 Jahren, entwickelt das Kind nach Piaget sensomotorische, kognitive und soziale Intelligenz. Diese kognitive Entwicklung lässt jedoch, wie wir heute wissen, eine weit größere Variabilität zu, als Piaget annahm. Zudem unterschätzte er die kognitiven Fähigkeiten von Säuglingen und Kleinkindern. Kognitive Entwicklungen werden heute kontextabhängig, in Zusammenhang mit anderen Bereichen wie der Wahrnehmung, der Sprache, der Motorik des begrifflichen Wissens, der Interaktion des Individuums mit seiner Umwelt und vielem mehr, gesehen.

Hinweis zu weiterführender Literatur:
Heidi Müller und Hildegard Willmann: Trauer: Forschung und Praxis verbinden. Zusammenhänge verstehen und nutzen. Vandenhoeck & Ruprecht, Göttingen 2016.

2.5.1 Die Wahrnehmung der Kleinkinder

Kleinkinder (ca. 0–24 Monate) besitzen, wie wir heute wissen, schon früh grundlegendes Objektwissen, sie verfügen über die so genannte »Objekt- oder Personenpermanenz«. Das heißt: Die Kinder wissen, dass ein Gegenstand oder eine Person auch dann noch existiert, wenn er oder sie sich außerhalb des kindlichen Wahrnehmungsfeldes befindet. Das Kind kann unterscheiden, welche Menschen ihm vertraut sind und welche fremd. Es macht in dieser frühen Phase seines Lebens prägende Bindungserfahrungen, die wiederum sein Selbstbewusstsein, sein Grundvertrauen in die Welt sowie den Bewältigungsstil des Kindes im Umgang mit Verlusten beeinflussen.

Die Fähigkeit der Objektpermanenz/Personenpermanenz ist die Voraussetzung für das Empfinden von Verlustgefühlen. Schon Kleinkinder erleben darum Verlustschmerz und die Angst, verlassen zu werden, haben aber noch keine konkrete kognitive Vorstellung vom Tod, weil sie über kein Zeitverständnis verfügen und die umfassende emotionale Abhängigkeit, in der sie sich befinden, es ihnen unmöglich macht, Trennungen einzuordnen. Kinder dieser Altersstufe, die mit dem Tod eines Menschen aus ihrem nahen Lebensumfeldes konfrontiert werden, können deutliche Reaktionen auf den Verlust zeigen. Sie spüren die Veränderung und die Trauer von Bezugspersonen, die ebenso von dem Verlust betroffen sind, oder das Fehlen der Bezugsperson selbst. Sie reagieren auf diese Veränderungen mit ihren Möglichkeiten, wie z. B. Ess- oder Schlafstörungen, mit Weinen, Wut, Angst oder Irritation.

2.5.2 Bedeutung der kognitiven und emotionalen Fähigkeiten im Vorschulalter

Kinder im Vorschulalter besitzen die Fähigkeit, Informationen verschiedener Qualität (zeitlich – räumlich; bewegt – unbewegt) in ihr Denken zu integrieren. Sie denken bereits deterministisch, d.h., sie führen ein Ereignis auf eine Ursache zurück. Sie suchen darum auch nach den Ursachen für ein Ereignis und folgen hierbei dem Prinzip der zeitlichen Priorität. Die Ursachen eines Ereignisses sind demnach dem Ereignis zeitlich vorausliegend oder zeitgleich mit diesem. Es konnte nachgewiesen werden, dass dieses kausale Denken eines Vorschulkindes sich nicht wesentlich von dem Erwachsener unterscheidet. Wie Erwachsene machen Kinder sich Gedanken darüber, wie ein Ereignis zustande kommt. Die Unterschiedlichkeit der Erklärungen liegt, wie man heute weiß, in den Möglichkeiten des Kindes, Information zu verarbeiten, nicht aber im kausalen Denken selbst.

Das Kind entwickelt in diesem Alter die Fähigkeit, mit Vorstellungen und Symbolen umzugehen. Anders als im Säuglingsalter, in dem sensomotorische Aktivitäten die Entwicklung bestimmten, lernt das Kind nun den Gebrauch von Sprache und das Denken in Bildern. Anders, als Piaget annahm, sind Kinder im Vorschulalter dabei nicht egozentrisch denkend, sondern berücksichtigen Perspektiven und Befindlichkeiten anderer Lebewesen. So lässt sich auch erklären, warum Kinder in diesem Alter Bezugspersonen zu trösten versuchen oder im Trauerprozess eigene Bedürfnisse gegenüber denen anderer zurücknehmen können.

Was belebt ist und was unbelebt, erfahren Kinder dieses Alters noch anders als Erwachsene. Die Welt des Kindes ist von animistischen Deutungen geprägt, alles kann belebt sein. Kinder in dieser Altersstufe sehen oft das als lebendig an, was nützlich oder bewegt ist. Konkret können so z. B. für das Kind Steine lebendig sein oder werden, weil sie rollen, oder Wolken, weil sie sich am Himmel bewegen. Zudem werden Naturerscheinungen oft als zweckmäßige Ereignisse gedeutet. Bäume tragen Obst, damit wir etwas zu essen haben. Kennen oder bekommen Kinder noch keine naturwissenschaftlichen Erklärungen für bestimmte Zusammenhänge und Ereignisse, können sich unter anderem auch deshalb magische Vorstellungen entwickeln. Das Kind kann also zu der Vorstellung kommen, sein eigenes Handeln habe Einfluss auf seine Umwelt, könne Ereignisse bewirken oder verhindern. *Piaget* sah die Ursache für magisches Denken im fehlenden logischen Denkvermögen eines Kindes. Logisches Denken ist aber nicht, wie er annahm, an das formal-operatorische Denken gebunden, sondern entwickelt sich aufgrund verbesserter Kapazitäten des Arbeitsgedächtnisses, verbesserter Problemlösestrategien und größeren inhaltlichen Wissens. Deshalb können auch Vorschulkinder je nach individuellen Voraussetzungen schon fähig sein, zwischen Imagination und Realität zu unterscheiden. Darüber hinaus bleiben Bestände magischen Denkens auch in den Vorstellungen Erwachsener erhalten.

Kinder belegen die Dinge ihrer Umwelt emotional mit positiven oder negativen Gefühlen. Es wurde festgestellt, dass Kinder in einer für sie als »freundlich« und warm empfundenen Umwelt leben, wenn die Bedürfnisse des Kindes nach Zuneigung und Geborgenheit erfüllt werden. Eine für das Kind »unfreundliche« Welt entsteht, wenn es sich häufig einsam oder überfordert fühlt. Dies kann im weiteren Leben Misstrauen, Ängstlichkeit und Rückzugsverhalten zur Folge haben. Durch den Tod einer engen Bezugsperson können Empfindungen von Überforderung und Isolation bei Kindern ausgelöst werden. Wenn möglich, sollte das Kind im Falle eines Verlustes deshalb konstant von einer Person betreut werden. Gleichzeitig sollten dem Kind bekannte Gewohnheiten ebenso wie das soziale Umfeld erhalten bleiben. Bezugspersonen sollten hierüber in der Begleitung informiert werden.

Die wachsenden kognitiven Möglichkeiten der Kinder dieses Alters haben auch für ihr Todesverständnis direkte Relevanz. Je mehr sachliche, kindgerechte Informationen Kinder zum Tod bekommen, umso eher können sie diesen einordnen und begreifen. – Erstmalig erfahren Kinder jetzt häufig die Grenzen und Möglichkeiten ihrer engen Bezugspersonen. Bisher haben sie diese als allmächtig wahrgenommen; jetzt müssen sie erfahren, dass diese den Tod nicht rückgängig machen können. Da die Zeitbegriffe Vergangenheit, Gegenwart und Zukunft noch nicht voll ausgeprägt sind, können Kinder dieses Alters den Tod meist noch nicht als etwas Irreversibles verstehen. Vielfach glauben Kinder, mit ihren Wünschen auf die Realität einwirken zu können, auch auf die Realität des Todes. Deshalb ist der Tod zumeist noch nicht mit Angst besetzt und wird von Kindern nicht auf sich selbst bezogen. Sie finden eigene Vorstellungen darüber, wo und wie der Verstorbene nun weiterlebt.

Gerade in dieser Lebensphase werden von Kindern falsche Bilder und Vorstellungen vom Tod entwickelt. Ihren Ursprung haben diese in vielfach beängstigenden Fantasien, die durch wortwörtliches Verstehen dessen, was Erwachsene über den Tod sagen (»entschlafen«: Wann wacht die Oma wieder auf? Bin ich tot, wenn ich einschlafe? – »heimgegangen«: Warum ist die Oma dann nicht zu Hause?), entstehen, in mangelnder Sachinformation darüber, was geschieht, wenn jemand stirbt, und wie es aussieht, wenn jemand tot ist, oder auch durch in Medien vermittelte unrealistische Bilder vom Tod. Das noch magische Weltbild der Kinder in diesem Alter kann Schuldgefühle hervorrufen: »Ich hätte mir nur fest wünschen müssen, dass die Mama wieder gesund wird.« Schuldgefühle können auch entstehen, wenn Bezugspersonen den Tod eines dem Kind nahen Menschen verheimlichen oder nicht darüber sprechen.

2.5.3 Schulkinder entwickeln andere Fragen und ein anderes Erleben

Schulkinder im Alter von ca. 7–12 Jahren erfassen bereits verschiedene Dimensionen des Todes. Sie nähern sich durch das ihnen vermittelte Sachwissen zum Themenkomplex Tod mehr dem Todesverständnis Erwachsener. Es ist ihnen möglich zu verstehen, dass Lebewesen durch äußere Einwirkungen, durch Unfall, Krankheit oder Alter, sterben. Aus Sicht des Kindes kann man sich diesen aber unter Umständen auch noch entziehen. »Man muss sich gesund ernähren, dann stirbt man auch nicht …« – »Wenn die Oma genug schläft, wird sie wieder gesund.« Ähnliche Vorstellungen und Hoffnungen hegen aber auch Erwachsene im Angesicht eines bevorstehenden Todes.

Wesentlich für das Verständnis vom Tod ist die Erfahrung seiner Irreversibilität. Schulkinder lernen zu verstehen, dass der Tod nicht rückgängig zu machen ist. Erweiterte kognitive Fähigkeiten, größeres Verständnisvermögen auf vielen Ebenen und breiteres inhaltliches Wissen regen Kinder dazu an, verstärkt nach Ursachen und deren Wirkung zu fragen oder zu forschen. Hieraus resultieren die sehr konkreten und sachlichen Fragen, die Kinder in dieser Lebensphase zu den Themen Sterben und Tod stellen. Dieses Interesse äußert sich in Fragen zum Sterben selbst, zum Tod, zur Trauerfeier, zur Bestattungsart usw. Die Fragen dienen dem Informationsgewinn, dem Aufbau eines eigenen Weltbildes, aber auch der Kontaktsicherung.

Kinder haben häufig wenig Gelegenheit, Handlungszusammenhänge oder Ereignisse konkret zu beobachten, und so keine Möglichkeit, sie zu begreifen. Sie sind auf kindgerechte Informationen angewiesen. Der Themenkomplex Sterben und Tod ist für Kinder oft deshalb schwer zu verstehen und einzuordnen, weil sie nicht einbezogen und informiert werden. So wird Kindern auch heute noch die Anwesenheit bei Trauerfeiern verweigert. Bezugspersonen haben vielfach selbst nur wenige Erfahrungen mit Sterben und Tod und können Kindern oft nicht die notwendigen Informationen zum Verständnis dieser Phänomene vermitteln. Die Weltsicht des Kindes wird aber durch die Antworten, die es auf seine Fragen bekommt, geprägt. Deshalb ist es wesentlich, das Verständnis des Kindes vom Tod durch sachliche Information zu fördern. Wir müssen Kindern ehrlich antworten und auch eingestehen, dass wir nicht auf alle Fragen eine Antwort kennen. Nur so können Kinder lernen, auch mit unbeantworteten Fragen zu leben. Auch wenn Interpretationen des Kindes zum

Verständnis der Welt von magischen Deutungen geprägt sein können, sollten wir sachlich richtige Erläuterungen zum Geschehen geben. Die Erklärungen sollten allerdings in einer dem Kind angepassten Sprache vermittelt werden. Zugleich sollten Kinder nicht mit zu vielen Informationen überschüttet werden. Wenn Kinder mehr wissen möchten, werden sie, manchmal auch erst nach einiger Zeit, wieder nachfragen.

Die Ausbildung eines Verständnisses von Raum und Zeit spielen für das Verstehen des Todes eine grundlegende Rolle. Im Alter zwischen sieben und acht Jahren entwickelt sich bei Kindern zunehmend das Zeitgefühl, und die Endgültigkeit des Todes wird für Kinder verstehbar. Kinder, die noch keine Vorstellung von Endlichkeit oder Unendlichkeit, von Vergangenheit und Zukunft haben, können demnach auch den Tod nicht als eine dauerhafte Trennung auffassen. Die Erkenntnis der Endgültigkeit und Unumkehrbarkeit des Todes löst Fragen und Vorstellungen um das Wie des Sterbens (wie sieht der Tote aus, wie hört das Herz auf zu schlagen, wie fühlt sich der Tote an) und um das »Jenseits« aus. Jenseitsvorstellungen wiederum können, wenn sie positiv belegt sind, die Tragik des Todes und des Zerfalls abschwächen und tröstend wirken. Allerdings erleben wir auch andere Interpretationen, die Kindern Angst machen. So werden Kinder auch heute noch mit der Vorstellung von Hölle und Teufel konfrontiert, die Kinder in der Trauergruppe sehr bildhaft beschreiben.

Immer wieder bin ich erstaunt über die konkreten Fragen und unterschiedlichen Vorstellungen, die gerade trauernde Kinder in dieser Altersstufe im Zusammenhang mit dem Tod äußern.

Praxisbeispiele

Anna fragt, warum der Papa am Ende eigentlich so ganz anders ausgesehen hat als früher.
Jannik bemerkt, dass die Oma einen seltsamen Geruch hatte, kurz bevor sie starb.
Ronja möchte wissen, warum die Mama am Ende so komisch war und alle gebissen hat, die lieb zu ihr sein wollten.
Ben hat festgestellt, dass Erwachsene wie Babys auch wieder in die Hose machen, wenn sie krank sind oder sterben müssen.

> *Maike glaubt, dass ihre Schwester wiedergeboren und als ein schönes Tier auf die Welt kommen wird.*
> *Paul macht sich Gedanken darüber, wie lange der Papa wohl in der Hölle bleiben muss und wie heiß es dort möglicherweise sein kann.*
> *Jasmine ist wütend auf Gott, weil ihr Vater so früh sterben musste. Das kann kein guter und gütiger Gott sein, der so etwas zulässt.*
> *Laura empfindet es als tröstlich, ihre tote Schwester gesehen zu haben, denn sie hat so friedlich ausgesehen. Anders als vorher, wo sie durch die Krankheit viele Schmerzen hatte. Deshalb geht es ihr jetzt sicher gut.*

Hier wird deutlich, dass Kinder bereits vorhandene Erfahrungen mit Neuem verknüpfen und in ihr Weltbild einordnen.

Die Erfahrung von räumlicher Ordnung hat insofern Bedeutung für die Todesvorstellung von Kindern, als das Erleben von Geborgenheit und Sicherheit mit der Vorstellung räumlicher Umgebung verbunden ist. Gleichzeitig wird der Tod, das Fehlen der verstorbenen Person zunächst durch ihre räumliche Abwesenheit begriffen. Das Kind sucht nach dem Verstorbenen gerade in den Räumen und an den Orten, an denen der Verstorbene in der Vergangenheit für das Kind präsent war. Festzustellen ist ein enger Zusammenhang zwischen Erinnerungen und Räumen/Orten und den damit einhergehenden Gefühlen. So existieren Räume/Orte, die negative Gefühle oder Ängste hervorrufen, und Räume/Orte, die angenehme Erinnerungen wecken. Kinder müssen hier sensibel wahrgenommen werden, da bestimmte möglicherweise auftretende Verhaltensweisen oder psychische Reaktionen des Kindes auf die Wirkung dieser Räume/Orte zurückzuführen sind. Schmerzhafte Erinnerungen an den nahestehenden gestorbenen Menschen sind in bestimmten Räumen, an bestimmten Orten intensiver, an anderen weniger ausgeprägt. Der Tod des nahestehenden Menschen löst somit eine neue Bewertung des räumlichen Erlebens beim trauernden Kind aus.

> **Praxisbeispiel**
>
> *Seit Markus, der jüngere Bruder von Niko, gestorben ist, betritt Niko den zuvor gemeinsam genutzten Musikkeller nicht mehr. Der Raum löst einen so großen Erinnerungsschmerz bei ihm aus, dass er den Raum nicht aushalten kann. Erst fünf Jahre nach dem Tod des Bruders ist es Niko möglich, den gemeinsamen Ort wieder zu betreten.*

Wir können Bedürfnisse eines trauernden Kindes auch wahrnehmen, wenn wir erkennen, an welchen Orten und in welchen Räumen es sich gerne aufhält. Kinder benötigen trauerfreie Räume/Bereiche, die eher neutral geprägt sind, um hier Kraft für den Trauerprozess zu schöpfen und Lebensfreude zu erfahren. Andere Orte bieten Nähe zum Verstorbenen, drücken Bedürfnisse nach Unterstützung oder nach Ruhe und Stille aus.

Kinder, die zu diesem Zeitpunkt bereits die Irreversibilität des Todes erfasst haben, beginnen, sich mit der Frage nach dem »Danach« zu beschäftigen. Die Jenseitsvorstellungen, die Kinder in dieser Altersstufe entwickeln, sind abhängig von den Weltbildern und Weltdeutungen, die sie bisher kennen gelernt haben. So erlebe ich, dass trauernde Kinder aus religiös christlich verankerten Familien vielfach der Auffassung sind, dass der Gestorbene bei Gott im Himmel ist; bei eher buddhistisch orientierten Glaubensvorstellungen der Eltern waren die Kinder der Meinung, dass der Verstorbene als anderes Lebewesen wiedergeboren würde. Hinsichtlich religiöser und spiritueller Kompetenzen wurden Kinder in der früheren Entwicklungspsychologie unterschätzt. Bereits Kinder sind zu spirituellen Erfahrungen fähig und können religiöse Konzepte bilden. Grundsätzlich sollten tröstliche Jenseitsvorstellungen, die trauernde Kinder für sich entwickeln, akzeptiert und nicht nach eigenen Vorstellungen korrigiert werden.

Häufig erlebe ich, dass der Tod in diesem Alter personifiziert wird. Auf Bildern stellen Kinder ihn als schwarzes Gespenst, dunkles Gewirr, schwarzen Mann, als Skelett, böse Krankheit, Zombie oder Teufel dar.

Kinder setzten sich bereits in diesem Alter mit existenziellen Fragen auseinander, sind fähig, Zusammenhänge herzustellen, eigene Theorien und Strategien zu bilden, Erfahrungen von einem auf den anderen Bereich zu übertragen. Dies lässt sich auch in Bezug auf den Themenkomplex Krankheit, Sterben und Tod feststellen.

Praxisbeispiel

Lukas, acht Jahre, teilte seiner Mutter Monate nach dem plötzlichen Tod des Vaters unvermittelt mit, dass nun Vivien, seine zwei Jahre ältere Schwester, arbeiten gehen müsse. Sie müsse das Geld zum Leben verdienen, denn sie sei ja die Ältere von ihnen beiden, und die Mutter müsse sich weiter um die Versorgung der Kinder und den Haushalt kümmern.
Lukas hatte für sich das Problem der finanziellen Versorgung der Familie, da der Vater als Alleinverdiener ausgefallen war, erkannt und auf seine Weise gelöst. Erst mit der fertigen Lösung konfrontierte er seine Mutter, die ihn dann wiederum entlasten konnte durch die Erklärung, dass es gar keine Sorge um die materielle Versorgung gab, da die Familie finanziell gut abgesichert war.

Das Verständnis vom Tod wird durch eigene Erfahrungen geprägt. Kinder, die eine Bezugsperson durch den Tod verloren haben, begreifen die Universalität des Todes zumeist. Fragen, die trauernde Kinder existenziell beschäftigen, lassen dies erkennen: »Was ist, wenn auch noch die Mama stirbt?« Die Endgültigkeit des Todes wird mit den einhergehenden Folgen erkannt und kann starke Ängste auslösen. Das Todesverständnis des Kindes ist bereits dem der Erwachsenen ähnlich.

2.5.4 Vom Schulkind zum Jugendlichen – neue Erkenntnisperspektiven

Ab dem Alter von ca. 12 Jahren manifestieren sich bei Kindern alle Aspekte des Todesbegriffs. So entwickeln Kinder zunehmend ein Bild vom Tod, das sich den Vorstellungen der Erwachsenen angleicht und von drei Aspekten geprägt ist:

Irreversibilität: Der Tod ist nicht rückgängig zu machen.
Universalität: Alle Lebewesen müssen einmal sterben.
Kausalität: Der Tod hat biologische Ursachen.

Kinder wissen nun, dass nur Menschen, Tiere und Pflanzen lebendig sind. Sie haben erkannt, dass sie selbst sterblich sind, und realisieren den Tod als etwas Endgültiges, verstehen diesen als biologisches Gesetz. Sie begreifen, dass die Funktionen des Körpers aufhören, wenn jemand tot ist (der Mensch kann nicht mehr atmen, das Herz schlägt nicht mehr, der Mensch kann sich nicht mehr bewegen …).

Die Zunahme kognitiver Leistungen, Interaktionen mit allen Ebenen der Umgebung, und hinzugewonnene Informationen in einzelnen Lebensphasen bringen eine Anpassung und Adaption des Todesverständnisses des Kindes mit sich. Die größere Autonomie lässt eigene Erkenntnisperspektiven in Abgrenzung zu anderen zu, und die Auseinandersetzung mit existenziellen sowie spirituellen Fragen nimmt mehr Raum ein.

So können wir sich verändernde Fragestellungen und Sichtweisen trauernder Kinder in ihren unterschiedlichen Altersphasen beobachten. Für die Arbeit der Trauerbegleitung bedeutet dies, dass wir Kindern in jeder Lebensphase sehr aufmerksam beggenen müssen, um ihr individuelles Verständnis vom Tod zu erfassen und sie dementsprechend unterstützen und begleiten zu können. Gleichzeitig sind Kinder mit dem Tod eines nahestehenden Menschen ganz unterschiedlichen Erfahrungen, Belastungen und Anforderungen unterworfen, die wir zu berücksichtigen haben. Zudem müssen der Entwicklungsstand des Kindes, seine Persönlichkeit, sein individuelles Verständnis vom Tod, die Beziehung zum Gestorbenen, die Umstände des Todes, die Lebensumstände und Familiensituation, das soziale Umfeld, die Biografie des Kindes, seine psychische, physische und geistige Dispositionen, aber auch kulturelle, religiöse und geschichtliche Einflüsse, die den Trauerprozess beeinflussen, einbezogen werden (vgl. Witt-Loers, Trauernde begleiten, 2012, S. 30–39; Witt-Loers, Trauernde Jugendliche in der Schule, 2012, S. 26–32; Witt-Loers, Trauernde Jugendliche in der Familie, 2014, S. 18 ff.).

3 Traueraufgaben und Trauerprozesse

3.1 Trauermodelle

Eine solide theoretische Grundlage hinsichtlich der Kindertrauergruppenarbeit ist für den praktischen Vollzug wesentlich. Deshalb habe ich mein Konzept für die Kindertrauergruppen nach Ergebnissen und Erkenntnissen der aktuellen Trauerforschung und verwandter Fachgebiete ausgerichtet. Für mich grundlegend ist das Aufgabenmodell von *James William Worden*, von dem bereits kurz die Rede war (s. S. 19) und das ich nun im Kontext der Trauer von Kindern betrachten und erläutern möchte. Die von *J. W. Worden* definierten und von anderen Trauerforschern ergänzten »*Traueraufgaben*« sollen im Kindertrauerkonzept begleitet und ihre Bearbeitung gefördert werden. Die »Themen der Trauer« werden aufgegriffen und inhaltlich kreativ bearbeitet. Berücksichtigt werden zudem Arten von »Mediatoren«, die Trauerprozesse beeinflussen, sowie verschiedene Bewältigungsstrategien und Bindungsstile.

Neben den theoretischen Bausteinen, die *Worden* definiert, nehme ich in meinem Modell auch Aspekte des Dualen Prozessmodells (DPM) von *Margret Stroebe* und *Henk Schut* auf und werde es im Folgenden kurz skizzieren.

Trauermodelle sind entstanden, weil man Trauernde in ihren Reaktionen und Verhaltensweisen verstehen wollte. *E. Kübler-Ross*, *V. Kast*, *J. Bowlby*, *C. Sanders*, *C. M. Parkes* haben zunächst einander ähnliche Phasenmodelle entworfen. Alle fußten auf der Erkenntnis, dass Trauer ein langer Prozess und eine normale Reaktion auf einen Verlust ist. Später wurden differenzierte Modelle wie das Aufgabenmodell, das Zwei-Achsen-Modell oder das DPM entwickelt. Trauermodelle können nach meiner Erfahrung dabei helfen, Trauernde in ihrer jeweiligen Situation zu verstehen und zu unterstützen. Wir können Trauernden, auch Kindern, Ängste nehmen, wenn wir auf dem Hintergrund der verschiedenen Trauermodelle Kenntnisse über Trauerreaktionen und Verhaltensweisen oder Bewältigungsstile von Trauernden haben, mit denen wir trauernden Menschen helfen können, sich selbst besser zu verstehen. Aber wir müssen im Blick haben, dass manche Theorien auf manche Menschen zutreffen, auf andere aber nicht und jeder Mensch ein einzigartiges Individuum ist und als solches begleitet werden muss. Deshalb ist der Blick auf verschiedene Trauermodelle nützlich.

3.2 Duales Prozessmodell der Bewältigung von Verlusterfahrungen (DPM)

M. Stroebe und *H. Schut* fragten danach, wie Menschen den Verlust eines nahestehenden Menschen bewältigen und warum es unterschiedliche Bewältigungsstrategien gibt. Sie entwickelten eine Systematik, die beschreibt, wie Menschen einen schweren Verlust verarbeiten. Die beiden Trauerforscher unterscheiden in ihrem Modell zwei Typen von *Stressoren.* Stressoren sind demnach zum einen Belastungen, die durch den Tod selbst verursacht wurden (verlustorientierte Stressoren), und zum anderen zusätzliche Umstände und Sorgen, die zum eigentlichen Verlust (wiederherstellungsorientierte Stressoren) hinzukommen. Grundlegend für das Modell ist der *Prozess des Oszillierens* (des Hin- und Herpendelns). Dieser soll als dynamischer Prozess verstanden werden, der Trauernden hilft, die unterschiedlichen Belastungen und Anforderungen zu regulieren. *Verlustorientierte Stressoren* erleben Trauernde im Alltag durch Belastungsfaktoren, die direkt mit dem Verlust und der Bindung an den Gestorbenen zusammenhängen. In der Trauerarbeit gehen Trauernde mit diesen Stressoren auf unterschiedliche Art um. Sie müssen sich mit dem Verlust auseinandersetzen, da er unmittelbar auf Gedanken, Erinnerungen und Emotionen wirkt. Ferner werden Trauernde die Bindung zum Gestorbenen neu definieren müssen. Trauernde sind im Alltag aber mit weiteren *wiederherstellungsorientierten Stressoren* konfrontiert. Diese sekundären Stressoren sind teilweise eine Folge des Verlusts, stehen aber nicht in Zusammenhang mit der Bindung zum Gestorbenen. *Wiederherstellungsorientierte Stressoren* sind Faktoren, die entstehen, weil das Leben ohne den Verstorbenen bewältigt werden muss. So müssen z. B. finanzielle Fragen geregelt und die Kinder versorgt werden, vielleicht steht nun ein Umzug an oder es werden berufliche Veränderungen nötig. Kinder müssen vielleicht einen Schulwechsel bewältigen und erleben die vollkommene Veränderung ihrer gewohnten Tagesabläufe. Den Tod eines nahestehenden Menschen können die Hinterbliebenen als Bedrohung der eigenen Existenz erfahren, er ist nicht rückgängig zu machen und löst entsprechend schwierige Gefühle aus. Deshalb werden *emotionsorientierte Bewältigungsstrategien* gebraucht, um mit belastenden und schweren Gefühlen wie Angst, Hilflosigkeit, Wut, Aggression und Trauer umgehen zu können und nicht darin unterzugehen. *Problemorientierte Bewältigungsstrategien* haben dagegen die Funktion, belastende Lebenssituationen zu verändern. Die Bewältigungsstile »problemlösend und emotionsorientiert« sind auch für *J. W. Worden* in seinem Aufgabenmodell wesentlich im Umgang mit dem erlittenen Verlust.

Das DPM geht also davon aus, dass Menschen, die einen schweren Verlust erlitten haben, den verlust-, sowie den wiederherstellungsorientierten Belastungen mit Strategien, die emotions- wie lösungsorientiert sind, begegnen müssen. Dabei stellten M. Stroebe und H. Schut fest, dass Betroffene zwischen den beiden Belastungstypen hin- und herpendeln, »oszillieren«. In manchen Zeiten sind Trauernde eher dem Verlust zugewandt, in anderen eher den Fragen, die sich aus dem Verlust für die Bewältigung des Alltags und der Zukunft ergeben. Entsprechend oszillieren auch die Strategien, mit denen die Belastungen bewältigt werden können: Mal sind sie eher emotions-, mal eher belastungsorientiert. Bei Kindern können wir dieses Oszillieren deutlich erkennen, wenn sie zwischen ihren Gefühlen hin- und herschwanken oder den Alltag in »trauerfreien Zonen« leben und dort Kraft für den Trauerprozess schöpfen. Die positive Funktion der »Auszeiten«, des »Vermeidens«, des »etwas Neues tun«, die das DPM aufzeigt, sollte in der Trauergruppenarbeit unbedingt berücksichtig werden. Zudem helfen positive Emotionen gegenüber dem Verstorbenen und das Erleben positiver Erfahrungen die Trauer zu verarbeiten und Stress abzubauen (vgl. Znoj, Trauer und Trauerbewältigung, 2012, S. 27).

Das DPM erklärt daneben bei Trauernden zu beobachtende Unterschiede in ihrem Umgang mit Verlusten in Beziehung zu ihrem Bindungsstil. Der oszillierende Prozess erklärt scheinbar widersprüchliche Verhaltensweisen und Strategien Trauernder; denn Menschen müssen mit beiden Typen von Stressoren umgehen und zwischen diesen mit Konfrontation und Vermeidung oszillieren. Hierbei können für die wiederherstellungs- und die verlustorientierte Seite sowohl emotions- als auch problemorientierte Bewältigungsstrategien eingesetzt werden. Ein wesentlicher Gesichtspunkt in diesem Modell ist für mich, dass Trauernde mehrere Bewältigungsstrategien flexibel einsetzen können. Deshalb sollte die Begleitung ihr Augenmerk auf die Förderung und die Flexibilität unterschiedlicher Bewältigungsstrategien richten.

Das DPM ist meiner Ansicht nach auch in Bezug auf eine familiensystemische Begleitung von Bedeutung. Der Prozess des Oszillierens findet bei jedem Einzelnen im System, aber auch im System als Ganzem statt. Im

System Familie gibt es Zeiträume, in denen die gesamte Familie trauert; in anderen Momenten beschäftigen Fragen nach der Gestaltung und Bewältigung des Alltags die Mitglieder des Systems. Betroffene über diesen normalen Wechsel aufzuklären kann entlastend auf sie wirken (vgl. Znoj, Trauer und Trauerbewältigung, 2012, S. 26–29).

3.3 Erweitertes Aufgabenmodell nach James William Worden

James William Worden entwickelte ein Modell, das den Trauerprozess von den von ihm so genannten *Traueraufgaben* her versteht. Diese sind nicht im Sinn einer feststehenden, chronologischen Abfolge von Aufträgen an den Trauernden zu verstehen, sondern eher als Themen, die den Trauerprozess prägen und deren Bearbeitung dazu dient, mit dem Verlust leben zu lernen. Die Aufgaben lassen sich nach J. W. Worden gleichzeitig auf mehreren Ebenen bearbeiten. Das Modell lässt so Vielfältigkeit zu, bietet aber gleichzeitig Orientierung und Struktur.

Der Begriff *Aufgabe* soll deutlich machen, so Worden, dass die Verarbeitung des Verlusts eines nahestehenden Menschen durch den Tod eine der größten Herausforderungen des Lebens darstellt. Wesentlich für Wordens Aufgabenmodell ist, dass Trauernde selbst aktiv sind, dass sie z. B. bestimmen, wann und wie sie welche Traueraufgabe bearbeiten. Hierbei sind die Übergänge zwischen den einzelnen Themen der Trauer fließend und der Verlauf nicht linear, sondern zyklisch. Einzelne Traueraufgaben können also immer wieder auftauchen und sind nicht zwangsläufig erledigt, wenn einmal daran gearbeitet wurde. Für Begleiter ist deshalb zu beachten, dass wir, auch wenn wir das Aufgabenmodell zugrunde legen, keine starre, lineare Abfolge der Aufgaben erwarten sollten; denn Traueraufgaben können immer wieder neu angegangen und bearbeitet werden. Möglicherweise beschäftigt sich der Trauernde auch gleichzeitig mit mehreren Aufgaben.

Der Verlust wird immer wieder neu in die eigene Lebensbiografie eingeordnet. Wann, wie lange und wie oft sich Betroffene also mit den einzelnen Themen, die in immer neuen Abwandlungen, unter neuen Aspekten und Sichtweisen auftreten können, beschäftigen, welche Hürden sie dabei bewältigen müssen und welche individuelle Unterstützung sie dabei benötigen, lässt sich pauschal nicht sagen. Ich möchte diese Themen in einer von mir veränderten und ergänzten Form kurz vorstellen. In meine praktische Arbeit beziehe ich zudem ebenfalls die Aspekte des Dualen-Prozess-Modells ein.

3.3.1 Themen der Trauer – Traueraufgaben

Ohne den Gestorbenen weiterzuleben stellt eine enorme Herausforderung für trauernde Kinder, Jugendliche und ihre Familien dar. Es gilt, verschiedene Themen der Trauer zu durchleben oder – etwas sachlich gesprochen – *Traueraufgaben* zu bewältigen. Trauernde Kinder und Jugendliche müssen zunächst »überleben« und daneben den »Verlust als Realität akzeptieren« sowie »Schmerz verarbeiten«. Familien sind gezwungen, sich neu zusammenzufinden und ihr Familiengefüge ohne den Gestorbenen neu zu gestalten. Sie müssen sich in einer für sie neuen Welt ohne den Verstorbenen zurechtfinden, d. h., die einzelnen Aufgaben und Rollen innerhalb des Familiensystems müssen neu verteilt und die gestorbene Person muss als gestorbene Person, die lebendig erinnert, aber nicht mehr da ist, in das neu entstandene Lebensgefüge integriert werden, dort einen neuen Platz bekommen. Es gilt, eine dauerhafte Verbindung zur verstorbenen Person inmitten des Aufbruchs in ein neues Leben zu finden, wobei die »Sinnfindung« eine wesentliche Rolle spielt. All diese Aufgaben werden nun im Folgenden konkreter beschrieben.

Traueraufgabe: Überleben sichern

Kinder und Jugendliche benötigen, wie Erwachsene auch, ein Mindestmaß an Sicherheit, um sich in den Trauerprozess begeben zu können. Die von *Chris Paul* formulierte Traueraufgabe »*Überleben sichern*« stellt deshalb eine sinnvolle und wichtige Ergänzung der von J. W. Worden formulierten Traueraufgaben dar (vgl. Paul, Schuld – Macht – Sinn, 2010, S. 86 ff.). Das »*Überleben*« sicherzustellen, um überhaupt in den Prozess der Trauer zu gehen, muss zunächst an erster Stelle stehen. Kinder und Jugendliche erleben in ihrer Trauer häufig massive Existenznöte: »Wer versorgt mich?«, »Wer verdient das Geld?«, »Muss ich jetzt auch sterben?«, »Was geschieht, wenn die Mama nun auch noch stirbt?« – das sind Fragen, denen sich Kinder und Jugendliche beim Tod eines nahen Menschen häufig gegenübersehen. Vielfach übernehmen Kinder in diesem Zusammenhang Rollen, die ihnen nicht entsprechen. Dies kann zu Überforderung führen und/oder die Entwicklung der eigenen Identität behindern.

In der Begleitung muss auf diese Ängste und Sorgen der Kinder und Jugendlichen eingegangen werden. Gemeinsam mit den Kindern suchen wir nach Antworten und erörtern diese immer wiederkehrenden grundlegenden Fragen von trauernden Kindern auch in der Begleitung der Bezugspersonen. Häufig sind sich die Bezugspersonen nicht der Dimensionen bewusst, in die hinein Kinder den Tod einer nahen Bezugsperson stellen. Deshalb ist es für die Kinder, für deren Beziehung zu Bezugspersonen und die Bezugspersonen selbst förderlich, ausdrücklich auf diese möglichen Aspekte im Trauerprozess hinzuweisen.

Die Überlebensfähigkeit muss sichergestellt sein, bevor Menschen sich dem Trauerprozess stellen können. Ist das physische und psychische Überleben bedroht, so die Sozialpsychologin Chris Paul, sind Menschen mit der Trauerarbeit überfordert. Zunächst müssen primäre Bedürfnisse gesichert werden. Dazu gehören z. B. Essen, Schlaf, Wohnstätte, Wärme, Sicherheit, Versorgung von Krankheiten und Verletzungen. Trauer braucht dieses Mindestmaß an Sicherheit, damit Menschen sich in sie hineingeben können. Das gilt auch für Kinder. Wenn die Lebensumstände der Betroffenen es momentan nicht erlauben, sich in starke Gefühle hineinfallen zu lassen, bedeutet das nicht, dass der Schmerz über den Verlust nicht später nachempfunden und nachgeholt werden kann. Trauerreaktionen werden sich in anderen Zusammenhängen ihren Weg bahnen.

Vielfach nehmen Kinder sich zunächst auch in ihrer eigenen Trauer zurück, um ihre Bezugspersonen nicht zusätzlich zu belasten. Erst wenn die Bezugspersonen wieder erkennbar stabil sind, begeben sich Kinder in ihren eigenen Trauerprozess. Dieser wird dann allerdings vom sozialen Umfeld oft nicht als solcher erkannt und falsch gedeutet (vgl. Witt-Loers, Trauernde Jugendliche in der Schule, 2012, S. 25 ff.).

Kindertrauergruppen geben Kindern darum Raum für ihre Trauer und ermöglichen es ihnen, ihren Trauerprozess nicht aufzuschieben, sondern ihn zu durchleben.

Traueraufgabe: Den Verlust als Realität akzeptieren

Den Verlust als Realität zu begreifen fällt schwer und braucht Zeit. Um sich mit den vielfältigen und schmerzhaften Gefühlen, die ein erlittener Verlust mit sich bringt, auseinanderzusetzen, muss zunächst die Realität des Todes anerkannt werden. Die Leiche zu sehen erleichtert es Betroffenen oft, den Tod der nahestehenden Person als eine Tatsache zu begreifen, während es den Trauerprozess erschwert, wenn in keiner Form die Möglichkeit besteht, Abschied zu nehmen. Kinder verstehen die Realität des Verlustes ihrer Entwicklung entsprechend nach und nach. Hier kommen die oben benannten drei Aspekte des Todesverständnisses in der Entwicklung von Kindern zum Tragen (vgl. S. 29 ff.). Kinder verhalten sich nach einem Verlust auch so, als sei nichts geschehen. Das kognitive Verstehen, das Nichtwahrhabenwollen der Realität oder Selbstschutz können hier eine Rolle spielen.

Informieren: Kindern die Realität vorzuenthalten oder diese zu beschönigen ist nicht förderlich. Sie spüren trotzdem, dass etwas passiert ist, und verlieren, wenn ihnen das Sterbenmüssen oder der Tod eines nahen Menschen verschwiegen werden, eher das Vertrauen in ihre Bezugspersonen. Kinder sind auf Informationen darüber, wie eine tödliche Krankheit einen Menschen und seine Fähigkeiten verändert, sowie zum Tod eines nahestehenden Menschen angewiesen, um diesen in ihr Weltbild integrieren zu können. Unzureichende oder unklare Auskünfte verwirren Kinder und führen zu falschen und oft beängstigenden Interpretationen.

Verabschieden: Den Verlust begreifen können Kinder eher, wenn sie die Möglichkeit bekommen, sich zu verabschieden. Bricht der Verlust plötzlich in das Leben des Kindes herein, ist das Anerkennen des Verlusts als Realität viel schwieriger, als wenn es möglich war, den Sterbenden und sein »Weggehen« zu begleiten.

Den Abschied »aktiv« zu gestalten, d. h. dem Kind Gelegenheit zu geben, noch etwas für den Sterbenden oder Gestorbenen zu tun, nimmt ihm das Gefühl der Ohnmacht und Hilflosigkeit. Hierzu gibt es vielfältige Mittel und Wege, die aber unbedingt zum betroffenen Kind passen müssen. Möglichkeiten sind z. B. kreative Gestaltungen von Kerzen, Herzen, Bildern, Steinen; das Kind kann für den Sterbenden singen, musizieren, aber auch kleine Hilfsdienste leisten, wie Tee reichen, Taschentücher bringen o. Ä. Dabei sollten Kinder immer wieder mit altersentsprechenden Worten über das, was geschieht und was weiter geschehen wird, informiert werden (vgl. Witt-Loers, Kinder sind Angehörige, Vortragsmanuskript DGP-Kongress 2012, Berlin).

Den Schmerz und quälende Gedanken verarbeiten

Trauer bedeutet immer auch Schmerz. Trauernde, Erwachsene wie Kinder, erfahren viele unterschiedliche, intensive, manchmal auch sehr widersprüchliche Gefühle (s. dazu im Folgenden Kapitel 4: *Trauerreaktionen* …). Alle diese Gefühle in der Trauer haben ihre Berechtigung. Eine Aufgabe für den Trauernden ist es darum, diese schmerzhaften Gefühle zu durchleben und zu verarbeiten. Dies kann Kinder an körperliche und seelische Grenzen bringen. Werden die Gefühle aber nicht durchlebt, führt das zu verzögerten Trauerreaktionen oder auch, wie James William Worden festhält, zu somatischen Erkrankungen. Diese werden dann allerdings häufig nicht als Reaktion auf den Verlust erkannt und wahrgenommen.

In der Kindertrauergruppe können Kinder ihre Gefühle wahrnehmen und auf verschiedenste Weise ausdrücken. Es gibt Raum für die Vielfältigkeit und Intensität der Gefühle in der Trauer. Auch Wut, Aggression und Zorn in der Gruppe auszuhalten, diesen Gefühlen Raum einzuräumen und gleichzeitig dem Anliegen der Gesamtgruppe sowie einzelner Kinder gerecht zu werden ist Aufgabe der Gruppenleitung.

Ich möchte in diesem Zusammenhang auf meine Erweiterung der Traueraufgaben hinweisen. Denn neben intensiven Gefühlen tauchen im Trauerprozess häufig auch belastende Gedanken und quälende Gedankenspiralen auf. Inhaltlich geht es beispielsweise um die Frage nach dem »Warum«, um letzte Worte, letzte Stunden, nicht gesagte Worte und/oder Gesten, den verpassten Abschied, Schuld. Solche Gedankenspiralen können sehr anstrengend und quälend sein. In der Begleitung sollten sie deshalb berücksichtigt werden und Kindern Möglichkeiten angeboten werden, einen Umgang damit zu finden. Bewährt haben sich in meiner praktischen Arbeit Imaginationsübungen. Hinweise dazu finden Sie bei Verena Kast und Luise Reddemann (siehe auch MDP9). Imaginationsübung

Ressourcen aufdecken und aktivieren

Um nicht an ihrem Trauerprozess zu zerbrechen, brauchen jüngere und ältere Trauernde seelische und körperliche Kraft. Das bedeutet: Alles, was Kinder jetzt stärken, erfreuen oder Mut und Zuversicht schenken kann, sollte wahrgenommen, aktiviert und genutzt werden. Aus meiner Sicht ist dies die wichtigste Grundlage, damit Trauerprozesse bearbeitet werden können. Daher möchte ich diese Aufgabe den Themen der Trauer hinzuzufügen. In der Begleitung kann dafür gesorgt werden, dass das individuelle »Ressourcenregal« jedes Kindes mit vielen ganz unterschiedlichen Gläsern und Dosen gefüllt ist, die je nach Situation und nach Bedarf genutzt werden können. Mögliche potenzielle Kraftquellen können für das einzelne Kind sowie für die Trauergruppe gefunden werden. Zudem sollten das System Familie gestärkt und gemeinschaftliche Ressourcen aufgedeckt und aktiviert werden.

Sich an die Welt ohne die verstorbene Person anpassen

Stirbt ein Mensch, dann ändern sich Beziehungen des Trauernden zu seiner Umwelt. Ebenso unterschiedlich wie die Intensität des Trauerschmerzes ist das Ausmaß, in dem der Tod das Leben der Hinterbliebenen verändert. Menschen werden nicht mehr in ihren Rollen als Mutter, Schwangere, Schwester oder Bruder wahrgenommen, sondern sind Einzelkind, Waisenkind, plötzlich ältestes oder jüngstes Kind oder umgekehrt. Gesellschaftliche Rollen verändern sich und damit die Aufgaben des Trauernden. Dies erfordert Neuorientierung, Flexibilität und Kraft. Lebensperspektiven wandeln sich und neue Fähigkeiten müssen erlernt werden. Die »Anpassungsleistungen«, die nach dem Verlust eines nahestehenden Menschen notwendig sein können, gliedert J. W. Worden in drei wesentliche Bereiche.

Mögliche Angleichungen im Alltag bezeichnet Worden als die *externe Anpassung*. Hier muss besonders darauf geachtet werden, dass Kinder, aber auch Erwachsene, nicht die Rollen oder Aufgaben des Verstorbenen übernehmen. Es kommt vor, dass selbst kleine Kinder versuchen, »vernünftig« zu sein, sich Trauer verbieten, der Mutter den Partner ersetzen wollen, dem Vater die Ehefrau.

Die *interne Anpassung* ist in Bezug auf die Selbstwahrnehmung und die eigene Identität zu sehen. Gerade Kinder erleben durch den Tod eines nahestehenden Menschen und die gleichzeitige Betroffenheit des sozialen Umfeldes einen Verlust an Bestätigung, Zuwendung und Schutz. Dies kann zu Störungen des Selbstwertgefühls führen.

Die dritte *sinnorientierte, spirituelle Anpassung* an die durch den Tod veränderte bzw. neu entstandene Umwelt kann eine Angleichung in Bezug auf die eigenen grundlegenden Wertvorstellungen, das Weltbild, den Glauben, den Sinn des Lebens, die Spiritualität erfordern. Kinder arbeiten an dieser Aufgabe häufig in Verbindung mit der Frage nach Gott.

> **Praxisbeispiel**
>
> *Maries Mutter hatte einen schweren Autounfall und wird sterben. Vor dem Tod der Mutter fragt sich Marie, warum der liebe Gott die Mama sterben lassen wird. Zunächst findet Marie für sich die Erklärung, dass Gott die Mama wahrscheinlich dort oben braucht. Nach dem Tod der Mutter kommt Marie wütend und zornig zur Trauerbegleitung. Sie sagt, dass sie festgestellt hat, dass der liebe Gott gar nicht lieb ist, sondern ganz schlimm und böse, denn er habe schließlich ihre Mutter sterben lassen.*

Eine dauerhafte Verbindung zur verstorbenen Person inmitten des Aufbruchs in ein neues Leben finden

Eine weitere Aufgabe des Trauernden ist es, eine fortbestehende Bindung zum Gestorbenen zu finden. Es gilt, den Toten in das neu entstandene Lebensgefüge zu integrieren. Trauernde müssen den Verstorbenen nicht loslassen, ihn nicht vergessen, der Gestorbene bekommt aber einen anderen Platz. Das Erlebte, die Erinnerungen und die Erfahrungen aus der gemeinsamen Zeit können das Leben des Betroffenen weiterhin bereichern. Gleichzeitig gilt es, einen neuen Bezug zu sich selbst, zum eigenen Leben und zur Außenwelt zu finden.

In der Anerkennung seines Todes dennoch in Verbindung mit dem Gestorbenen zu bleiben hindert nicht daran, neue Beziehungen und Bindungen einzugehen. J. W. Worden und *Phyllis R. Silverman* stellten in einer Untersuchung fest, dass Kinder eines verstorbenen Elternteils häufig mit diesem in Verbindung blieben und das Gefühl hatten, von ihm beschützt zu werden.

Äußere neue Plätze für den Gestorbenen können sein: das Grab, Fotos, ein Erinnerungsort im Haus, ein Musikstück oder Text, bestimmte Gegenstände oder auch eine Pflanze. Innere Plätze können beispielsweise sein: innerer Begleiter, Ratgeber, Engel, Beschützender. Spirituell kann der Verstorbene einen neuen Platz in den Jenseitsvorstellungen des Trauernden finden. Wenn im sozialen Umfeld des Kindes über Erinnerungen gesprochen werden kann und Erinnerungen bewahrt werden dürfen, ist es leichter, den Gestorbenen ins eigene Leben zu integrieren.

Dennis Klaas spricht von vier möglichen Funktionen oder Plätzen innerer Repräsentation des Toten (vgl. Holzschuh, Geschwistertrauer, 2000). In der ersten Funktion übernimmt der Verstorbene die Rolle des Vorbilds und dient als umfassendes Identifikationsobjekt. Eine zweite denkbare Rolle des Verstorbenen ist die Übernahme der »situationsspezifischen Entscheidungshilfe« für den Hinterbliebenen. Drittens kann der Verstorbene eine »klärende Funktion« in der Auseinandersetzung mit Werten oder moralischen Positionen übernehmen. Und viertens kann in der »Erinnerungsbildung« Trost gefunden werden, wenn Hinterbliebene an die Person denken und sich dadurch aktuell besser fühlen.

Die neuen Plätze, die der Verstorbene im Leben des Trauernden einnimmt, müssen sich wandeln dürfen. Vornehmlich dann, wenn der Platz mehr negativ besetzt ist. Bedeutsam ist diese Möglichkeit der Wandlung vor allem, wenn zum Verstorbenen ambivalente Beziehungen bestanden haben oder auch bei Bindungen, die durch Alkohol, Gewalt, Geld oder Hörigkeit bestimmt oder die an ein Versprechen geknüpft waren (z.B.: »Ich vertrete die Mama«, »Ich räume immer mein Zimmer auf«); löst die bleibende Verbundenheit mit dem Gestorbenen mehr negative Gefühle aus, sollten positive Erinnerungen gefunden werden. Fortdauernde Bindungen zum Gestorbenen stellen einen wichtigen Aspekt in der Trauer dar, der sein darf und für Trauernde eine Ressource sein kann.

Sinnfindung

Der Tod eines nahestehenden Menschen mit seinen lebensverändernden Einschnitten löst bei trauernden Menschen meist eine Suche nach dem Sinn dieses Todes aus. Nicht nur Erwachsene setzen sich dabei mit Sinnfragen auseinander. Auch Kinder haben Fragen auf unterschiedlichen Ebenen wie: »Warum musste die Mama sterben? Warum hat Gott mir die Oma weggenommen? Warum gerade unsere Familie? Warum musste Ronja so früh sterben? Kann ich ohne meinen Bruder weiterleben? Warum hat mich dieses Unglück getroffen? Bin ich noch ein Bruder, obwohl meine Schwester tot ist? Ist Gott ein lieber oder ein böser Gott?«

Ich habe festgestellt, dass die Erlaubnis, sich mit diesen Fragen auseinanderzusetzen, z.B. auch Gott in Frage stellen zu dürfen, Kinder erleichtert und die Anpassung an eine Welt ohne den Verstorbenen unterstützt. Kinder finden durch Optimismus, religiösen Glauben oder andere eigene Deutungen, Möglichkeiten, dem Verlust einen Sinn zuzuschreiben. Dass die Auseinandersetzung mit Sinnfragen einen wesentlichen Faktor im

Umgang mit einem Verlust darstellt und in der Begleitung deshalb unbedingt berücksichtigt werden muss, belegt *R. Neimeyer* mit verschiedenen Studien. Neimeyer erkannte, dass Trauernde, die einem Verlust einen Sinn geben konnten, den Tod eines Menschen besser in ihr Leben integrieren konnten. Komplizierte Trauerprozesse entstehen dagegen häufig, so *R. Neimeyer*, wenn Menschen keinen Sinn im Tod des nahestehenden Menschen finden können. Deshalb sollten wir Sinnfragen in der Begleitung viel Raum geben.

Chris Paul hat auf diesem Hintergrund angeregt, die »Sinnfindung« als Traueraufgabe dem Aufgabenmodell hinzuzufügen. Eltern, deren Kind gestorben ist, beschäftigen sich überwiegend und lange mit der Traueraufgabe »Sinnfindung«, wobei die gefundenen Deutungen nahezu immer im religiösen Glauben verankert waren. Lang angelegte Studien von J. Keesee, M. Currier, R. Neimeyer (2008) und G. Lichtenthal, J. Keesee, M. Currier, R. Neimeyer (2010) konnten dies belegen. Sind trauernde Geschwister in der Gruppe, sollte dieser Aspekt auch systemisch gesehen und berücksichtigt werden. Die Suche nach Antworten, die Auseinandersetzung mit der Sinnfrage, sowie das Erzählen der eigenen Biografie tragen mit zur Bewältigung des Verlustes bei. So kann der Verlust in das weitere Leben integriert und die autobiografische Sicht des eigenen Lebens angepasst werden.

Fazit:
Mit den zu den Traueraufgaben genannten Hinweisen lässt sich der notwendige systemische Ansatz in der Trauerbegleitung von Kindern deutlich skizzieren. Festhalten möchte ich, dass die Chance für die Bewältigung eines Verlustes stark von der Gesamtstruktur der betroffenen Familie, dem sozialen Umfeld sowie der Unterstützung der trauernden Familie abhängt. Mögliche Neuorganisationen und die Neudefinition von Rollen lassen sich in einer offenen, zugewandten Atmosphäre eher entwickeln als in einer starren, unflexiblen Familienstruktur. Eltern und Bezugspersonen haben für Kinder Vorbildcharakter, denn Kinder ahmen das Trauerverhalten Erwachsener nach. Werden der Verlust, der Gestorbene sowie die damit in Zusammenhang stehenden Veränderungen nicht thematisiert und Gefühle nicht zugelassen, schließt sich das Kind diesen Verhaltensweisen an. Eine Auseinandersetzung bleibt dem Kind so verwehrt.

In einem eher offenen Familiensystem, in welchem schon vor dem Verlust Gefühle kommuniziert wurden und das durch ein Gleichgewicht von Nähe und Distanz gekennzeichnet war, ist es möglich, individuelles Rollenverhalten zu entwickeln und persönlichen Bedürfnissen im Trauerprozess nachzugehen. Der erlebte Verlust kann dann den Zusammenhalt, das Vertrauen und die Loyalität innerhalb der Familie auch stärken.

Immer wieder fällt mir, wie ich schon erwähnte, auf, dass Bezugspersonen nicht wissen oder nicht glauben, dass ihre Kinder tatsächlich trauern. Oft sind sie überrascht zu sehen, was in ihren Kindern vorgeht, nachdem sie einen Einblick in die Gefühle und Gedanken ihrer Kinder in Form der kreativen Gestaltung bekommen. Die gleichzeitige Begleitung trauernder Bezugspersonen mit thematisch ähnlichen Ansätzen erleichtert das gegenseitige Verständnis für den Trauerprozess und die damit verbundenen Schwierigkeiten und Bedürfnisse des einzelnen Mitglieds eines Familiensystems. Es macht Bezugspersonen sensibel für die anstrengende Trauerarbeit, die Kinder zu leisten haben.

3.3.2 Mediatoren

Worden bezieht wie andere Trauerforscher Bindungsstile und Bewältigungsstrategien bei seinen Mediatoren mit ein. Wichtig erscheint mir, dass verschiedene Bewältigungsstrategien gleichzeitig eingesetzt werden können.

Von zentraler Bedeutung im Aufgabenmodell ist die Anpassung des Trauernden an die durch den Tod neu entstandene Lebenssituation. Worden legt großen Wert darauf, den Menschen in seiner individuellen Situation wahrzunehmen; denn nur so können wir verstehen, weshalb Menschen ganz unterschiedlich auf einen Verlust reagieren. Worden betont deshalb immer wieder, dass es nicht ausreicht, die Traueraufgaben zu kennen, sondern dass diese fortwährend in Verbindung mit den von ihm so genannten *Mediatoren der Trauer* gesehen werden müssen. Damit sind die Faktoren gemeint, die das *individuelle Erleben* der Trauer und die individuelle Herangehensweise an die Traueraufgaben beeinflussen.

Nach J. W. Worden und von mir ergänzte Mediatoren, die den Trauerprozess beeinflussen, können sein:

- *Art der Beziehung zum Verstorbenen (z. B. Verwandtschaftsgrad) – Wer ist gestorben?*

- *Art der Bindung bezüglich des Gestorbenen (Stärke und Sicherheit der Bindung, Rollenverteilung, Konflikte, Ambivalenz, Abhängigkeit) – Welche Art der Bindung bestand?*
- *Todesumstände (Aspekte hierbei z. B.: plötzlicher Tod, Gewalteinwirkung, traumatisierende Geschehnisse, ungeklärte oder stigmatisierende Todesumstände, wahrgenommene Vermeidbarkeit des Todes, Erfahren der Todesnachricht; Möglichkeit, Abschied zu nehmen; mehrere Todesfälle gleichzeitig ...)*
- *Frühere Erfahrungen des Hinterbliebenen (vorherige Verluste, bisherige psychische Gesundheit)*
- *Persönlichkeitsvariablen des Hinterbliebenen: wesentliche Faktoren sind z. B.: Alter, Geschlecht, Bewältigungsstil (problemlösend, aktiv-emotional, vermeidend-emotional), Bindungsstil (sicher, unsicher: ängstlich-rückversichernd, ängstlich-ambivalent, vermeidend-abweisend, vermeidend-ängstlich), Denkstil, Ich-Stärke (Selbstachtung, Kompetenzerwartung), Annahmen über die Welt (Überzeugungen und Wertvorstellungen)*
- *Soziale Faktoren: Verfügbarkeit von Unterstützung, Zufriedenheit mit der Unterstützung, Übernahme verschiedener sozialer Rollen, religiöse Normen, kulturelle Erwartungen*
- *Gleichzeitig auftretende weitere Belastungen und sekundäre Verluste (lebensverändernde Ereignisse)*
- *Entwicklungspsychologische Aspekte*
- *Lebensumstände (Biografie, Familiensituation, Mehrfachverluste, gegenwärtige psychische und körperliche Gesundheit, zusätzliche Belastungen)*
- *Persönliche und familienspezifische gemeinschaftliche Ressourcen*
- *Bisheriger Umgang und Kommunikation mit schweren Themen in der Familie*

3.3.3 Bewältigung der Traueraufgaben – unterstützende Faktoren im Umfeld

Kinder, die ein Alter erreicht haben, in dem sie sich bereits gut verbal, kreativ oder im Spiel ausdrücken können, haben bessere Voraussetzungen, mit einem Verlust umzugehen, als Kinder, die jünger sind und diese Fähigkeiten noch nicht entwickelt haben. Jüngere haben es schwerer, den Tod eines nahestehenden Menschen zu verstehen und zu verarbeiten; denn sie können den Verlust allein auf einer sinnlich-körperlichen Ebene wahrnehmen, sind aber noch nicht fähig, ihn verbal auszudrücken. Hier wird das Kind durch Körperkontakt, Vermittlung von Gefühlen der Geborgenheit und der Sicherheit unterstützt. Besonders wichtig ist in diesen Fällen die Zusammenarbeit mit den Bezugspersonen des Kindes, die gut über seine Bedürfnisse informiert werden müssen (Einzelsetting).

Erkennt das soziale Umfeld den Verlust für das Kind an und nimmt diesen ernst, besteht in der Familie und bei den Bezugspersonen eine grundsätzliche Haltung von Liebe, Fürsorge, Respekt, gegenseitiger Wertschätzung und Unterstützung sowie eine offene Kommunikation über Gefühle, wird es das Kind leichter haben, mit dem Tod eines nahestehenden Menschen zurechtzukommen.

Verfügen Bezugspersonen über ein hohes Selbstwertgefühl und signalisieren, dass sie sich grundsätzlich zutrauen, ein Leben ohne den Gestorbenen zu meistern und mit den anfallenden Problemen fertig zu werden, dann ist dies für Kinder ein positives Zeichen. Sie gewinnen dadurch ein Stück der verlorenen Sicherheit zurück und werden zudem bestärkt, eigene Wege und Möglichkeiten im Umgang mit dem Verlust zu finden. Positiv wirkt sich ebenfalls aus, wenn Kinder in ihrer gewohnten Umgebung bleiben können, vorausgesetzt, sie haben sich bis dahin dort aufgehoben gefühlt.

Verfügen Kinder selber über innere Ressourcen wie z. B. über ein hohes Selbstwertgefühl und eine gute Selbstregulierung, oder können sie auf externe Ressourcen wie z. B. darauf, dass ihr Lebensstandard nicht gefährdet ist und das gewohnte Lebensumfeld erhalten bleibt, zurückgreifen, oder gibt es systemische Ressourcen wie z. B. Unterstützung und Stabilität durch Bezugspersonen und ein soziales Netzwerk, so wird der Umgang mit dem Verlust für sie leichter sein als für Kinder, denen diese Ressourcen fehlen. In engem Zusammenhang damit steht die psychische Widerstandsfähigkeit des Kindes, angesichts belastender Lebens- und Entwicklungsbedingungen (Resilienz) mit den neuen Lebensumständen zurechtzukommen. Insbesondere spielen im System Familie Aspekte wie der offene Umgang miteinander, offene Kommunikation, die Sinngebung und individueller Gestaltungsraum eine wesentliche Rolle.

3.3.4 Verschiedene Trauerverläufe und komplizierte Trauerprozesse

Bei Aufnahme von Kindern in eine Trauergruppe sollte eine gründliche Anamnese erhoben werden (vgl. dazu unten S. 113 ff.). Komplizierte Trauerprozesse und psychische Erkrankungen sollten unbedingt entsprechend fachlich begleitet und behandelt werden (vgl. Znoj, Trauer und Trauerbewältigung, S. 52 ff.).

Mögliche Risikofaktoren, die allgemein auf komplizierte oder verzögerte Trauerprozesse bei Kindern hindeuten, können mit der Art des Verlustes, den Todesumständen, sekundären Verlusten sowie sozialen Faktoren zusammenhängen. Das sind unter anderen:

- *Ambivalente Beziehung zum Verstorbenen*
- *Tod durch Gewalt*
- *Ungeklärte Todesumstände*
- *Die Leiche wird vermisst*
- *Kind war Zeuge eines gewaltsamen Todes*
- *Kind hat entstellte Leiche gefunden*
- *Vorverluste, die nicht betrauert werden konnten (Krankheit, Tod, Scheidung ...)*
- *Mehrfachverluste*
- *Zusätzliche Verluste (Umzug, Schulwechsel, Verlust von weiteren Bezugspersonen ...)*
- *Starke einseitige religiöse oder kulturelle Prägungen*
- *Stigmatisierende Todesursachen: Aids, Suizid, Tod durch Drogen / Alkohol*
- *Fehlendes soziales Netzwerk*
- *Kein stabiles soziales Umfeld*
- *Plötzlicher Tod*

- *Tod eines Geschwisterkindes*
- *Unaufgelöstes Trauma*
- *Bezugspersonen, die Emotionalität verbieten*
- *Nicht gesicherte Verluste*

Weitere Faktoren in Bezug auf die Bindung (unsicher, eng, abhängig, ambivalent …), die Lebensumstände, die Biografie und die Persönlichkeit (Erleben von Selbstwirksamkeit, Selbstwertgefühl …) können ebnso eine Rolle spielen.

Eine Arbeitsgruppe des Bundesverbandes Trauerbegleitung (BVT) e. V. hat im Jahr 2010 einen Vorschlag vorgelegt, wie unterschiedliche Trauerverläufe begrifflich differenziert und inhaltlich voneinander abgegrenzt werden können. Chris Paul, die Mitglied dieser Arbeitsgruppe war, stellt diesen Vorschlag in ihrem Buch *Neue Wege in der Trauer- und Sterbebegleitung* ausführlich vor (2011, S. 69 ff.).

Wann Trauer zu einer psychischen Krankheit gezählt werden soll/kann, wird zurzeit konträr diskutiert. Eine Stellungnahme zur voraussichtlich im ICD-11 2018 erscheinenden Diagnose »Anhaltende Trauerstörung« hat der BVT (Bundesverband Trauerbegleitung e. V.) 2017 herausgegeben. Zudem hat Prof. Dr. Birgit Wagner im Psychotherapeutenjournal 3/2016 in ihrem Artikel »Wann ist Trauer eine psychische Erkrankung? Trauer als diagnostisches Kriterium in der ICD-11 und im DSM-5« Informationen zu dieser Diskussion bearbeitet. Ich empfehle Trauerbegleitern, sich dazu auf dem neuesten Stand zu halten und entsprechende Ergebnisse zu berücksichtigen. Im Folgenden soll – Chris Paul referierend – nur kurz skizziert werden, um was es im Einzelnen geht:

Nicht-erschwerte Trauer

Bei nicht-erschwerter Trauer wird der Trauerverlauf nicht durch äußere Umstände behindert und nimmt seinen natürlichen Gang. Der oder die Trauernde erlebt ein unterstützendes, ermutigendes Umfeld und verfügt über genügend eigene Ressourcen, die Aufgaben, vor die der Verlust stellt, zu bewältigen. Etwa 80 % aller Trauerprozesse können unter der Kategorie der *nicht-erschwerten Trauer* gefasst werden.

Erschwerte Trauer

Der Begriff beschreibt ein ungünstiges Verhältnis zwischen Risikofaktoren und Ressourcen in einem Trauerprozess. Sind beispielsweise die Begleitumstände eines Todes schwierig (plötzlicher Tod, tabuisierte Todesarten) und erlebt ein trauerndes Kind mit dem Tod zugleich den Zusammenbruch des tragenden familiären Umfeldes, ohne vielleicht in der Lage zu sein, seinen Gefühlen Ausdruck zu geben, dann können dies Hinweise auf eine erschwerte Trauer sein. Wichtig ist, festzuhalten, dass der Begriff prognostisch verwendet werden kann, man also bei Vorliegen vieler Risikofaktoren und gleichzeitig weniger Ressourcen vermuten kann, dass sich ein erschwerter Trauerprozess entwickeln könnte. Ist ein solches Risikosetting vorhanden, gilt es, die Entwicklung des Kindes sehr aufmerksam zu beobachten, denn erschwerte Trauer kann im Verlauf des Trauerprozesses zwar zu nicht-erschwerter Trauer werden, kann aber auch in einen komplizierten Trauerprozess führen oder zu traumatischer Trauer werden (vgl. Znoj, Trauer und Traurbewältigung, 2012, S. 59 ff.)

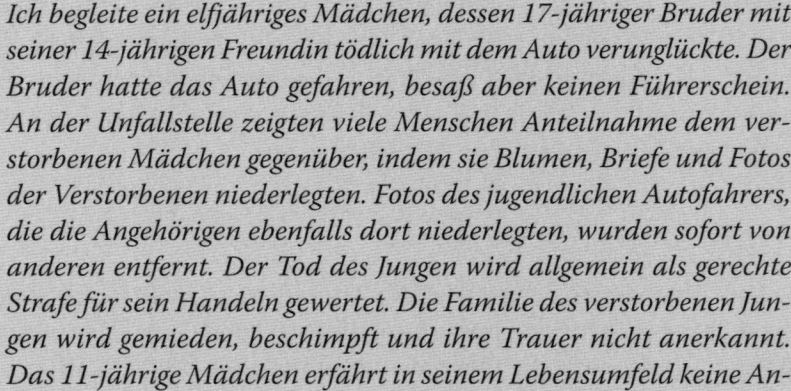

Beispiel:

Ich begleite ein elfjähriges Mädchen, dessen 17-jähriger Bruder mit seiner 14-jährigen Freundin tödlich mit dem Auto verunglückte. Der Bruder hatte das Auto gefahren, besaß aber keinen Führerschein. An der Unfallstelle zeigten viele Menschen Anteilnahme dem verstorbenen Mädchen gegenüber, indem sie Blumen, Briefe und Fotos der Verstorbenen niederlegten. Fotos des jugendlichen Autofahrers, die die Angehörigen ebenfalls dort niederlegten, wurden sofort von anderen entfernt. Der Tod des Jungen wird allgemein als gerechte Strafe für sein Handeln gewertet. Die Familie des verstorbenen Jungen wird gemieden, beschimpft und ihre Trauer nicht anerkannt. Das 11-jährige Mädchen erfährt in seinem Lebensumfeld keine Anteilnahme und kaum Möglichkeiten seine Trauer auszudrücken.

Komplizierte Trauer

Eine komplizierte Trauer liegt dann vor, wenn der oder die Trauernde auch 13 Monate nach dem Verlust noch folgende emotionale Reaktionen zeigt (vgl. Paul, Neue Wege, 2011, S. 79):

- *anhaltender, starker Seelenschmerz,*
- *nicht nachlassende Verzweiflung über den Verlust,*
- *unstillbare Sehnsucht nach dem verstorbenen Menschen,*
- *Unfähigkeit, Freude zu empfinden.*

Liegt eine komplizierte Trauer vor, gilt es, verantwortlich und dem Wohl des Kindes entsprechend kompetent zu handeln und die profunde Qualität der Begleitung trauernder Kinder unbedingt zu sichern. Vielfach haben die Belastungen und Schwierigkeiten, die einen Trauerprozess verkomplizieren, schon vor dem Verlust des nahestehenden Menschen bestanden.

In meiner engen Zusammenarbeit mit verschiedenen Jugendämtern, der Polizei, Notfallseelsorgern und Kinder- bzw. Jugendeinrichtungen erlebe ich diese Problematik immer wieder. Kinder, die derart vorbelastet sind, benötigen eine Trauerbegleitung im Einzelsetting und/oder Unterstützung durch Fachärzte. Eine begleitende oder ausschließliche psychotherapeutische Betreuung kann hier eine zentrale Rolle spielen. Eine Trauergruppe kommt in diesen Fällen gar nicht oder erst sehr viel später zum Tragen.

Traumatische Trauer

Eine traumatische Trauer liegt dann vor, wenn der Trauerprozess durch traumatische Erlebnisse überlagert und behindert wird. Eine traumatische Trauer kann frühestens sechs Monate nach einem Todesfall diagnostiziert werden. Symptome sind unwillkürliche »Flashbacks«, also das Wiedererleben belastender Szenen vor allem im Sterbeprozess, Überflutet-Werden von Gefühlen, Übererregtheit, das ständige Wiederaufsuchen oder das zwanghafte Vermeiden bestimmter Orte usw. Eine traumatische Trauer kann im Rahmen einer Kindertrauergruppe nicht bearbeitet werden! Hier ist die Begleitung durch einen Traumatherapeuten nötig.

Fazit:
Wesentlich für Begleiter einer Gruppe ist es auf dem Hintergrund der unterschiedlichen möglichen Trauerverläufe daher, die eigenen Grenzen zu kennen und zu beachten. Gerade weil traumatische und komplizierte Trauerprozesse erst im zeitlichen Verlauf bestimmt werden können, ist es wesentlich vor der Aufnahme eines Kindes in eine Gruppe bestehende Risikofaktoren, Symptome und Ressourcen zu berücksichtigen sowie den weiteren Trauerprozess sensibel wahrzunehmen. Deshalb empfehle ich die kontinuierliche Begleitung der Gruppe durch die gleichen Trauerbegleiter. So lassen sich Risikofaktoren, etwaige Veränderungen im Verhalten und andere aktuelle Entwicklungen erkennen, und es kann adäquat darauf reagiert werden. Begleiter einer Kindertrauergruppe müssen Hinweise auf komplizierte oder andere erschwerende Faktoren sowie psychiatrische Symptome erkennen können. Auch deshalb sind die Trauergruppen im DellTha-Konzept klein und haben 6–8, maximal 10 Kinder. Die Gruppen werden durch zwei Trauerbegleiter mit großer Basisqualifikation (BVT), die regelmäßige Supervisionen und spezifische Fortbildungen besuchen, begleitet. Die Begleiter stehen zugleich in kollegialem Austausch mit anderen Trauerbegleitern. Komplizierte und traumatische Trauerprozesse können im Rahmen der Trauergruppe nicht bearbeitet werden. Sie bedürfen anderer Intervention.

- *Literaturhinweise Trauma: MDL18*

4 Trauerreaktionen und Trauerprozesse bei Kindern

4.1 Körperliche, psychische, soziale und Verhaltensreaktionen

Trauer ist auch für Kinder eine sehr komplexe Erfahrung. Die Reaktionen von Kindern auf den Verlust eines nahestehenden Menschen sind vielschichtig und können sich in unterschiedlicher Form äußern. Wie bereits beschrieben, sind die Möglichkeiten eines Kindes, mit dem Verlust umzugehen, und die entsprechenden Reaktionen von verschiedenen Faktoren abhängig, die ich noch einmal kurz benennen möchte, um deutlich zu machen, dass es unabdingbar ist, jedes Kind in seinen individuellen Erfahrungen hinsichtlich des erlittenen Verlustes wahrzunehmen und zu begleiten. In der Kindertrauergruppe wie im Einzelsetting ist es wichtig, eine Vielzahl von Faktoren im Blick zu haben, um so die Begleitung entsprechend den Bedürfnissen des Kindes gestalten zu können. Mögliche Aspekte, die den Trauerprozess beeinflussen, sind das Alter, das Geschlecht und der Entwicklungsstand sowie die Persönlichkeit des Kindes und der Bezugspersonen. Hinzu kommt das Maß seiner Fähigkeit, durch Rückgriff auf persönliche oder sozial vermittelte Ressourcen eine Krise zu meistern (Resilienz). Auch die Intensität und Art der Beziehung zum Gestorbenen, die Rolle und Funktion des Gestorbenen für das Kind (Vater, Mutter, Bruder, Schwester, Freund, Großeltern), die Todesumstände, die Todesart, das soziale Umfeld sowie Vorerfahrungen zum Themenbereich Krankheit, Sterben, Tod und Trauer sind zu erheben, um ein Kind wirklich individuell begleiten zu können.

Grundsätzlich ist zwar das Grundvertrauen von Kindern leicht zu erschüttern, dafür haben Kinder gegenüber trauernden Erwachsenen die Fähigkeit, dass sie mit liebevoller Unterstützung, Anerkennung ihrer Gefühle und Gedanken, mit der Aktivierung der eigenen Ressourcen und der Begleitung bei der Sinnfindung, dieses Urvertrauen schnell wieder aufbauen können (vgl. Witt-Loers, Sterben, Tod und Trauer in der Schule, 2009, S. 18 ff. und Trauernde Jugendliche in der Schule, 2012, S. 32 ff.)

Was die Trauerreaktionen von Kindern angeht, werden in der Trauerforschung solche auf körperlicher, psychischer, sozialer und auf der Verhaltensebene beschrieben. *P. Silverman, J. W. Worden, H. Rosen, L. Robinson, M. Mahon* und andere Trauerforscher beschreiben beispielsweise folgende Trauerreaktionen (vgl. auch Znoj, Trauer und Trauerbewältigung, 2012, S. 43–45):

Psychische Reaktionen: Depressionen, Bindungsunfähigkeit, Aggressivität, Essstörungen, Angst, Existenzängste, Verlust von Grundvertrauen in die Welt, Schock, Zerstörungswut, Traurigkeit, Wut, Sehnsucht, Liebe, Erleichterung, Enttäuschung, emotionale Taubheit, Verzweiflung, Todesangst, Schuldgefühle, Scham, Selbstvorwürfe, Unsicherheit, Verlust von Selbstbewusstsein, Einsamkeit, Erschöpfung, motorische Unruhe, Wunsch, der Verstorbene möge zurückkehren ...

Körperliche Reaktionen: Magenschmerzen, Kopfschmerzen, Konzentrationsstörungen, Einnässen, Schlafstörungen, Durchfall, Brechreiz, Schock, Müdigkeit, Allergien ...

Soziale Reaktionen: Schulauffälligkeiten – bessere oder schlechtere Leistungen, Rückzug aus dem sozialen Umfeld, Aufgabe von Hobbys ...

Reaktionen im Verhalten: Weinen, Schreien, Lachen, Zähneknirschen, Nägelkauen, Kinder ahmen das Trauerverhalten ihrer Bezugspersonen nach, Kinder stellen eigene Trauer zurück (um Bezugspersonen nicht zu belasten), verlangsamte oder eingeschränkte Reaktionen, Kinder fühlen sich verantwortlich für Angehörige (übernehmen Aufgaben, die ihnen nicht entsprechen), übernehmen Rollen des Verstorbenen, regressives Verhalten, Anpassungsprobleme, Vermeidungsverhalten, fühlen sich verantwortlich für den Tod, Ablehnung von Bezugspersonen oder Ärzten, selbstverletzendes Verhalten, (Alb-)Träume von der verstorbenen Person ...

4.1.1 Regressionen

Durch den Tod eines nahestehenden Menschen fühlen sich Kinder vielfach in eine bedrohliche, fremde, unverständliche Welt geworfen. Bislang selbstverständliche Gewissheiten, die dem Kind Sicherheit und Geborgenheit vermittelt haben, werden erschüttert, und das bisherige Grundvertrauen in eine sichere, geordnete und geborgene Welt geht verloren. Kinder, die sich überfordert, von einer Situation überwältigt oder sich dieser nicht gewachsen fühlen, reagieren häufig mit Regressionen (Daumenlutschen wird wieder aufgenommen; das Kind nässt nachts wieder ein; will wieder aus der Flasche trinken; das Kuscheltier wird wieder stärker herumgetragen; das Kind fällt in die Babysprache zurück; beginnt zu stottern oder bekommt Leseschwierigkeiten; das Kind entwickelt Probleme beim Ausschneiden; kann sich die Schuhe nicht mehr zubinden …). Zu deuten ist dieses Verhalten als ein Versuch des Kindes, das seelische Gleichgewicht selbst wiederherzustellen. Regressionen lassen sich verstehen als Rückgriff auf Befriedigungs- oder Beruhigungsmechanismen, die das Kind in einer früheren Entwicklungsphase als sicher erlebt hat und auf die es nun in der unsicheren Zeit zurückgreift. Insofern sind Regressionen normale und wertvolle Reaktionen auf einen Verlust, die allerdings vorübergehend sein sollten. Bezugspersonen sollten wir über diese möglichen Verhaltensweisen aufklären. Zusätzlich müssen wir darüber informieren, dass Kinder in dieser Situation viel Verständnis brauchen und nicht wegen ihres Verhaltens bestraft oder beschimpft werden sollten. Gleichfalls ist es wichtig, Kinder zur Geduld aufzufordern und zu versichern, dass es die Dinge, die es schon einmal konnte, bald wieder können wird.

4.1.2 Trauma

Kinder können auf einen Verlust traumatisch reagieren. Die erste Reaktion ist dann ein Schock, der sich unterschiedlich äußern kann. Möglich sind eine scheinbare Gefasstheit, Starre, Regression, aber auch starke Gefühlsäußerungen wie Weinen oder Schreien. Meist dauert der Schock einige Stunden. Er kann aber auch Tage oder Wochen andauern.

Im Vorgespräch bei der Aufnahme eines Kindes in eine Kindertrauergruppe sollten wir unbedingt nachfragen, wie die ersten Reaktionen des Kindes auf die Todesnachricht waren, um gegebenenfalls frühzeitig für eine traumatische Entwicklung des Trauerprozesses beim Kind sensibel zu werden. Folge eines Traumas ist die Erschütterung der Sicherheit des Kindes im Umgang mit seinem Lebensumfeld. Zudem glauben Kinder häufig, am traumatischen Ereignis schuld zu sein. Auf Grund der Schuldgefühle vermeiden sie die Auseinandersetzung mit dem Verlust. Eine Bearbeitung des Erlebnisses und eine Umstrukturierung der Schuldgedanken können so aber nicht stattfinden (vgl. S. 149).

Außerdem können sich z. B. erhöhte Aggression, unsoziales Verhalten, Unruhe, Lernstörungen, Unkonzentriertheit, Stottern und Gefühlskälte zeigen. Diese Reaktionen werden vom sozialen Umfeld nicht immer als Antwort auf den Verlust erkannt, sondern als absichtliche negative Verhaltensweisen eingestuft und sanktioniert. Doch sind es Hilferufe, die signalisieren, dass das Kind sich nicht mehr zu helfen weiß. Symptome einer Posttraumatischen Belastungsstörung (PTBS), die den Trauerprozess überlagert, können sein: Albträume, Flashbacks (also das Wiedererleben bestimmter Situationen), Intrusionen (das Wiedererleben psychotraumatischer Ereignisse), verändertes Sozialverhalten, Schlaf- oder Essstörungen, anhaltende Regressionen, tiefe Hoffnungslosigkeit, selbstverletzendes Verhalten, starke Ängste (vgl. David Trickey, in: C. Paul, Neue Wege in der Trauer- und Sterbebegleitung, 2011, S. 187–199; vgl. Reddemann und Dehner-Rauh, 2007, Trauma).

4.1.3 Rollen und Funktionen von Gestorbenen

Als Begleiter sollten wir Rollen und Funktionen, die die verstorbene Person für das Kind hatte, ergründen, um dadurch besser zu verstehen, wie sich der Verlust auf das Leben des Kindes auswirkt. Gleichzeitig lassen sich so Trauerreaktionen eher nachvollziehen. Häufig wird die Mehrdimensionalität, die der Verlust eines nahestehenden Menschen für Kinder bedeutet, nicht in seinem vollen Umfang wahrgenommen.

Deshalb ist es hilfreich, sich ein konkretes Bild von der Komplexität und Bandbreite des erlittenen Verlusts für das betroffene Kind zu machen. Schauen wir uns beispielhaft mögliche Auswirkungen an.

Der Tod der Mutter zieht häufig eine ganze Kette an weiteren Verlusten für das Kind nach sich.

Die tägliche Versorgung, angefangen vom Wecken über die Versorgung mit Frühstück, Mittag- und Abendessen, scheint ungesichert. Unklar ist für das Kind, wer es nun zum Kindergarten oder zur Schule bringt, die Hausaufgaben betreut, es zu Freunden bringt oder bei Hobbys begleitet ...

Die Mutter wusste um kleine Vorlieben, Schwächen, hatte einen Überblick über das soziale Netz des Kindes. Sie kannte Freunde, deren Namen und Wohnorte, Lehrer, Erzieher ...

Ebenso »verwaltete« die Mutter für das Kind wichtige Dokumente, wie den Schwimmpass, Fotos, wichtige Andenken. Sie kannte den Zeitplan des Kindes ... Das Kind erfuhr über die Mutter täglich körperliche Zuwendung und Interesse. Es konnte erzählen. Als nahe Bezugsperson hatte die Mutter zudem auf die Reflexion eigenen Verhaltens, auf seelisches Wachstum und geistige Entwicklungsprozesse des Kindes einen maßgeblichen Einfluss. Bedürfnisse wie Bestätigung und Schutz wurden ebenso von der Mutter erfüllt.

Nach dem Tod einer nahestehenden Person müssen die Bedürfnisse des Kindes, die zuvor von dieser erfüllt wurden, neu sortiert und anderen Bezugspersonen zugeordnet werden. Dieser Prozess ist für das Kind sowie die hinterbliebenen Bezugspersonen anstrengend und schmerzhaft. Gewohnheiten müssen aufgegeben, Einschränkungen und Neuerungen akzeptiert werden.

Praxisbeispiel

Mira, acht Jahre, erlebt die Krebserkrankung und das Sterben der Mutter. Nach dem Tod der Mutter muss Mira in die Offene Ganztagsschule, weil es niemanden gibt, der sie zu Hause betreuen könnte. Eine Freundin der Familie holt sie täglich in der OGS ab und bringt sie nach Hause. Dort ist Mira noch eine Stunde alleine, bis ihr Vater von der Arbeit nach Hause kommt. Mira war es gewohnt, sehr intensiv von der Mutter betreut zu werden. Es gab Möglichkeiten, sich mit Freunden aus dem nächsten Ort zu verabreden, die Mutter hatte Mira dorthin gebracht. Das gemeinsame Essen am Mittag und am Abend fehlt Mira auch. Dem Vater fällt es sehr schwer, den Haushalt mit den ungewohnten neuen Aufgaben zu übernehmen und zugleich weiterhin seinem Beruf nachzukommen. Es bleibt kaum Zeit, in der er sich nur mit Mira beschäftigen kann oder für Erholung. Vater und Tochter müssen neben dem tiefen Schmerz um den Verlust der fehlenden Liebe, Zärtlichkeit und Lebensfreude der Ehefrau / Mutter viele andere Belastungen aushalten und für bestehende Probleme Lösungen finden.

Zu erkennen, welche Defizite durch den Tod des nahestehenden Menschen für das Kind entstehen, hilft bei der Neustrukturierung des Alltags. Entstandene Defizite so gut wie möglich auszugleichen, ohne dabei die verstorbene Person ersetzen zu wollen, stellt Familien vor eine schwere Aufgabe.

Deshalb möchte ich den Blick explizit auf die Bedürfnisse eines Kindes lenken. So lassen sich die durch den Tod eines Nahestehenden entstandenen Defizite in der Erfüllung der Bedürfnisse erkennen und der Verlust in seiner breiten Komplexität eher erfassen. Oftmals stellt allein die Erfüllung der Grundbedürfnisse ein Problem dar, z. B. wenn es um die Versorgung von Kleinkindern geht oder der Hauptverdiener ausfällt und die finanzielle Versorgung einer Familie nicht mehr gesichert ist. Erklären lässt sich so auch eine Reihe von Gefühlen, die durch die Nichterfüllung der Bedürfnisse des Kindes entstehen. Das können Gefühle wie z. B. Einsamkeit, Erschöpfung, Niedergeschlagenheit, Ängstlichkeit, Wut, Hilflosigkeit oder Aggression sein.

4.1.4 Grundbedürfnisse und Bedürfnisse

In der Trauergruppe lassen moderierte Gesprächsrunden, Kleingruppenarbeit und kreatives Gestalten Einblicke in die individuelle Lebenssituation des Kindes zu. Kinder hilfreich zu unterstützen bedeutet, sie in ihrer individuellen Situation seelisch, geistig, körperlich, sozial und verhaltensbezogen einfühlsam und bedürfnisorientiert wahrzunehmen.

Was aber sind die Bedürfnisse eines Kindes? Im Folgenden dazu eine Aufstellung:

Grundbedürfnisse/existenzielle Bedürfnisse

- *Nahrung*
- *Wasser*
- *Ruhe/Schlaf*
- *Zuwendung*

Weitere Bedürfnisse

- *Abwechslung*
- *Aktivität*
- *Akzeptanz*
- *Anerkennung*
- *Aufmerksamkeit*
- *Austausch*
- *Bedeutung – Wertschätzung*
- *Beständigkeit*
- *Bestätigung*
- *Bewegung*
- *Bildung*
- *Ehrlichkeit*
- *Entspannung*
- *Entwicklung*

- *Freude*
- *Frieden*
- *Geborgenheit*
- *Gemeinschaft*
- *Gerechtigkeit*
- *Gesundheit*
- *Glück*
- *Harmonie*
- *Identität*
- *Information*
- *Inspiration*
- *Integrität*
- *Intensität*
- *Kontakt*
- *Kreativität*
- *Lebensfreude*
- *Liebe*
- *Mitgefühl*
- *Nähe*
- *Natur*
- *Obdach*
- *Ordnung*
- *Respekt*
- *Schutz*
- *Selbstbestimmung*
- *Selbstverwirklichung*
- *Sicherheit*
- *Struktur*
- *Unterkunft*
- *Unterstützung*
- *Vergnügen*
- *Verlässlichkeit*
- *Versorgung*
- *Verständigung – Verbundenheit*
- *Verständnis*
- *Vertrauen*
- *Wachstum*
- *Wärme*
- *Wertschätzung*
- *Zärtlichkeit*
- *Zentriertheit*
- *Zugehörigkeit*
- *Zuneigung*

4.2 Mögliche Ursachen für Schwierigkeiten im Trauerprozess eines Kindes

Nachfolgend möchte ich einige Aspekte aufzeigen, die den Trauerprozess von Kindern hinsichtlich der Traueraufgaben erschweren können. Zu berücksichtigen ist dabei immer auch die Todesart, die Bindung zum Gestorbenen und die Funktion des Gestorbenen für das Kind. Auf die Themen Geschwisterverlust, Tod durch Suizid oder Gewalt und Trauer von Trennungs- oder Scheidungskindern möchte ich nachher noch einmal gesondert eingehen. Die folgenden Aspekte können Anhaltspunkte zum Verständnis trauernder Kinder und ihrer Familien sein, sind jedoch nicht normativ oder umfassend zu sehen (vgl. Röseberg u. Müller, Handbuch Kindertrauer, 2014).

4.2.1 Elternteil

Durch den Tod eines oder beider Elternteile fühlen sich Kinder existenziell bedroht. Kinder spüren, dass sie auf die grundlegenden Veränderungen der Lebensverhältnisse keinen Einfluss haben. Hinzu kommen Fragen wie: »Wer wird mich versorgen, wo werde ich wohnen, wer wird das Geld verdienen, wer wird das Essen kochen, verliere ich auch meine Freunde, meine Hobbys, was ist mit meinem Haustier, was sage ich den anderen Kindern?«

Ursachen für Schwierigkeiten von Kindern beim Verlust eines Elternteils:
- *Existenzielle Sorgen des Kindes: finanziell, häusliche Versorgung*
- *Ängste um das zurückbleibende Elternteil*
- *Fehlendes soziales Netzwerk*
- *Kein Abschied*
- *Keine Information*
- *Missverständliche, unwahre Informationen*
- *Ausschließen des Kindes von Trauerritualen*
- *Soziales Umfeld leugnet den Verlust*
- *Kind wird als Trauernder nicht wahrgenommen*
- *Trauma*
- *Erleben von Zurückweisung des überlebenden Elternteils*
- *Schuld, Scham, Versagen*
- *Nicht zugelassener Trauerschmerz*
- *Unterdrückter Trauerschmerz*
- *Ablenkung oder Blockierung von Trauerreaktionen durch soziales Umfeld*
- *Keine Wertschätzung / Anerkennung des Verlusts durch soziales Umfeld*
- *Aufoktroyierende Erwartungen an das Kind durch das soziale Umfeld*
- *Trauerreaktionen: Wut, Zorn, aggressives Verhalten werden nicht als solche erkannt*
- *Verunsicherung durch Erleben der Hilflosigkeit und Ohnmacht des zurückbleibenden Elternteils*

- *Todesart wird vom sozialen Umfeld verurteilt*
- *Ungeklärte Todesumstände*
- *Versuch, die Rolle des gestorbenen Elternteils zu übernehmen*
- *Verantwortung für den überlebenden Elternteil übernehmen*
- *Geringes Selbstwertgefühl*
- *Keine Förderung eigener Ressourcen*
- *Keine verlässliche, belastbare Bezugsperson*
- *Unbearbeitete Vorverluste*
- *Zusätzliche Verluste: Heim, soziales Umfeld, Hobbys, Normalität*
- *Mehrfachverluste*
- *Schon vorher bestehende Probleme Körper, Psyche, System Familie ... (z. B. soziale Schwierigkeiten, Verhaltensstörungen, ADHS ...)*
- *Neuer Platz ist beängstigend und mehr negativ besetzt*
- *Fehlende emotionale Zuwendung*
- *Unterbinden oder »Berichtigung« von Erinnerungen durch soziales Umfeld*
- *Verlust von Urvertrauen in die Weltordnung*
- *Probleme oder Streit um das Erbe*
- *Isolation*
- *Zu viele Unsicherheiten im Leben des Kindes*
- *Neuer Partner des überlebenden Elternteils*
- *Geringes, instabiles oder kein Selbstwertgefühl*
- *Gestorbener Elternteil fehlt als ausgleichendes, entlastendes Element in der Familie*
- *Fehlende Zufluchtsmöglichkeit bei gestorbenem Elternteil in Konflikten mit lebendem Elternteil*
- *Idealisierung des gestorbenen Elternteils*
- *Fehlender Elternteil erschwert Geschlechteridentifikation*
- *Entwicklung oder Verstärkung von Geschwisterrivalität*

4.2.2 Großeltern

Bei enger Bindung an die Großeltern kann die Trauerreaktion eines Kindes in seiner Intensität mit dem Verlust eines Elternteiles verglichen werden. Oft besteht eine enge Verbundenheit, wenn Großeltern das Kind versorgen, wenn sie in einem Haus mit dem Kind leben oder nach der Scheidung der Eltern. Die Ursachen für Schwierigkeiten beim Verlust von Großeltern entsprechen darum denen, die beim Verlust eines Elternteils oder beider Eltern auftreten können.

4.2.3 Freundin/Freund

Auch wenn ein Kind einen Freund oder eine Freundin verliert, können Schwierigkeiten aus den oben genannten Gründen auftreten. In diesem Fall kommt häufig aber verstärkt hinzu, dass durch das Sterben eines gleichaltrigen Menschen der eigene Tod ins Blickfeld der Kinder rückt.

5 Trauererleben, Trauerprozesse von Geschwisterkindern

Trauer bei Kindern steht meist in einem familiären Beziehungskontext. Gerade bei der Trauer um ein Geschwister wird dies noch einmal sehr deutlich. Kinder, die um ein Geschwister trauern, finden auch heute noch oftmals zu wenig Beachtung. Mit dem Tod eines Kindes gehen Wünsche, Zukunftspläne und Träume der Eltern verloren. Dies erfordert die Entwicklung neuer Lebensperspektiven. Bezugspersonen sind meist mit ihrer eigenen Trauer so stark belastet, dass sie die zurückbleibenden Geschwister nicht unterstützen können.

Das soziale Umfeld nimmt beim Tod eines Kindes eher die zurückbleibenden Eltern als die Geschwister wahr. Geschwister verlieren durch den Tod eines Geschwisters aber nicht nur Bruder oder Schwester, sondern in gewisser Weise auch ihre Eltern. Die Trauerforschung spricht von einem doppelten Verlust und von den so genannten »Schattenkindern«. *B. Marshall* und *B. Davies* machen auf eine mögliche Traumatisierung des zurückbleibenden Geschwisters, gleich welchen Alters, aufmerksam (vgl. Neimeyer, Meaning reconstruction in bereavement, 2011, S. 107 ff.). Die trauernden Eltern verändern sich durch die Trauer als Vater, als Mutter und auch als Elternpaar. Die zuvor empfundene Omnipotenz der Eltern löst sich auf und bringt damit eine enorme Unsicherheit in das Leben des trauernden Kindes. Vielfach berichten mir Kinder, dass ihre Eltern sie kaum noch beachten, nicht zuhören und nur mit der Trauer um das gestorbene Kind beschäftigt sind. »Mama, aber ich bin doch noch da, ich lebe noch, warum lebst du nicht für mich?« – so fragte ein zwölfjähriges Mädchen nach dem Tod seines älteren Bruders. Das gesamte Familienleben gerät durch den Tod des Kindes in ein Ungleichgewicht.

Zurückbleibende Geschwister, die eine lange andauernde Erkrankung des gestorbenen Geschwisters miterlebt haben, sind meist besonders belastet. Diese Kinder haben dann häufig schon eine lange Zeit der Unsicherheit, der Entbehrungen und Einsamkeit erfahren.

Die Trauer eines Geschwisters muss als multidimensionaler, komplexer Prozess mit vielen verschiedenen Einflussfaktoren gesehen werden, so *B. Marshall* und *B. Davies*. Die Familienstruktur ist ein wesentlicher Faktor, der die Trauer von Geschwistern mitbestimmt. Die familiäre

Kommunikation wird mit dem Tod abrupt unterbrochen, und zurückbleibenden Geschwistern stehen nur begrenzte Möglichkeiten zur Verfügung, mit anderen über ihren Verlust zu sprechen. Darüber hinaus beeinflussen individuelle, situative und soziale Aspekte den Trauerprozess, so die Trauerforscher.

5.1 Frage nach der eigenen Identität

Geschwisterkinder werden unbewusst häufig in die Rolle des »Ersatzkindes« gedrängt, und sie selber versuchen, sich mit dem verstorbenen Geschwister zu identifizieren. Eine eigene Identität zu entwickeln ist dann oft schwierig und führt zu Problemen bis in das Erwachsenenalter.

Das Empfinden von Schuld nach dem Tod eines Geschwisters ist ebenfalls nicht selten. Gerade weil Beziehungen nicht nur positiv verlaufen, meinen Kinder, durch negative Wünsche oder Fehlverhalten Mitschuld am Tod des Geschwisters zu haben. Dies ist besonders dann der Fall, wenn Kinder noch stark im magischen Denken zu Hause sind, also meinen, die Welt mit Wünschen und Wollen selbst beeinflussen zu können. Möglich sind aber auch Reaktionen wie Freude oder Erleichterung. »Jetzt hat der Papa endlich Zeit nur für mich«, freute sich ein neunjähriger Junge nach dem Unfalltod seines jüngeren Bruders. Die Freude darüber, selbst im Mittelpunkt der Familie zu stehen und ungeteilte Aufmerksamkeit genießen zu können, kann dann wiederum zu Schuldgefühlen und Scham führen.

5.2 Frage nach der Geschwisterbeziehung vor dem Verlust

In den Blick genommen werden sollte in der Begleitung trauernder Geschwisterkinder die Geschwisterbeziehung vor dem Tod des Bruders oder der Schwester. Hilfreich kann es dann sein, folgende Fragen zu reflektieren:

- *Gab es starke Rivalitäten oder besonders enge Bindungen?*
- *Was fehlt durch den Tod des Geschwisters?*
- *Wie war die Rolle des verstorbenen Geschwisters, war er/sie älter, der/die Beschützende? War es eine geschwisterliche Partnerschaft/Freundschaft?*

- *Gab es körperliche Nähe und Kontakte unter den Geschwistern, die mit dem Tod auch wegfallen?*

Beziehungen unter Geschwistern sind besonders. In Geschwisterbeziehungen müssen Kinder lernen, miteinander zu teilen und einander zu bereichern. Emotionale Bindungen zu Geschwistern gehören neben den Beziehungen zu Eltern oder Bezugspersonen mit zu den ersten Bindungen, die im Leben eines Menschen aufgebaut werden. Hierbei spielen zahlreiche Faktoren eine Rolle, die zu einer mehr positiv oder eher negativ geprägten Geschwisterbindung führen. Unabhängig von der Art der Bindung, verlieren Geschwister mit dem Tod von Bruder oder Schwester einen Menschen, mit dem sie eng verbunden waren.

Nähern sich jüngere zurückgebliebene Geschwister dem Alter des gestorbenen Geschwisters, kommt es häufig zu starken Trauerreaktionen, die den Betroffenen nicht immer als solche bewusst sind. Das ältere Geschwister zu überleben zeigt den Tod in seiner Endgültigkeit ganz drastisch. Das »Überleben« des Geschwisters verdeutlicht den Kontrast zwischen der fortschreitenden Entwicklung des Lebens auf der einen Seite, die der unumkehrbaren Stagnation durch den Tod auf der anderen Seite.

In der Trauerforschung wird darauf hingewiesen, dass der Verlust eines Geschwisters gerade in der Kindheit und am Lebensende besonders belastend ist und dass die Beschäftigung mit dem Verlust Betroffene nahezu immer ein Leben lang begleiten.

Die Trauer um ein Geschwister ist, wie auch die Trauer um andere nahestehende Menschen, stark geprägt von der Rolle, die der Verstorbene für das zurückbleibende Kind eingenommen hat. Geschwisterrollen können z. B sein:

- *Spielkamerad*
- *Partner / Freund*
- *Verbündeter / Koalitionspartner (gegen Eltern, Schule ...)*
- *Beschützer*
- *zu Beschützender*
- *Ratgeber*
- *Rivale*
- *Vertrauter*
- *Vorbild*
- *Lebensbegleiter*

Die Rolle des gestorbenen Geschwisters kann durch die Geschwisterposition (erstgeboren, jüngstes Kind, mittleres Kind) sowie das Geschlecht mitbestimmt werden. Zugleich ist die Situation nach dem Tod eines Geschwisters für trauernde Kinder gerade deshalb besonders schwierig, weil nahezu das gesamte soziale Umfeld (Großeltern, Eltern, Onkel, Tanten, Freunde, Nachbarn …) betroffen ist und meist stark trauert. Trauer um ein Kind löst besonders starke Emotionen aus, da das Vertrauen in die Welt erschüttert wird. Es ist schwer zu fassen, dass ein Mensch, der doch sein Leben noch vor sich hatte, ein »unschuldiges Kind«, sterben musste. Die Sinnfrage steht hier deshalb vielfach im Vordergrund des Trauerprozesses.

Die gewaltigen Trauerreaktionen erschweren es zurückbleibenden Geschwistern, selbst zu trauern oder Unterstützung in ihrer Trauer im sozialen Umfeld zu finden. Gerade beim Tod eines Kindes ist gleichzeitig häufig zu beobachten, dass sich das soziale Umfeld aus Unsicherheit von der betroffenen Familie zurückzieht oder diese sogar meidet. So erlebt die Familie und mit ihr das Geschwisterkind einen zusätzlichen belastenden Verlust.

Kinder müssen sich auf die neue Rolle in der Familie, die sie durch den Tod eines Geschwisters einnehmen, einstellen. Damit können weitere verschiedene Belastungen und Schwierigkeiten verbunden sein.

Neue Rollen können z. B. sein:

- *Einzelkind*
- *ältestes Kind*
- *jüngstes Kind*
- *mittleres Kind*
- *einziger Junge*
- *einziges Mädchen*

5.3 Mögliche Schwierigkeiten von Kindern beim Verlust eines Geschwisters

Der Tod eines Geschwisters bedeutet für die zurückbleibende Schwester oder den zurückbleibenden Bruder eine tiefgreifende Erschütterung des Lebens und eine große Veränderung des bisher Gewohnten. Hier fasse ich die Schwierigkeiten bzw. deren Ursachen, denen sich ein trauerndes Geschwisterkind gegenübersehen kann, zusammen:

- *Möglichkeit des eigenen Todes wird denkbar*
- *Angst, selbst auch sterben zu müssen*
- *»Ersatzkind«*
- *Ambivalenz: Verlust Freund / Rivale*
- *Verunsicherung durch Erleben der Hilflosigkeit und Ohnmacht der Eltern*
- *Schuld, Scham, Versagen*
- *Übernehmen der Rolle / Identität des Geschwisters*
- *Aufdrängen der Geschwisterrolle*
- *Identitätskonflikte*
- *Konflikt mit Rollenidentität*
- *Weigerung, erwachsen zu werden*
- *Gefühle der Ablehnung, Wertlosigkeit*
- *Zurückweisung durch die Trauer der Eltern*
- *Soziales Umfeld reagiert zumeist nur auf die Eltern, Geschwisterkinder werden vielfach übersehen*
- *Lebenssinn, Lebensperspektiven gehen verloren*
- *Ohnmacht*
- *Sich verantwortlich fühlen für den Tod des Geschwisters*
- *Schuldzuweisungen an die Eltern (oder auch Ärzte), weil diese den Tod des Geschwisters nicht verhindert haben*
- *Verbieten eigener Trauer, um Eltern und Geschwister nicht zusätzlich zu belasten*
- *Funktionieren, um keine zusätzliche Belastung für die Eltern zu sein*
- *Zurücknehmen der eigenen Trauer wird als Nichttrauer interpretiert, zuweilen negativ bewertet oder bestraft*
- *Keine Möglichkeit, eigene Gefühle auszudrücken*
- *Ablenkung oder Blockierung von Trauerreaktionen durch soziales Umfeld*
- *Keine Informationen zum Tod*
- *Keine Kommunikation im sozialen Umfeld zum Tod des Geschwisters (Schule, Familie, Freunde, Freizeit ...)*
- *Keine spürbare Zuneigung, Aufmerksamkeit der Eltern*
- *Übermäßiger Schutz von Seiten der Eltern dem überlebenden Geschwis-*

ter gegenüber
- *Verantwortlich fühlen für Eltern*
- *Keine Kommunikation mit anderen zurückbleibenden Geschwistern*
- *Geringes, instabiles oder kein Selbstwertgefühl*
- *Ausschließen des Kindes von Trauerritualen*
- *Soziales Umfeld schmälert den Verlust*
- *Kind wird als Trauernder nicht wahrgenommen*
- *Trauma*
- *Nicht zugelassener Trauerschmerz*
- *Unterdrückter Trauerschmerz*
- *Keine Wertschätzung / Anerkennung des erlebten Verlusts durch soziales Umfeld*
- *Aufoktroyierende Erwartungen an das Kind durch das soziale Umfeld*
- *Trauerreaktionen: Wut, Zorn, aggressives Verhalten werden nicht als solche erkannt*
- *Verunsicherung durch Erleben der Hilflosigkeit und Ohnmacht der Erwachsenen*
- *Todesart wird vom sozialen Umfeld verurteilt*
- *Ungeklärte Todesumstände*
- *Keine Förderung eigener Ressourcen*
- *Keine verlässliche, belastbare Bezugsperson*
- *Unbearbeitete Vorverluste*
- *Zusätzliche Verluste – soziales Umfeld, Hobbys*
- *Mehrfachverluste*
- *Schon vorher bestehende Probleme Körper, Psyche, System Familie ... (z. B. soziale Schwierigkeiten, Verhaltensstörungen, ADHS ...)*
- *Neuer Platz ist beängstigend und mehr negativ besetzt*
- *Fehlende emotionale Zuwendung*
- *Unterbinden, Berichtigung von Erinnerungen durch soziales Umfeld*
- *Isolation*
- *Kompensierendes Verhalten*
- *Störungen der geschlechtlichen Identität*

5.4 Mehrere zurückbleibende Geschwister

Bleiben mehrere Geschwister zurück, verändert sich deren Beziehung untereinander. Vielfach sprechen Geschwister nicht über den Tod von Bruder oder Schwester und verstecken ihre Gefühle, um den anderen nicht zu belasten. Der Umgang untereinander ist abhängig von der Geschwisterbeziehung, die vor dem Verlust bestanden hat, kann sich aber auch gerade durch den Tod des Geschwisters ändern. Ausgeprägte Bindungen können gestärkt, weniger intensive Geschwisterbindungen durch den Tod eines Geschwisters enger werden. Andere Geschwister entfremden sich durch das Ereignis noch mehr voneinander. Faktoren, die nach A. *Riebel* (vgl. Holzschuh, Geschwistertrauer, 2000, S. 94 ff.) möglicherweise diese Entwicklung mitbeeinflussen, sind der Altersabstand zwischen den Geschwistern, die Geschwisterzahl insgesamt, die Geschlechterrolle und die soziale Stellung der Familie in der Gesellschaft.

5.5 Erschwerte Trauer

Erschwert werden Trauerprozesse nach dem Tod eines Geschwisters auch dann, wenn besondere Todesumstände, eine stigmatisierende Todesart oder ausgeprägte Problematiken im Zusammenhang mit Schuld oder Scham auftreten, deren Ursprung in Neid, Rivalität oder Todeswünschen an das Geschwister zu dessen Lebzeiten haben können. Vielfach führen sie zur Unterdrückung oder Verdrängung von Trauerreaktionen.

Wenn Eltern das lebende Kind aus Angst vor einem weiteren Verlust übermäßig stark schützen, vermitteln sie dem Kind unterschwellig, dass das Leben an sich gefährlich ist, und erschüttern so sein Grundvertrauen in die Welt. Dadurch können Verunsicherung und Angst beim überlebenden Geschwister ausgelöst werden, die die Entwicklung zur Selbstständigkeit erschweren.

6 Trauer von Kindern getrennter Eltern

Die Vielfältigkeit familiärer Lebensformen, die heute in unserer Gesellschaft zu finden sind, hat auch Folgen für die Möglichkeiten, für die Form und den Prozess des Trauerns in unterschiedlichen Familiensystemen. Unterschiedliche Familienstrukturen verlangen von Kindern bereits im normalen Alltag unterschiedlich große Flexibilität, Anstrengung und Anpassung. Der Verlust einer nahestehenden Bezugsperson bedeutet eine zusätzliche Belastung, mit der Kinder umgehen müssen. Über Trauer von Kindern aus geschiedenen Ehen, von Kindern, deren Eltern getrennt leben, oder von Kindern aus Patchworkfamilien wissen wir bisher sehr wenig. Zuverlässige Studien liegen bislang hierzu nicht vor.

In der Praxis begegnen mir trauernde Kinder aus diesen familiären Lebensformen immer häufiger. Etwas mehr als jede dritte Ehe in Deutschland wird geschieden. Betroffen sind viele Kinder. Deshalb halte ich es für unerlässlich, sich mit der spezifischen Trauersituation von Kindern unter diesen gesellschaftlich familiären Bedingungen auseinanderzusetzen. Aufgrund der Praxisrelevanz der Thematik möchte ich den Versuch einer theoretisch praktischen Analyse wagen. Aus Gründen der Vereinfachung werde ich im Folgenden zwischen den Begriffen »Trennung« und »Scheidung« nicht unterscheiden.

Mögliche neue Familienkonstellationen nach einer Trennung können so unterschiedlich sein wie der Umgang von Eltern mit der veränderten Lebenssituation. So leben Kinder ausschließlich bei ihrer Mutter oder dem Vater, Eltern teilen sich das Sorgerecht, bewältigen die Trennung, ohne die Kinder stark emotional zu belasten, andererseits stehen Kinder mitten im Konflikt der zerstrittenen Eltern. Die äußeren Veränderungen, der Umgang mit der Krise innerhalb des Systems »Familie« haben zahlreiche Auswirkungen auf die psychische, persönliche sowie die soziale Entwicklung des Kindes.

Erfahrungsgemäß können negative Auswirkungen der Trennung auf die Entwicklung des Kindes begrenzt oder verhindert werden, wenn Kinder nicht in die Auseinandersetzungen der Eltern einbezogen werden und diese in der Lage sind, Regelungen zu treffen und einzuhalten, die es dem Kind ermöglichen, zu beiden Elternteilen eine fortgesetzte, enge und kontinuierliche Beziehung zu behalten.

Einen Überblick über günstige und ungünstige Entwicklungsbedingungen nach der Scheidung gibt der Psychoanalytiker und Kinder- und Jugendpsychotherapeut *Helmuth Figdor* in »Kinder aus geschiedenen Ehen: Zwischen Trauma und Hoffnung« (2001). Grundsätzlich kommen Kinder besser mit einer Trennung zurecht, wenn Eltern trotz der gescheiterten Partnerschaft als Eltern weiterhin kooperieren und respektvoll miteinander umgehen. Sie sollten ihrer elterlichen Verantwortung nachkommen und lernen, persönliche Bedürfnisse und die des Kindes zu trennen. Zudem sollten sie dem Kind versichern, dass die fortgesetzte Liebe zu beiden Elternteilen richtig ist und dass das Kind keine Schuld an der Trennung der Eltern trägt.

Das Kind darf deshalb nicht als »Mittel« im Streit der Eltern benutzt werden. Kinder müssen außerdem früh genug und ausreichend über die bevorstehenden Veränderungen informiert werden und Gelegenheit bekommen, ihre Gefühle zu äußern. Denn häufig ist die Trennung der Eltern mit einem Umzug und/oder einer sozialen Verschlechterung der Lebenssituation für das Kind verbunden.

6.1 Vorverlust: Trennung der Eltern

Zunächst möchte ich den Blick auf mögliche Erfahrungen eines »Scheidungs- oder Trennungskindes« lenken, da diese meiner Ansicht nach eine wesentliche Rolle im Trauerprozess spielen. Aspekte, die ich im Folgenden aufnehmen möchte, machen die Trennung der Eltern für Kinder zu einem *Vorverlust*, der die Bewältigung eines nachfolgenden Verlusts durch den Tod massiv erschweren oder verhindern kann.

Häufig sind Eltern emotional so belastet und verstrickt, dass sie selbst bei gutem Vorsatz ihrer elterlichen Verantwortung nicht mehr nachkommen und negative Auswirkungen der Trennung auf das Kind nicht vermieden werden können. Zudem können Kinder den Verlust nach einer Trennung durch die Konfliktsituation zwischen den Eltern häufig nicht oder nicht genügend betrauern.

Weil Eltern es nicht schaffen, Loyalitätskonflikte zu verhindern, die Bindung zu beiden Elternteilen zu erhalten und eigene Bedürfnisse oder Gefühle von denen des Kindes zu trennen, werden Kinder überfordert. In der Regel liebt ein Kind beide Eltern, möchte kein Elternteil verlieren und auch von beiden Elternteilen geliebt werden. Deshalb sehnen sich

Kinder häufig auch noch Jahre nach einer Trennung nach dem woanders lebenden Elternteil oder nach einer Wiedervereinigung der Eltern. Manche Reaktionen von Kindern auf die bevorstehende oder vollzogene Trennung haben den unbewussten Zweck, die Wiedervereinigung der Eltern oder zumindest eine gemeinsame Fürsorge herbeizuführen.

Werden Kinder mit jeweils »anderen, sich widersprechenden Wahrheiten« oder damit konfrontiert, dass die Eltern sich gegenseitig abwerten, wissen sie nicht mehr, wem sie vertrauen können und dürfen. Sie sollen die Abneigung des einen Elternteils dem anderen gegenüber teilen, werden mit Liebesentzug bestraft oder werden in Manipulationen und Interessenkämpfe der Eltern verstrickt. Daraus resultieren Vertrauensverlust, Verlust von Selbstwert, Gefühle, unerwünscht zu sein, Probleme, einen Sinn im eigenen Leben zu finden und in der Entfaltung der Liebe zu sich selbst.

Kinder aus Scheidungsfamilien empfinden zudem auch heute noch dem sozialen Umfeld gegenüber Scham darüber, in keiner »richtigen«, d.h. intakten Familie zu leben. Bestätigen kann ich dieses Gefühl aus meiner Erfahrung in der Trauerarbeit mit Kindern und Jugendlichen. Die Scham eines 16-jährigen Jugendlichen war beispielsweise so groß, dass er den Auszug des Vaters acht Monate lang vor Freunden und in der Schule geheim hielt. Eine andere Jugendliche spricht auch ein Jahr nach der Trennung der Eltern mit ihren »besten Freundinnen« nie darüber, obwohl ihr eigenes Leben sich sichtlich verändert hat.

Gefühle von Scham nach einer Trennung werden bei Kindern vielfach verstärkt durch das Empfinden, mit ihnen selbst sei etwas nicht in Ordnung. Neben dem Trennungsschmerz erleben Kinder eine tiefe Verletzung, weil sie von einem Elternteil verlassen wurden. Sie suchen die Schuld für die Trennung dann häufig bei sich und leiden unter starker Verunsicherung.

Kinder spüren, dass ihnen bei Konflikten mit einem Elternteil die Möglichkeit, zum anderen Elternteil zu flüchten, mit der Scheidung genommen wird und dass sie auf den Elternteil, bei dem sie leben, angewiesen sind. Gleichzeitig erfahren Kinder, dass sie kaum über Möglichkeiten verfügen, die Eltern wieder zusammenzuführen. Hieraus resultieren vielfach Gefühle von Hilflosigkeit, Versagen und Ohnmacht. Die Gesamtsituation führt bei Kindern häufig zu einer Abnahme des Selbstwertgefühls.

Kinder können nach der Trennung der Eltern zudem Ängste entwickeln, nicht mehr geliebt zu werden. Sie erleben, dass die Liebe der Eltern zueinander zerbricht, und erkennen, dass Bindungen nicht immer dauerhaft sind. Vielleicht erfahren sie auch, dass die fortdauernde Bindung zum getrennt lebenden Elternteil unterbunden wird. Die Entwicklung und Stabilität des Selbstwertgefühls sowie die Bindungsfähigkeit können damit negativ beeinflusst werden. Bindungsstile und Selbstwertgefühl bestimmen, wie wir bereits gesehen haben, mit darüber, wie der Tod eines nahestehenden Menschen bewältigt werden kann.

Darüber hinaus ergeben sich Schwierigkeiten, weil Kinder den fehlenden Elternteil häufig idealisieren, es zu Störungen in der Entwicklung der geschlechtlichen Identität kommen und es problematisch sein kann, das andere Geschlecht realistisch einzuschätzen.

Wird einem Kind abverlangt zu entscheiden, bei wem es in Zukunft leben möchte, bedeutet dies zugleich eine Entscheidung gegen den anderen Elternteil. Kinder fürchten dann den Verlust der Liebe des Elternteils, »gegen den« sie sich entschieden haben. Vielfach entstehen Schuldgefühle, weil das Kind ein Elternteil dem anderen »vorgezogen« hat.

Zudem erfahren Kinder mit der Trennung der Eltern weitere schwerwiegende Verluste, beispielsweise durch einen Umzug, durch Schulwechsel oder dadurch, dass das Haustier nicht mehr gehalten werden kann oder Hobbys nicht mehr fortgeführt werden können. Oft muss auch der gewohnte Lebensstandard durch finanzielle Einbußen eingeschränkt werden. Ferner können Eltern die Sorgerechtsfrage nicht immer problemlos und schnell lösen.

Bei Familien, in denen Gewalt, Drogen oder Alkoholprobleme den Familienalltag bestimmt haben, verstärken sich die oben genannten Problematiken für die betroffenen Kinder. Häufig entwickeln oder intensivieren sich hier ambivalente Beziehungen zu den Eltern und/oder zu sich selbst.

6.2 Trauer nach dem Tod eines Elternteils nach vorhergehender Trennung der Eltern

Nun möchte ich den Blick auf mögliche Trauerreaktionen und -prozesse bei Kindern nach dem Tod eines Elternteils nach einer vorhergehenden Trennung lenken. Die folgenden Ausführungen haben aus bereits genannten Gründen nur exemplarischen Charakter und sind nicht als vollständig zu betrachten.

Wie sich der erlebte Vorverlust durch die Scheidung letztendlich tatsächlich auf den Verlust durch den Tod des Elternteils auswirkt, wird von Kind zu Kind, dessen individueller Lebenssituation, dem Bindungsstil und dem Bewältigungsstil des Kindes unterschiedlich aussehen. Durch die Vielfalt bestehender familiärer Konstellationen und Lebensumstände fließen zahlreiche Faktoren in den Trauerprozess ein.

Hier spielen die eben genannten möglichen Erfahrungen, die das Kind mit der Trennung und dem damit verbundenen Verhalten der Eltern erlebt hat, eine wesentliche Rolle. Deutlich wird hier noch einmal, wie komplex, vielschichtig und individuell Trauerprozesse von Kindern sind, da sie von immens vielen Umständen beeinflusst werden.

Den von J. W. Worden genannten Mediatoren (s. o. *3.3.1*) kommt in diesem Zusammenhang eine große Bedeutung zu. Gerade aus den vorgenannten Gründen ist eine aufmerksame, sensible sowie achtsame Begleitung notwendig, die eine fachlich qualifizierte Einschätzung erfordert, um ein Kind möglichst optimal begleiten zu können.

Belastete Beziehungsstrukturen sowie Vorerfahrungen erschweren das ohnehin schwierige gegenseitige Verstehen und die Akzeptanz in der Trauer bei Kindern von getrennten Eltern häufig noch einmal mehr. In der Begleitung sollten wir deshalb zunächst versuchen, die Verbindungen zwischen Kindern und Hinterbliebenen zu verstehen. Die Erstellung eines Genogramms ist hier meist sehr nützlich (vgl. Röseberg u. Müller, Handbuch Kindertrauer, 2014).

6.2.1 Mögliche spezifische Trauerreaktionen

Die Faktoren Bindung, Struktur, Stabilität, Orientierung, die in der Entwicklung eines Kindes, aber auch im Trauerprozess eine wesentliche Bedeutung haben, sind vor dem Verlust durch den Tod vielfach schon durch das Erleben der Trennung der Eltern geschwächt oder gestört. Möglicherweise besteht zum Zeitpunkt des Todes des nahestehenden Menschen noch keine verlässliche neue Lebenssituation nach der Trennung, oder Kinder haben nach der Trennung bereits einen langen, schmerzvollen Weg bis zu einer neuen relativ konstanten Lebenssituation hinter sich, die nun vielleicht durch den Tod des versorgenden Elternteils erneut zusammenbricht.

Mit dem Tod eines Elternteils bestätigen sich bei Kindern häufig Ängste, den Vater oder die Mutter nicht mehr wiederzusehen, die sie schon in Verlusterfahrung durch die Trennung entwickelt haben. Die Endgültigkeit, den einen Elternteil tatsächlich für immer verloren zu haben und mit nur noch einem Elternteil leben zu müssen, keine möglichen »Alternativen« mehr zu haben, kann als starke Belastung empfunden werden. Die geschlechtliche Identitätsfindung kann durch das Fehlen eines Elternteils außerdem erschwert werden.

Zudem ist die oft herbeigesehnte Wiedervereinigung der Eltern durch den Tod unmöglich geworden. Hieraus können Gefühle des Versagens, die eventuell schon bei der Trennung eine Rolle gespielt haben, verstärkt werden. Dies kann zu eigener Entwertung bis hin zu selbstverletzendem Verhalten führen. Schuldgefühle in diesem Zusammenhang können auftreten. Gedanken der Schuld, die Trennung und den Tod nicht verhindert zu haben, kann starke Verunsicherung und Selbsthass bei den betroffenen Kindern auslösen.

Das Grundvertrauen in die Welt, schon durch die Trennung erschüttert, wird noch mehr zerstört. Gefühle von Unsicherheit und Bedrohung der eigenen Existenz haben womöglich die Entwicklung des Kindes schon nach einer Scheidung beeinflusst. Nach dem Tod werden diese oftmals noch verstärkt. Kinder aus geschiedenen Ehen erleben durch die Trennung häufig Gefühle, unerwünscht oder störend zu sein. Der Tod des Elternteils kann diese Gefühle intensivieren. Manchmal meinen Kinder, der Elternteil sei gestorben, um das Kind nicht weiter ertragen zu müssen, oder sie erleben den Tod als Bestrafung für ihre Entscheidung, beim überlebenden Elternteil gelebt zu haben. Sie glauben, sie hätten den Tod durch eine andere Vorentscheidung verhindern können. Kinder können dann schwer ein positives Selbstbild und notwendige Eigenliebe entwickeln.

Scham darüber, in einer nicht intakten, richtigen Familie zu leben, kann schon bei der Trennung empfunden werden. Der Tod kann diese Schamgefühle verstärken. Nicht nur die Scheidung, sondern auch der Tod wird als Makel empfunden. Dieser »doppelte Makel« führt vielfach zu einer eigenen Entwertung. Kinder mit derartigen Vorerfahrungen fühlen sich oft »falsch«, finden keinen Lebenssinn, keine Lebensfreude.

Kinder, die Verlusterfahrungen durch Trennung und Tod gemacht haben, erfahren das Leben als enorm unsicher, haben das Gefühl, dass nichts wirklich verlässlich und dauerhaft ist, und empfinden den normalen Prozess des Wandels und der Veränderung nicht als zum Leben gehörig, sondern als starke Bedrohung.

Kinder aus geschiedenen Ehen können sich nach dem Tod eines Elternteils sehr einsam und isoliert fühlen, obwohl sie in einer »Teilfamilie«

leben. Gerade weil Familienmitglieder aufgrund der Trennung oft untereinander zerstritten sind, erhalten Kinder hier nicht die Unterstützung, die sie eigentlich benötigen. Selbst Großeltern sind vielfach in diese Familienstreitigkeiten involviert. Unter anderem aus den vorgenannten Gründen ist die Situation nach dem Tod eines Elternteils für Kinder aus geschiedenen Ehen anders zu gewichten als der Tod eines Elternteils aus einer bis dato ungebrochenen Vater-Mutter-Kind-Familie. In der Trauerforschung wurde gezeigt, dass die psychische Belastung für den Betroffenen steigt, je mehr »Stressoren« den Trauerprozess begleiten. Kinder aus geschiedenen Ehen sind meist mit mehreren »Stressoren« gleichzeitig konfrontiert. Möglicherweise haben auch die Vorerfahrungen der Trennung das Kind so belastet, dass es diesen weiteren Verlust nicht oder nur sehr schwer verkraftet.

Die Aufgaben im Trauerprozess sind für Kinder mit den eben beschriebenen Vorerfahrungen erschwert. Möglich ist das Gefühl von massiver Bedrohung der eigenen Existenz beim Tod des fürsorgenden Elternteils. Wird der andere Elternteil mich aufnehmen, mich versorgen können?

6.2.2 Tod des fürsorgenden Elternteils

Lebte das Kind beim gestorbenen Elternteil, bedeutet der Tod für das Kind eine völlige Veränderung der Lebenssituation. Deshalb steht am Anfang zunächst häufig die Traueraufgabe des »Überlebens«. Der eigentliche Trauerprozess stellt sich später ein.

Wird das Kind zukünftig beim überlebenden Elternteil, vielleicht mit dessen neuem Partner/neuer Partnerin und weiteren Kindern leben, erfordert dies eine enorme Anpassung an die neuen Lebensumstände. Kinder zweifeln, weil sie ja nicht »freiwillig« vom überlebenden Elternteil aufgenommen werden, sondern die Umstände dies nötig machen, häufig daran, auch tatsächlich gewollt und geliebt zu sein. Selbstzweifel und Selbstwertprobleme können die Folge sein.

Lehnt der lebende Elternteil das Sorgerecht ab, oder wird das Sorgerecht verweigert und finden sich keine anderen Verwandten, die bereit sind, das Kind aufzunehmen, bedeutet dies ein Leben in einem Heim. Schwer ist es dann vor allem, mit der Zurückweisung des Elternteils, nahestehender Verwandter oder mit der Unfähigkeit des lebenden Elternteils, die Verantwortung zu übernehmen, fertig zu werden. Die Folgen der Ablehnung des Elternteils können das Gefühl, nicht liebenswert zu sein, und ein starker Verlust von Selbstwertgefühl sein.

In beiden Fällen sind meist ein Umzug und ein Schulwechsel nötig. Die Veränderungen sind auch mit dem Verlust von Freundschaften und dem gewohnten sozialen Umfeld verbunden. Kinder müssen dann mit diesen grundlegenden Veränderungen in ihrem Leben zurechtkommen. Sich an diese neuen Lebensumstände anzupassen erfordert viel Kraft und Zeit.

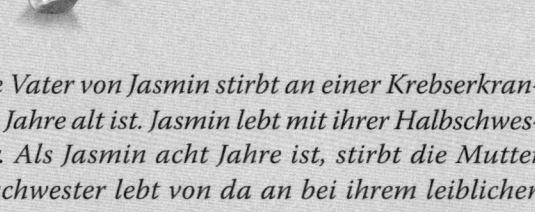

Praxisbeispiel

Der getrennt lebende Vater von Jasmin stirbt an einer Krebserkrankung, als Jasmin drei Jahre alt ist. Jasmin lebt mit ihrer Halbschwester bei ihrer Mutter. Als Jasmin acht Jahre ist, stirbt die Mutter plötzlich. Die Halbschwester lebt von da an bei ihrem leiblichen Vater. Jasmin kommt in ein Heim, da die Großmutter und die Schwester der Mutter das Kind nicht aufnehmen möchten. Jasmin verliert nicht nur die Mutter, sondern auch das gewohnte Lebensumfeld und den engen Kontakt zu ihrer Halbschwester. Jasmin reagiert mit starken Regressionen und Aggressionen.

6.2.3 Tod des andernorts lebenden Elternteils

Kinder, die regelmäßigen Kontakt zum woanders lebenden Elternteil haben, erleben den Tod zumeist als einschneidendes Ereignis. Vielfach ist das Erleben des Verlusts verbunden mit anderen Belastungen, die durch die Trennung und die damit einhergehenden Konflikte und deren Umgang entstanden sind.

Praxisbeispiel

Nach der Scheidung der Eltern lebt Niklas bei seiner Mutter, deren neuem Partner und dem Kind des neuen Paares. Der Kontakt zum Vater ist regelmäßig. Niklas wird aber im »Geheimen« immer wieder von beiden elterlichen Seiten mit Wahrheiten, die sich widersprechen, zum Grund der Trennung und über den Charakter des anderen Elternteils »informiert«. Niklas ist zwischen diesen Polen hin- und hergerissen, traut niemandem mehr so richtig. Der Vater erkrankt an Krebs und stirbt schließlich. Niklas sieht sich der Möglichkeit beraubt, die »Wahrheit« nun wirklich jemals zu erfahren, er fühlt sich allein, traut seiner Mutter nicht und wird zunehmend aggressiv. Dies führt zu einer gewaltsamen Eskalation zwischen Mutter und Sohn. Gleichzeitig erschweren der Umstand, dass Niklas erst verspätet vom Tod des Vaters erfahren hat, sowie die sehr unklaren Todesumstände den Trauerprozess und geben Niklas noch mehr das Gefühl, von seiner Umwelt betrogen und hintergangen zu werden. Sein Grundvertrauen in die Welt ist massiv erschüttert.

Trauerreaktionen von Kindern, die zum gestorbenen Elternteil keinen oder geringen Kontakt hatten, können starke Trauer um das, was nicht gelebt werden konnte, nämlich eine Eltern-Kind-Beziehung, auslösen. Die Hoffnung auf eine andere Entwicklung der Beziehung in der Zukunft ist zerstört. Denkbar ist aber auch eine eher weniger starke Trauerreaktion, da keine enge Bindung mehr bestanden hat. Vorstellbar ist ebenso, dass das Kind, weil es bereits über Erfahrungen verfügt, mit Krisen und Verlustsituationen umzugehen, und gut begleitet wurde, den erneuten Verlust relativ gut integrieren kann. Es hat den Schmerz einer Trennung und eine Anpassung an eine sich veränderte Welt schon einmal durchgemacht. Möglicherweise konnte das Kind in dieser Situation eigene Ressourcen erkennen und nutzen, es konnte seine Gefühle äußern, lebt in einem zuverlässigen Lebensumfeld und geht mit einem stabilen Selbstwertgefühl in diesen erneuten, endgültigen Verlust. Beeinflusst wird der Umgang des Kindes mit der Situation, wie bei anderen Trauerprozessen auch, gleichermaßen von der Bindung, die das Kind zur gestorbenen Person hatte, von den eigenen Ressourcen, der Unterstützung des sozialen Umfelds und den individuellen Bewältigungsmechanismen.

Kinder aus getrennten Ehen haben bereits einen Verlust erfahren, der vielfach mit vielen anderen Veränderungen und Belastungen für die Kinder einherging. Aus meiner Praxiserfahrung kann ich sagen, dass es oft günstiger ist, wenn Kinder mit diesem familiären Hintergrund beim Tod eines Elternteils zunächst einzeln begleitet werden. So kann die gesamte Aufmerksamkeit auf das Kind mit seiner ganz persönlichen Lebensgeschichte gerichtet werden.

Die möglichen Schwierigkeiten und Themen im Trauerprozess hinsichtlich des Verlustes eines Elternteils bei Kindern aus getrennten Ehen fasse ich hier kurz zusammen:

- *Vorausgehende heftige Konflikte zwischen den Eltern*
- *Eltern haben zuvor das Kind für ihre Interessen benutzt*
- *Elternteil hat kein Verständnis, dass beide Elternteile vom Kind geliebt werden*
- *Ein Elternteil verurteilt das andere*
- *Kind vertraut überlebendem Elternteil nicht*
- *Elternteil verbietet Teilnahme an Trauerritualen*
- *Elternteil verweigert den Besuch von Erinnerungsorten*
- *Elternteil verbietet Erinnerungsgegenstände*
- *Konflikte mit Rollenidentität*
- *Soziales Umfeld weist neuen Platz des Verstorbenen zu*
- *Weigerung, erwachsen zu werden*
- *Verdammung des verstorbenen Elternteils*
- *Keinen Sinn im eigenen Leben finden*
- *Entfaltung der Selbstliebe*
- *Gefühl, in der Existenz unerwünscht zu sein*
- *Idealisierung des verstorbenen Elternteils*
- *Gestorbener Elternteil fehlt als ausgleichendes, entlastendes Element*
- *Fehlende Zufluchtsmöglichkeit bei gestorbenem Elternteil in Konflikten mit lebendem Elternteil*
- *Fehlender Elternteil erschwert Geschlechteridentifikation*
- *Entwicklung oder Verstärkung von Geschwisterrivalität*

6.3 Der Tod eines Geschwisters in einer getrennten Familie

Der Tod eines Geschwisterkindes in einer schon getrennten Familie kann Kinder in eine tiefe, existenzielle Krise stürzen. Zum Verlust eines Elternteils durch die Trennung kommt der Verlust des vielleicht einzigen Menschen, den das Kind als Verbündeten empfunden hat, mit dem das Kind Sorgen und Ängste, die durch die Trennung der Eltern entstanden sind, teilen konnte. Das Kind fühlt sich nun möglicherweise ein weiteres Mal im Stich gelassen, verlassen und bedroht.

Folgende mögliche Schwierigkeiten können bei einem Kind auftreten, ausgelöst durch den Verlust eines Geschwisters in einer Scheidungs- oder Patchworkfamilie:

- *Möglichkeit des eigenen Todes wird denkbar*
- *Angst, selbst auch sterben zu müssen*
- *Empfindet das Leben als Bedrohung*
- *»Ersatzkind«*
- *Starke Einsamkeit, Gefühle von Verlassenheit*
- *Ambivalenz: Verlust Freund / Rivale*
- *Verunsicherung durch Erleben der Hilflosigkeit und Ohnmacht der Eltern*
- *Schuld, Scham, Versagen*
- *Übernehmen der Rolle / Identität des Geschwisters*
- *Aufdrängen der Geschwisterrolle*
- *Identitätskonflikte*
- *Konflikt mit Rollenidentität*
- *Weigerung, erwachsen zu werden*
- *Gefühle der Ablehnung, Wertlosigkeit*
- *Zurückweisung durch die Trauer der Eltern*
- *Soziales Umfeld reagiert zumeist nur auf die Eltern, Geschwisterkinder werden vielfach übersehen*
- *Lebenssinn, Lebensperspektiven gehen verloren*
- *Ohnmacht*
- *Sich verantwortlich fühlen für den Tod des Geschwisters*
- *Schuldzuweisungen an die Eltern (oder auch Ärzte), weil diese den Tod des Geschwisters nicht verhindert haben*
- *Verbieten eigener Trauer, um Eltern und Geschwister nicht zusätzlich zu belasten*

- *Funktionieren, um keine zusätzliche Belastung für Eltern zu sein*
- *Zurücknehmen der eigenen Trauer wird im näheren Lebensumfeld als Nichttrauer interpretiert, zuweilen negativ bewertet oder bestraft*
- *Keine Möglichkeit, eigene Gefühle auszudrücken*
- *Ablenkung oder Blockierung von Trauerreaktionen durch soziales Umfeld*
- *Keine Informationen zum Tod*
- *Keine Kommunikation im sozialen Umfeld zum Tod des Geschwisters (Schule, Familie, Freunde, Freizeit …)*
- *Keine spürbare Zuneigung, Aufmerksamkeit der Eltern*
- *Übermäßiger Schutz von Seiten der Eltern dem überlebenden Geschwister gegenüber*
- *Verantwortlichfühlen für Eltern*
- *Keine Kommunikation mit anderen zurückbleibenden Geschwistern*
- *Geringes, instabiles oder kein Selbstwertgefühl*
- *Ausschließen des Kindes von Trauerritualen*
- *Soziales Umfeld schmälert den Verlust*
- *Kind wird als Trauernder nicht wahrgenommen*
- *Trauma*
- *Nicht zugelassener Trauerschmerz*
- *Unterdrückter Trauerschmerz*
- *Keine Wertschätzung / Anerkennung des erlebten Verlusts durch soziales Umfeld*
- *Aufoktroyierende Erwartungen an das Kind durch das soziale Umfeld*
- *Trauerreaktionen: Wut, Zorn, aggressives Verhalten werden vom Lebensumfeld des Kindes nicht als solche erkannt*
- *Todesart wird vom sozialen Umfeld verurteilt*
- *Ungeklärte Todesumstände*
- *Keine Förderung eigener Ressourcen*
- *Keine verlässliche, belastbare Bezugsperson*
- *Unbearbeitete Vorverluste*
- *Zusätzliche Verluste – soziales Umfeld, Hobbys*
- *Mehrfachverluste*
- *Schon vorher bestehende Probleme Körper, Psyche, System Familie … (z. B. soziale Schwierigkeiten, Verhaltensstörungen, ADHS …)*
- *Neuer Platz ist beängstigend und eher negativ besetzt*
- *Fehlende emotionale Zuwendung*

- *Unterbinden, Berichtigung von Erinnerungen durch soziales Umfeld*
- *Isolation*
- *Kompensierendes Verhalten*
- *Idealisierung des Geschwisters*

7 Trauer bei Kindern nach Suizid eines Angehörigen

Die Trauergruppen oder Einzelbegleitungen bei *Thalita* und *Dellanima* werden immer häufiger von Betroffenen in Anspruch genommen, bei denen ein Angehöriger durch Suizid gestorben ist. Zwar zeigen die aktuellen Zahlen einen leichten Rückgang der Suizide allgemein; wir stellen jedoch fest, dass die Todesursache Suizid in der Kindertrauerarbeit heute öfter vorkommt als noch vor wenigen Jahren. Dies mag daran liegen, dass das Tabu um die Todesursache langsam aufbricht.

Vielfach war die Zeit vor dem Tod in diesen Fällen schon durch eine schwierige Lebenssituation belastet. Die Kinder haben Arbeitslosigkeit, psychische Erkrankungen, Gewalt oder Alkoholprobleme miterlebt. Der Trauerprozess ist dann oft von vielen negativen Erinnerungen und ambivalenten Gefühlen begleitet, die Ausdruck und Raum finden wollen.

Wenn Kinder, bei denen der Mensch, um den sie trauern, durch Suizid gestorben ist, an der Trauergruppe teilnehmen, ist es vorab notwendig, die Vorgeschichte, die Todesumstände und den Umgang mit dem Thema in der Familie und im sozialen Umfeld genau zu ermitteln. Danach muss individuell entschieden werden, ob das Kind an der Gruppe teilnehmen kann oder ob eine Einzeltrauerbegleitung des Kindes und eine Gesamtbegleitung der Familie sowie/oder eine Psychotherapie eventuell sinnvoller wären.

Der Suizid eines nahestehenden Menschen ist für betroffene Erwachsene und Kinder schwer zu verarbeiten. Ein Suizid erschüttert bei allen Betroffenen das Selbstbewusstsein und das Grundvertrauen in die Welt. Deshalb benötigen Kinder Stabilität, Geborgenheit und Menschen, denen sie sich anvertrauen können. Erwachsene sind oft ratlos, wie sie das Geschehen erklären sollen, und tendieren deshalb dazu, nichts zu sagen, die Todesursache zu verschweigen oder nur Bruchstücke mitzuteilen. Kinder spüren das und werden auf die eine oder andere Weise herausfinden, was passiert ist. Dies führt in den meisten Fällen zu Vertrauensverlust und Einsamkeitsgefühlen bei den Kindern.

Nehmen wir Kinder in der Gruppe auf, sind spezifische Informationen und Themenschwerpunkte im Zusammenhang mit der Todesursache zu beachten. Wir sollten Kindern dann noch einmal erklären, dass ein Suizid vielfach eine Ursache in einer psychischen Erkrankung hat. Zudem ist es wichtig, aufzuzeigen, dass es für bestehende Probleme andere Lösungen als die des Suizids geben kann. Dabei muss auf eine nicht wertende Wortwahl geachtet werden. Ausdrücke wie »Selbstmord«, »Selbsttötung«, »sich umbringen« sollten vermieden werden. Hinweise und Aufklärung darüber zu geben, wie Behörden und das soziale Umfeld reagieren können, ist für Kinder hilfreich. Gerade in der Begegnung mit anderen Kindern können solche Informationen für betroffene Kinder wesentlich sein.

Praxisbeispiele

Die Mutter von Jessica (acht Jahre) hatte sich suizidiert, indem sie sich von einer Brücke stürzte. Das soziale Umfeld hatte zunächst versucht, die Todesursache und die Todesumstände vor Jessica geheim zu halten. Wie in den meisten Fällen drangen dann aber durch Gerüchte bruchstückhafte Informationen zu Jessica. »Ich weiß, was mit deiner Mama in echt passiert ist, und du nicht. Die hat sich nämlich tot gesprungen!«, teilte ein Kind in der Schule Jessica mit. Diese Information löste in Jessica viele Bilder, Fantasien und Ängste aus. Als dann die Polizei auftauchte, um persönliche Gegenstände der Mutter zu beschlagnahmen, war Jessica völlig verwirrt und vertraute den Bezugspersonen in ihrer Umgebung nicht mehr.

Noah lebte mit seiner Mutter und deren neuem Lebenspartner zusammen. Zu seinem Vater hatte er regelmäßigen und engen Kontakt. Da der Vater alkoholabhängig war, erlebte Noah ihn oftmals als unzuverlässig, was Vereinbarungen betraf. Als der Vater zu einem gemeinsam anberaumten Gespräch über die Zukunft des Sohnes nicht erschien, war Noah sehr enttäuscht und formulierte diese Enttäuschung lautstark, indem er dem Vater den Tod wünschte. Einen Tag später wurde der Vater tot aufgefunden. Ermittlungen ergaben, dass der Vater sich das Leben genommen hatte. Motiv für den Suizid war eine schwere Krebserkrankung. Noah fühlte sich schuldig am Tod des Vaters.

Sich in der Gruppe zu öffnen fällt vielen Kindern zunächst schwer. Hinter aggressivem oder störendem Verhalten in der Trauergruppe kann der tiefe Schmerz über das Erlebte stehen, der für die Kinder kaum auszuhalten ist. Begleiter sollten die Erlaubnis geben, Aggression und Wut auszuleben, und eine den Kindern zugewandte Haltung zeigen.

Letztendlich erlebe ich, dass die Möglichkeit, über das Erlebte zu sprechen, sich sogar mit anderen darüber auszutauschen, die Ähnliches erfahren haben, sehr entlastend für Kinder nach dem Tod eines vertrauten Menschen durch Suizid ist.

Kinder, die den Tod eines nahestehenden Menschen durch Suizid erlebt haben, brauchen in ihrem Trauerprozess besondere Aufmerksamkeit hinsichtlich der Themen Suizid, Schuld und Scham. Gerade das behördliche Vorgehen, die Vorgeschichte und der Umstand, dass die Todesursache im sozialen Umfeld oft tabuisiert wird, sollten in den Blick genommen werden. Das Vorgehen der Polizei, die Reaktionen des sozialen Umfelds und eigene Verhaltensweisen können starke Schuld- und Schamgefühle sowie Selbstzweifel auslösen bzw. diese verstärken.

Wird dem Kind ein Suizid als Todesursache verschwiegen, kann dies zu Schuld- und Schamgefühlen führen. Kinder glauben, für das, was geschehen ist, die Verantwortung zu haben. Wir müssen Kindern deshalb immer wieder versichern, dass sie nicht verantwortlich oder schuldig sind am Tod des nahestehenden Menschen. Kinder brauchen gerade nach dem Suizid eines vertrauten Menschen Stabilität sowie die Möglichkeit, ihre Fragen und Gefühle in diesem Zusammenhang formulieren und ausdrücken zu können. Wie Erwachsene spekulieren auch Kinder darüber, wie der Sterbende sich wohl gefühlt hat, sowie darüber, wie er gestorben ist, wo und wie er gefunden wurde. Viele dieser Vorstellungen sind schrecklich und beängstigend. Die Kinder in diesem Zusammenhang sachlich zu informieren erleichtert ihnen den Trauerprozess (vgl. Witt-Loers, Trauernde Jugendliche in der Schule, 2012, S. 77 ff.).

Praxisbeispiel

Hannah wusste über den Suizidtod der Mutter nur, dass diese ein paar Tage in der Wohnung gelegen hatte, bevor man sie fand. Hannah war zu dieser Zeit bei ihrer Oma in Ferien.

> *Hannah kam mit vielen Fragen und Fantasien:*
> *»Wer hat die Mutter gefunden? Warum ist Mama gestorben. Wurde sie Opfer eines Verbrechens? Wer war der Verbrecher? Und will der mich auch töten? Wo hat Mama tot gelegen? Wenn auf dem Sofa, dann muss das weg!« Nach Akteneinsicht bei der Polizei konnten viele der für Hannah beängstigenden Fragen geklärt werden.*

Informationen und Gespräche zum Suizid erfordern ein behutsames Vorgehen und sollten dem Sprachverständnis sowie der Entwicklungsphase des Kindes entsprechend angepasst werden. Negativ besetzte Gefühle und Gedanken sollten ihren Platz und Ausdruck finden, um eine Auseinandersetzung zu ermöglichen. Eine wesentliche Aufgabe im Trauerprozess hinsichtlich der Todesursache Suizid ist die Suche nach dem »neuen Platz« des Verstorbenen. Hier gilt es, ein liebevolles, tröstliches Bild des Verstorbenen zu finden, das nicht nur durch die »letzten« schlimmen Bilder vor dem Tod oder/und des Suizids geprägt ist. Nicht die Todesart Suizid sollte im Vordergrund stehen, sondern die Tatsache, dass das Kind einen vertrauten Menschen verloren hat. Bezugspersonen sollten deshalb eingehend beraten und begleitet werden.

Beim Tod eines nahen Angehörigen durch Suizid vor dem Hintergrund einer schwierigen sozialen Situation erlebe ich, dass Kinder intensive Albträume und weiterhin starke Ängste vor Bestrafungen durch den Verstorbenen haben. Ambivalenz und negative Bilder sind vielfach übermächtig. Diese Kinder benötigen deshalb eine professionelle Einzelbegleitung und/oder Therapie (vgl. Witt-Loers, Trauernde begleiten, 2012, S. 60–63).

Hier eine Auswahl möglicher Kriterien, die beachtet werden müssen, um eine Einschätzung dazu, welche Unterstützung das Kind benötigt, vornehmen zu können; die zuvor benannten Schwierigkeiten bei Kindern im Trauerprozess können zudem eine Rolle spielen.

- *Vorgeschichte (plötzlicher Suizid; absehbarer Suizid)*
- *Vorinformation (wie wurde das Kind vorher über die bestehende Situation informiert?)*
- *Beziehung zu den weiteren Bezugspersonen*
- *Soziales Umfeld / Netzwerk / Unterstützung*

- *Beziehung zum Gestorbenen*
- *Andere vorher bestehende Probleme*
- *Ambivalente Beziehung*
- *Kind hat Leiche gefunden*
- *Informationen nach dem Suizid*
- *Abschied*
- *Ressourcen*

Insgesamt lässt sich sagen, dass Trauerprozesse bei Kindern nach dem Suizid eines nahestehenden Menschen stärker von Themen wie Schuld sowie damit belastend verbundenen Gedanken und Gefühlen wie Scham, starker Wut, Ablehnung und eigener Wertlosigkeit bestimmt sind. Kinder verschweigen, wie viele Erwachsene auch, zunächst die Todesursache. Feststellen konnte ich dieses Verhalten auch bei Kindern, die einen vertrauten Menschen durch einen besonders grausamen Unfall verloren haben.

Das Risiko eines komplizierten Trauerprozesses, einer posttraumatischen Belastungsstörung oder einer Depression ist bei Suizid, wie bei einem plötzlichen Tod oder einem gewaltsamen Tod, erhöht, da Kinder dann direkt auf die belastenden Umstände des Todes reagieren, sich stark mit den letzten Stunden oder dem Sterben selbst beschäftigen. Traumatische Reaktionen auf die Todesart erfordern deshalb andere Formen der Unterstützung und Therapie. Suizid und Unfalltod erschüttern das Grundvertrauen ins Leben weit mehr, als dies bei anderen Todesursachen der Fall ist. Die Todesursache ist aber auch hier nur ein möglicher Aspekt von vielen anderen Faktoren, die den Trauerprozess beeinflussen. In einigen Fällen ist eine Einzelbegleitung, Trauertherapie, eine spezifische Trauergruppe oder eine psychotherapeutische Begleitung sinnvoller.

Empfehlen möchte ich Wochenendseminare für Kinder, Jugendliche und Familien, die den Tod eines nahen Menschen durch Suizid betrauern, die von dem Selbsthilfeverein *Agus* angeboten werden: *www.agus-selbsthilfe.de* (vgl. Witt-Loers, Zum Tod eines Jugendlichen durch Suizid, in: Kowalski, Er wischt die Tränen ab von jedem Gesicht, 2011, S. 145–151; Witt-Loers, Trauernde Jugendliche in der Familie, 2014, S. 149 ff.).

- *Literaturhinweise und Broschüren zum Thema Suizid*
- *Literaturliste / MDL 5 – Suizid*

KAPITEL 2 DAS DELLTHA-KONZEPT

1 Trauerpädagogische Grundkriterien im DellTha-Konzept

Die methodisch-praktischen und inhaltlichen Schwerpunkte der Kindertrauergruppenarbeit im DellTha-Konzept leite ich ab von den bereits vorgestellten Modellen und Erkenntnissen zur Trauerarbeit. Die Arbeit am Trauerzentrum für Kinder *Thalita* und am *Dellanima*-Institut für Trauerbegleitung, Fortbildungen und Vorträge setzt diese entsprechend um. Das DellTha-Konzept arbeitet mit festen Gruppen. Was das bedeutet, wird im Folgenden noch deutlicher werden. Die Grundlagen für das Folgende sind neben dem bisher Dargestellten die Auseinandersetzung mit Theorie und Praxis der Trauergruppenarbeit mit Kindern, die Suche nach heilsamen Wegen, sowie das Sammeln und Reflektieren von Erfahrungen.

1.1 Bausteine der Trauergruppenarbeit nach dem DellTha-Konzept

1.1.1 Vernetzung zwischen Personen und Konzepten der Trauerbegleitung

Ausdrücklich möchte ich darauf hinweisen, dass sicherlich jede Art von Konzept und jede Arbeitsform, ob in offener oder geschlossener Gruppe, ihre je eigenen Vor- und Nachteile hat. Gerade die Vielfalt und Verschiedenartigkeit der Konzepte für Kindertrauergruppen ist es, die eine Begleitung trauernder Kinder, ihren vielfältigen und auch unterschiedlichen Bedürfnissen entsprechend, ermöglicht. Deshalb sollten meiner Ansicht nach verschiedene qualifizierte und professionell ausgearbeitete Konzepte nebeneinander angeboten werden. Persönlich schätze ich die Angebote anderer Institutionen und Trauerbegleiter für trauernde Kinder und ihre Familien. Vor allem begrüße ich ein kollegiales Miteinander und den wechselseitigen Austausch. Der 2009 gegründete Bundesarbeitskreis Trauerbegleitung von Kindern, Jugendlichen und ihren Familien ermöglicht mit seiner Arbeit eine Vernetzung und Entwicklung von Qualitätsmerkmalen für Angebote der Trauerbegleitung (Kontakt: franziska.roeseberg@malteser.org).

1.1.2 Konzept ist das eine – Flexibilität das andere

Trauer erfasst den Menschen als Ganzen. Deshalb beziehe ich in die praktische Arbeit bewusst vielseitige, ganzheitliche Methoden und Angebote ein. Zudem möchte ich noch einmal betonen und ausdrücklich dazu auffordern, die Gruppenstunden nach den Bedürfnissen der Kinder auszurichten. Darum ist es unbedingt notwendig, flexibel in der Gestaltung der Stunden zu sein, sich spontan von vorbereiteten Gruppenstunden zu lösen, den momentanen Bedürfnissen und Fragestellungen der Kinder individuell nachzukommen und ein entsprechendes Angebot zu machen.

Deshalb ist das DellTha-Konzept keine starre Vorgabe zur Gestaltung der Trauergruppenstunden, sondern eine Art »Handwerkskoffer«, der ein den Kindern angepasstes Arbeiten ermöglichen soll. Die Begleitung der trauernden Kinder muss alters- und entwicklungsentsprechend erfolgen.

Exemplarisch möchte ich im Folgenden (s. S. 185 ff.) einige Stundenmodelle vorstellen. Eine Trauergruppeneinheit umfasst nach dem DellTha-Konzept zehn Treffen von jeweils zwei Stunden Dauer. Für zwei Treffen ist kein festes Thema vorgesehen, da die Erfahrung gezeigt hat, dass diese Zeit zur flexiblen Gestaltung benötigt wird, um Themen, die in der Gruppe mehr als ein Treffen erfordern, zu bearbeiten oder um auf individuelle Anliegen der Kinder eingehen zu können.

1.1.3 Kommunikation – miteinander eine Sprache finden

Kindertrauergruppen sollen dazu beitragen, unterstützende Kommunikationsformen in der Familie zu etablieren. Es sollen Wege und Strategien gefunden werden, die es möglich machen, den unterschiedlichen Trauerreaktionen der einzelnen Mitglieder im System »Familie« Raum zu geben und Respekt entgegenzubringen. Konflikte oder Fragen zu Sterben und Tod, die in der Familie bisher nicht besprochen werden konnten, können durch die Begleitung thematisiert werden. Zudem können Familien ermutigt werden, sich gegenseitig zu respektieren, zu akzeptieren und gemeinsame Haltungen in Fragen, in denen sie sich bisher uneins sind, zu finden.

1.1.4 Zeiten in der Gruppe – Zeiten danach

Die Kindertrauergruppenarbeit kann nicht den gesamten Trauerprozess, der oft über viele Jahre verläuft und meist nie ganz abgeschlossen ist, begleiten. Vielmehr soll sie Kinder wie Bezugspersonen befähigen, immer wieder Wege zu finden, um mit dem erlebten Verlust zu leben, ihn in das gegenwärtige und zukünftige Leben zu integrieren und einander in der je eigenen Art des Umgangs mit dem Verlust zu respektieren.

1.1.5 Ziele, Möglichkeiten, Grenzen der Arbeit

Kindertrauergruppen- und die ergänzende Bezugspersonenarbeit sollen das System »Familie« und den Einzelnen in diesem System stärken und dazu ermutigen, individuell, aber auch miteinander zu trauern. Die Impulse der Begleitung wollen die Entwicklung von individuellen und gemeinschaftlichen Ritualen ermöglichen. Der Ausdruck von Gefühlen und Gedanken in der Trauer soll zugelassen werden können. Es sollen auch positive Gedanken und Gefühle gefördert werden. In Familien, die zuvor mit Konflikten und den damit verbundenen Gefühlen offen umgegangen sind, wird dieser Prozess leichter sein als in Familien, in denen bisher keine Kultur der Kommunikation bestanden hat. Es gibt Familien, in denen auch nach einer Trauerbegleitung keine Kommunikation miteinander möglich sein wird. Erwartungen und Hoffnungen von Bezugspersonen, die Trauer des Kindes sei nach dem Besuch der Trauergruppe ganz erledigt, müssen oft korrigiert werden. Manchmal glauben Bezugspersonen, dass die Kinder nach der Begleitung wieder ganz so sein können wie vorher.

1.1.6 Sinnfragen brauchen ihre Zeit, Ehrlichkeit und Gespür

Im Zusammenhang mit Fragen der Kinder ist festzustellen, dass solche nach dem »Warum und Weshalb«, nach der Ursache und dem Grund des Todes, sowie nach seinem Sinn immer wieder auftauchen. Diese Auseinandersetzung gehört, wie bereits erwähnt, zum Trauerprozess. Es unterstützt ein Leben ohne den Verstorbenen, wenn ein Sinn gefunden werden kann. Die gemeinsame Suche nach Antworten erfordert Zeit, Ehrlichkeit und Einfühlungsvermögen, denn häufig kommen erst nach und nach die innersten Anliegen der Kinder zum Vorschein. Gleichwohl sollen Kinder erfahren, dass es nicht immer auf alle Fragen eine Antwort gibt und wir mit offenen Fragen leben können. Die Erfahrung in der praktischen Arbeit zeigt, dass trauernde Kinder die Fähigkeit besitzen, mit schweren Themen wie Sterben, Tod und Trauer umzugehen, dass die Begleitung sie unterstützen und dabei helfen kann zu begreifen, dass Tod und Trauer zu unserem Leben gehören.

1.1.7 Verantwortlichkeit und Professionalität der Begleiter

Die Themenbereiche Krankheit, Sterben, Tod und Trauer sollten von den Trauerbegleitern sachgerecht erklärt werden können. Fragen der Kinder wollen ehrlich, offen und sachlich richtig beantwortet werden. Begleiter müssen über mögliche Bestattungsarten und Auffassungen zu diesem Thema aus den wichtigsten Religionen und Kulturen informiert sein. Trauerbegleiter sollten zudem aktuelle Entwicklungen in der Trauerforschung kennen.

Sind im Trauerprozess komplizierte Verläufe oder Schuldproblematiken zu erwarten bzw. zu erkennen, darf das trauernde Kind nicht mit seiner Trauerarbeit überlastet werden. Ein betroffenes Kind vermag nur so viel Trauerarbeit zu leisten, wie es verkraften und bewältigen kann. Stellen wir fest, dass Kinder teilnahmslos sind, sich nicht an Spielen oder anderen Angeboten beteiligen, sind sie möglicherweise traumatisiert oder es liegt eine andere tiefere psychische Störung vor. Wird ein Kind durch falsche, zu schnelle oder übertriebene Ansprüche in seiner Trauerarbeit überfordert, kann dies zu einer Retraumatisierung mit erheblichen Folgen für das Kind führen. Eine langsame, die Grenzen und Möglichkeiten des Kindes anerkennende Einzelbegleitung des kindlichen Trauerprozesses, unter Umständen auch eine ausschließliche oder begleitende psychotherapeutische Betreuung würden den Bedürfnissen dieses Kindes entsprechen. Begleiter sollten darum eigene Grenzen und Fähigkeiten immer wieder reflektieren und verantwortlich wahrnehmen.

1.2 Ziele des DellTha-Konzepts

1.2.1 Ziele für Kindertrauergruppen

Der Tod eines Elternteils, eines Geschwisters oder eines anderen nahestehenden Menschen bringt meist große Unsicherheit in das Leben eines Kindes. In der Trauergruppe sollen Kinder zunächst einen stabilen, zuverlässigen Rahmen und einen geschützten Ort für ihre Auseinandersetzung mit dem Verlust finden. Damit Kinder den Verlust begreifen können und sich in ihrer schmerzlich veränderten Welt wieder zurechtfinden können, braucht es einfühlsame, verlässliche Begleiter und aufmerksame, ehrliche Gesprächspartner, die ihnen zur Verfügung stehen. Trauernde Kinder sollen Informationen, Zuwendung, Stabilität und Kontinuität durch die Gruppenleitung und die Gruppe selbst erfahren können. Die Leitung erfüllt ihre Aufgaben verantwortlich, qualifiziert und den Kindern von Herzen zugewandt. Jede Gruppe wird individuell, prozess-, bedürfnis- und situationsorientiert begleitet. Die Trauergruppe als Gruppe ist dazu da, die Bearbeitung der »Traueraufgaben« und damit verbundene Themen, die ein Leben nach dem Verlust ermöglichen, anzuregen und zu unterstützen. Dabei werden die Traueraufgaben, wie sie oben schon umschrieben wurden, inhaltlich schrittweise personenbezogen thematisiert und bewältigt. Detailliert gehe ich auf sie ab S. 39 ff. und ab S. 123 ff. ein.

Zudem werden Informationen über Tod, Sterben, Trauer, Krankheit, Trauerreaktionen sowie praktische Hinweise gegeben und auf zusätzliche Unterstützung oder Hilfen hingewiesen bzw. dazu angeraten. Informationen zu diesen Themen werden Kindern in kindgerechter Form vermittelt. Dabei respektieren und beachten die Gruppenleiter das persönliche Schicksal, die Individualität des Kindes sowie dessen persönliche Bedürfnisse.

Kinder haben in der Trauergruppe die Gelegenheit, Fragen zu stellen, Antworten zu suchen und den Tod als Teil des Lebens zu verstehen. Die Kindertrauergruppe bietet Raum für persönliche Ängste und Sorgen von Kindern. Ziel ist es, Kindern die Möglichkeit zu bieten, sich ihrer eigenen

Gefühle bewusst zu werden, einen Umgang mit diesen zu erlernen, Empathie mit und für andere zu entwickeln sowie ihre Gefühle auszudrücken. Die Kindertrauergruppe soll für Kinder ein Ort sein, wo sie lernen können, dass es hilfreich und entlastend sein kann, seinen Gefühlen Ausdruck zu geben.

Kinder haben in den Trauergruppen die Möglichkeit, ihrer Trauer mit allen Sinnen zu begegnen. Eine Vielzahl von kreativen, körperlichen und inhaltlichen Anregungen sowie ganzheitlichen Methoden wird zur Verfügung gestellt, damit Kinder ihren Verlust realisieren, ihrer persönlichen Trauer und den damit verbundenen Gefühlen individuellen Ausdruck verleihen und eigene Bewältigungsstrategien entwickeln können. Dazu gehört auch, die Wirklichkeit des Verlusts so weit wie möglich begreifbar zu machen, und auch dies: dass der Tod endgültig ist. Gleichzeitig werden sie dabei unterstützt, neue Lebensperspektiven zu finden. Auch geht es darum, sie in ihrer Identität sowie persönlichen Entwicklung zu stärken. Das soziale Umfeld kann hier eine wesentliche Ressource darstellen. Deshalb sollen die Hinwendung zu und die Inanspruchnahme von äußeren Ressourcen gefördert werden. Umgekehrt können Isolation und Unverständnis des sozialen Umfelds die Bewältigung des Verlusts erschweren, deshalb ist es ein weiter gefasstes Ziel, das gesellschaftliche Bewusstsein auf den Themenkomplex Trauer zu lenken und Verständnis zu fördern.

Die Kindertrauergruppe unterstützt die Gemeinschaftsbildung mit anderen Kindern, die in einer ähnlichen Situation sind. Kinder können hier erleben, dass sie mit ihrer Trauer- und Verlusterfahrung nicht allein sind, dass sie in der Gruppe Verständnis, Unterstützung und Austausch erfahren. Die Verbundenheit mit der Gruppe kann das Gefühl der eigenen Stärke fördern. In der Gemeinschaft wird Kindern die Möglichkeit gegeben, ihre eigenen Bedürfnisse nach Trost und Unterstützung kennen zu lernen.

War ein Abschied vom Verstorbenen aufgrund der Umstände nicht möglich, können mit den Kindern Möglichkeiten gesucht werden, diesen in anderer Form nachzuholen. Unter anderem tragen die Kindergruppentreffen so dazu bei, dass den Kindern eine Anpassung an ein Leben ohne den Verstorbenen gelingt und dass sie dem erlebten Verlust und dem Verstorbenen einen Platz in ihrem Leben einräumen können.

Es wird ferner Raum geschaffen für gemeinsame Rituale in der Gruppe und es werden Impulse gegeben, individuelle Trauerrituale für sich zu finden, die einen eigenen, ganz persönlichen Weg der Trauer ermöglichen oder für das System Familie genutzt werden können.

Eine weitere Aufgabe der Trauerbegleitung ist es, Kinder zu ermutigen, Zeiten und Orte des »Nicht-trauerns« zu finden und zu leben. Kinder sollen in der Trauergruppe zudem Möglichkeiten bekommen, für sich selbst tragfähige »Hoffnungsbilder« zu entwickeln. Der Lebensmut und die Lebensfreude trauernder Kinder werden so angeregt und gestärkt. Auch deshalb werden Kinder aufgefordert Dinge zu tun, die Freude machen.

Kinder sollen Möglichkeiten und Wege eines individuellen, stärkenden Erinnerns finden sowie fortdauerndes, nicht belastendes Verbundensein mit Gestorbenen entwickeln können. Zeigt sich, dass Kinder aus dem Verlust Fehldeutungen vornehmen, negative Verknüpfungen, die zur Entstehung falscher Erwartungen und Überzeugungen führen, sollte Raum für Umstrukturierungen und Bedeutungsrekonstruktion sein.

Die Fähigkeiten, persönliche Gefühle, Gedanken und Sorgen in einem geschützten Raum auszudrücken, sich auszutauschen sowie eigene Positionen zu reflektieren und gegebenenfalls zu ändern, werden in den Gruppen erlebbar gefördert.

Die Gruppenleiter möchten Kindern vermitteln und sie verstehen lassen, dass jeder, Kind wie Erwachsener, auf seine Weise trauert, dass jeder seine Situation anders erlebt und dass alle in der Trauer auftretenden Gefühle ihre Berechtigung haben. Deshalb ermutigen sie die Kinder, ihre Gefühle, auch solche wie Wut, Zorn und Schuld, im geschützten Raum wahrzunehmen, sie zuzulassen und zu akzeptieren, ohne andere dabei zu verletzen. Kinder können einen kontrollierten, nicht bedrohlichen Umgang mit der eigenen und der Trauer anderer erlernen.

Die Kindertrauergruppen haben das Ziel, das gegenseitige Verständnis und den Prozess des Trauerns im System Familie zu fördern und dabei die Akzeptanz der Unterschiedlichkeit des individuellen Umgangs mit dem Verlust zu ermöglichen. Sie wollen Impulse geben für eine weitere Differenzierung der familiären Strukturen hinsichtlich Individuation und Gemeinschaft im Trauerprozess. Weiteres Ziel ist es zudem, Familien sowie das soziale Umfeld durch vielfältige Unterstützungsmöglichkeiten in Verlustsituationen zu stärken und Ressourcen zu aktivieren.

1.2.2 Vermittlung der Trauerarbeit im Lebensumfeld

Im Alltag findet immer noch eine Ausgrenzung des Themenbereichs statt. Mit öffentlichen Aktionen wie Fortbildungen, Vorträgen und Schulungen des Trauerzentrums *Thalita* und des Instituts *Dellanima* werden übergeordnete Ziele ins gesellschaftliche Blickfeld gebracht. Dazu gehören:

- *Aufklärung und Information zum Thema Kindertrauer; die Tabuisierung des Themas lockern*
- *den Tod in das gesellschaftliche Bewusstsein rücken*
- *Anerkennung der Trauer als Bestandteil des Lebens fördern.*

Ziel ist es, weiterhin an der Verbesserung und an der Erweiterung des Konzeptes und des Angebotes zu arbeiten sowie fachbezogene Netzwerke zu unterstützen.

1.3 Methoden der Kindertrauerbegleitung im DellTha-Konzept

Dazu gehören: Einzelbegleitung, systemische Arbeit, Beratungen, Gruppenarbeit und Kleingruppenarbeit. Weiterhin werden darunter erfasst: das praktische Erfahren von kreativen Methoden (unter anderem malen, schreiben, gestalten), Wahrnehmung, Identifizierung und Ausdruck eigener Gefühle, Erinnerungsarbeit, Ressourcenarbeit, Natur- und Wandlungserfahrungen, Zeitverläufe und Inhalte ordnen, die Erstellung von Genogrammen, Biografiearbeit, eine evokative wertschätzende Sprache, Rollenspiele, kognitive Aspekte und Umstrukturierungen von Erwartungen und Überzeugungen, Realitätstests, Visualisierung, eine pendelnde und spiegelnde Gesprächsführung, Stabilisierung, die Auflösung traumatischer Trauer, Symbol- und Ritualarbeit, Körperarbeit (Möglichkeiten, Gefühle auszudrücken, Meditation, Fantasiereisen, Entspannung, Tanz, Singen, Stärkung des körperlichen Wohlbefindens ...), Selbstreflexion, Bedeutungsrekonstruktion, informierende Arbeit und Vermittlung von theoretischem Wissen sowie thematische Anregungen (z. B. Literatur, Musik, Bilder, Filme und Internethinweise).

Die vorgenannten Methoden der Kindertrauerarbeit werde ich später näher erläutern und mit praktischen Beispielen in das DellTha-Konzept einbinden.

1.4 Strukturen und Rahmenbedingungen des DellTha-Konzepts

1.4.1 Geschlossene Kindertrauergruppe mit gleichzeitig offener oder geschlossener Begleitung der Bezugspersonen

Die Arbeit in den Kindertrauergruppen hat sich im Rahmen des DellTha-Konzeptes in den letzten Jahren in zeitlicher, formaler und inhaltlicher Hinsicht gewandelt. Anfangs arbeiteten wir in einer geschlossenen Gruppe. Diese traf sich acht Mal jeweils zwei Stunden in einem 14-tägigen Rhythmus. Es gab kein Angebot für Bezugspersonen. Aufgrund der Erfahrungen, die wir machen konnten, und weil wir uns von Erfahrungen und Erkenntnissen anderer anregen ließen, haben wir dieses Konzept abgewandelt.

Nach wie vor arbeiten wir heute mit geschlossenen Kindertrauergruppen, die sich aber zehn Mal für jeweils zwei Stunden treffen, und zwar je nach Gruppeneinheit oder Trauergruppe in einem wöchentlichen oder vierzehntägigen Abstand. Zeitgleich mit dem Gruppentreffen der Kindertrauergruppe wird ein von einer Trauerbegleiterin des Teams begleitetes offenes oder geschlossenes Bezugspersonen-Café angeboten, das die inhaltlichen Themen der Kindertrauergruppe aufgreift. Hier wird nahezu immer deutlich, dass bei den Bezugspersonen ein großes Bedürfnis nach Austausch und Information besteht. Die doppelte Belastung von Bezugspersonen, die selbst trauern und zugleich auch für das Kind da sein wollen, öffnet ein enormes emotionales Spannungsfeld. Grundsätzlich werden im Institut Dellanima in Kooperation mit dem Deutschen Roten Kreuz verschiedene kostenfreie Möglichkeiten der Unterstützung angeboten, die bedürfnisorientiert und miteinander kombinierbar sind: Einzelbegleitung für Kinder, Jugendliche und Erwachsene sowie Kinder-, Jugend-, Frauen- (mit zeitgleicher Kinderbetreuung), Männer-, Bezugspersonen- und Suizidgruppen.

Das DellTha-Konzept sieht die Anleitung und Begleitung der Gruppen durch erfahrene und qualifizierte Trauerbegleiter vor. Im rotierenden Wechsel betreuen zwei Trauerbegleiter/-innen eine Kindergruppe, eine weitere Begleiterin die Bezugspersonen. So stehen alle Begleiter mit den Kindern wie den Bezugspersonen in Kontakt. Dadurch können Familienstrukturen besser erfasst und die Unterstützung konkreter gestaltet werden. Die Erfahrung hat zudem gezeigt, dass die Kindertrauergruppe wie auch die Gruppe der Bezugspersonen eine prozessartige Entwicklung durchmacht. Das Konzept ist dementsprechend ausgelegt. Es findet ein zunehmend intensiver Austausch im Gespräch, im Ausdruck von Gefühlen oder – zumeist gegen Ende der Gruppe – im Formulieren von Zukunftswünschen statt. Außerdem ist das Konzept flexibel und bietet Raum für individuelle Gruppenbedürfnisse. Zwischen den Gruppentreffen sind qualifizierte Ansprechpartner für Kinder und Bezugspersonen telefonisch und per Mail erreichbar.

1.4.2 Weitere Dienste und Angebote über die Gruppenarbeit hinaus

Über die Kindertrauergruppen hinaus bieten *Thalita* und *Dellanima* kostenfreie telefonische Beratungsgespräche, Sprechstunden und Ausflüge für trauernde Familien an. Angebote zu Familienbegleitungen oder Wochenenden für trauernde Eltern, Großeltern, Mütter, Väter und Familien gehören ebenso zum Angebot. Außerdem besteht eine enge Kooperation mit psychosozialen Diensten, Seelsorgediensten, Hospizen, Beratungsstellen, Ärzten sowie Therapeuten. Kontakte zu weiteren fachärztlichen Hilfen oder zu anderen Unterstützungsangeboten können vermittelt werden.

Thalita bietet ergänzend den Trauerchat »Klartext« für Jugendliche an sowie den »Schreck-lass-nach-Koffer«, einen Vorschulkoffer mit Material zum Thema Sterben und Tod, der kostenlos über das Kinder- und Jugendhospiz Balthasar (Olpe/Rhld.) ausgeliehen werden kann. *Thalita* ist ein Projekt des ersten deutschen Kinderhospizes, heute des Kinder- und Jugendhospizes Balthasar. Dort werden Kinder, die an einer lebensverkürzenden Erkrankung leiden, mit ihren Familien von der Diagnose bis zum Tod begleitet. Auch wird den zurückbleibenden Familien Hilfe bei der Bewältigung der Trauer angeboten. Zudem bietet das Kinder- und Jugendhospiz Balthasar die Qualifizierung zum/zur Kindertrauerbegleiter/-in (BVT) an.

Dellanima bietet zusätzlich zu den kostenfreien Kinder-, Jugend-, Frauen-, Männer-, Bezugspersonen- und Suizidgruppen auch Einzelbegleitungen für Kinder, Jugendliche und Erwachsene sowie Familienbegleitungen auch Seminare, Vorträge, Inhouseschulungen und Fortbildungsveranstaltungen für Trauerbegleiter, Kindertrauerbegleiter, Lehrer, Sozialpädagogen, Psychologen, Ärzte, Pflegepersonal, Hebammen, Kinderhospize, Erzieher, im Hospiz Tätige, Bestatter und Seelsorger an.

Ein weiteres Angebot von *Dellanima* ist die präventive oder akute Begleitung und Beratung von Schulen, Jugendämtern und Kindergärten. Es stehen zudem drei Trauertrolleys zur Verfügung (Kindergarten, Grundschule, weiterführende Schule), die nach Vorgespräch und Abholung drei Wochen kostenfrei ausgeliehen werden können. *Dellanima* begleitet außerdem sterbende Kinder, Jugendliche und Erwachsene zu Hause, im Krankenhaus oder Hospiz. Ferner bietet *Dellanima* qualifizierte Einzelbegleitungen vor oder/und nach dem Tod eines nahestehenden Menschen für Kinder, Jugendliche und Erwachsene. Zudem führt *Dellanima* Trauerbegleitungen durch, diese auch im Auftrag verschiedener Jugendämter. *Dellanima* arbeitet außerdem mit verschiedenen Einrichtungen der Jugendhilfe, Notfallseelsorgern sowie der Polizei zusammen.

- *Flyer Dellanima: Informationen Allgemein / MD1*
- *Flyer Thalita: Informationen Allgemein / MD1a*
- *Flyer klartext: Informationen Allgemein / MD1b*
- *Flyer DRK: Informationen Allgemein / MD2*
- *Buchinfo Sterben, Tod und Trauer in der Schule: Informationen Allgemein / MD3a*
- *Buchinfo Trauernde Jugendliche in der Schule: Informationen Allgemein / MD3b*
- *Buchinfo Trauernde Jugendliche in der Familie: Informationen Allgemein / MD3c*
- *Buchinfo Wie Kinder Verlust erleben: Informationen Allgemein / MD3d*
- *Buchinfo Nie wieder wir: Informationen Allgemein / MD4*
- *Buchinfo Trauernde begleiten: Informationen Allgemein / MD5*
- *Info Trauercafé für Jugendliche / MD13*
- *Info Trauer-Trolley / MD14*

1.4.3 Voraussetzungen für Mitarbeiter/-innen

Das DellTha-Konzept zur Trauerbegleitung von Kindern und deren Bezugspersonen sieht, wie oben schon einmal beschrieben, für eine Trauergruppe je nach Gruppengröße und dem konkreten Angebot der Begleitung ein Team von zwei bis drei erfahrenen und qualifizierten Leitern vor. Die Leiter/-innen der Gruppen bringen neben der großen Basisqualifikation (BVT) Erfahrung im Umgang mit Kindern und entsprechende fachlich begleitete Praktika mit. Sie verfügen über ein breites aktuelles theoretisches Wissen im Bereich Trauerbegleitung und Trauerarbeit sowie über Kompetenzen auf dem Feld kreativer und didaktischer Methoden.

Mitarbeiter/-innen sollten ein hohes Maß an Flexibilität mitbringen, um auf Bedürfnisse der Kinder individuell und spontan eingehen zu können. Dies erfordert die Fähigkeit zu konstanter Präsenz und Aufmerksamkeit. Neben der Bereitschaft zu konsequenter Eigenwahrnehmung und Selbstreflexion sollten die Mitarbeitenden auch über persönliche emotionale Ausgeglichenheit verfügen. Begleiter/-innen müssen darum Selbstregulationsmechanismen kennen und einsetzen können. Es gilt zu erkennen, wann eine Belastung zu groß wird, um dann entsprechend zu reagieren. Trauerbegleiter sollten einerseits den Anspruch haben, Betroffene zu unterstützen und mit ihnen Möglichkeiten zu erarbeiten, das Leid transformieren zu können, andererseits sollten sie aber nicht darauf fixiert sein, sondern vielmehr in der Lage sein, Bedürfnisse und Wünsche der Gruppe oder Einzelner zu erkennen, und flexibel darauf eingehen können. Gleichzeitig kennen Gruppenleiter/-innen eigene fachliche Grenzen und empfehlen je nach Bedarf andere professionelle Unterstützung oder nehmen diese für sich selbst in Anspruch. Leiter von Kindertrauergruppen sollten Freude an der Arbeit mit Kindern haben und sich gedanklich wie emotional in Kinder hineinversetzen können, ohne sich mit dem Schicksal der Betroffenen zu identifizieren. Eigene Verlusterfahrungen müssten zuvor bearbeitet worden sein, um diese nicht auf die zu begleitenden Kinder oder Bezugspersonen zu übertragen. Eine wichtige Voraussetzung der Arbeit ist außerdem die Bereitschaft zu kontinuierlicher Fortbildung. Die Teilnahme an regelmäßigen Supervisionen sowie Fortbildungen zum Themenbereich ist in dieser Perspektive zudem eine notwendige Bedingung zur Gruppenleitung.

Bewährt hat es sich, Kindertrauergruppen der Leitung von qualifizierten Zweierteams anzuvertrauen. Eine größere Anwesenheit von leitenden Erwachsenen in der Gruppe kann sich hemmend auf den Gruppenprozess auswirken. Zugleich machen es Zweierteams aber möglich, sich bei Bedarf intensiver mit einzelnen Kindern zu beschäftigen, ohne die Gruppe dabei aus dem Blick zu verlieren. Vor- und Nachbearbeitung der einzelnen Stunden können im Dreierteam, d. h. zusammen mit der Leiterin der offenen Gruppe, für Bezugspersonen konstruktiv durchgeführt werden.

Das DellTha-Konzept verzichtet auf den Einsatz von ehrenamtlichen Begleitern ohne fundierte Basisqualifikation. Dies geschieht zum einen aus prinzipiellen Erwägungen: Wir sind überzeugt, dass die vielfältige Aufgabe der Begleitung trauernder Kinder von allen Beteiligten eine Qualifikation und grundlegendes Fachwissen erfordert. Außerdem können, wie schon beschrieben, bei manchen Kindern im Verlauf der Arbeit zusätzliche Problematiken sichtbar werden, wie z. B. Alkoholmissbrauch in der Familie, selbstzerstörerisches Verhalten, schwere Erkrankung einer weiteren Bezugsperson, ein neuer Partner der Bezugsperson, psychische Erkrankung oder komplizierte Trauerprozesse, d. h. Themenkomplexe, die zu erkennen, zu bearbeiten oder gegebenenfalls auch in andere Hände abzugeben ein hohes Maß an fachlicher Kompetenz erfordert.

Meinungsverschiedenheiten, verschiedene Führungsstile, Unklarheiten oder andere Schwierigkeiten der Gruppenleiter untereinander können auf die Gruppe übertragen werden und dort zu Spannungen und Problemen führen. Kinder nehmen auch subtile Konflikte sehr genau wahr. Ein vertrauensvolles Miteinander kann so behindert werden und zugleich den Gruppenprozess gefährden. Die offene, ehrliche und zeitnahe Kommunikation der Schwierigkeiten unter den Gruppenleitern ist deshalb eine wesentliche Voraussetzung für eine gelungene Gruppenarbeit.

Eigene ethische oder religiöse Werte und Moralvorstellungen dürfen Kindern nicht aufgedrängt werden, können aber durchaus das eigene Leitbild bzw. die persönliche Motivation für die Arbeit prägen. Grundsätzlich halte ich es für wertvoll und nützlich, sich vor der eigentlichen Arbeit mit den Betroffenen mit dem persönlichen Leitbild auseinanderzusetzen, da dieses den Stil und die Art des Angebots mitbestimmt.

Ein Punkt, der bei der Arbeit manchmal außerdem bedacht werden muss, damit es nicht zu schwierigen Situationen kommt, ist die »Okkupation von Gruppenleitern« durch einzelne Kinder. Es gibt Kinder, die in der Gruppe eine besondere Stellung einnehmen möchten und dies dadurch zu erreichen suchen, indem sie besondere Aufmerksamkeit fordern oder den Gruppenleitern zukommen lassen, und die probieren, Gruppenleiter für sich zu vereinnahmen. Wichtig scheint mir hier zu sein, dass Leiter/-innen dies kommunizieren, reflektieren und jeder für sich feststellt, wie anfällig er für solche Situationen ist. Es sollten Grenzen gezogen und keine Kinder bevorzugt behandelt werden.

- *Leitbild Dellanima: Informationen Allgemein / MD6*

1.4.4 Qualitätssicherung durch Teamsupervisionen und Fortbildung

Das DellTha-Konzept legt Wert auf Qualitätssicherung. Nach jeder Stunde und zusätzlich bei Bedarf reflektieren die Gruppenleiter miteinander die Erfahrungen aus der Kinder- und Bezugspersonengruppe. Zusätzlich wird einmal im Monat eine fachliche Begleitung in Form einer Teamsupervision in Anspruch genommen. Hier können Erfahrungen ausgetauscht, reflektiert und ausgewertet werden. Die Möglichkeit, den eigenen Tätigkeitsbereich und das Team praxis- und problembezogen aus einer anderen Perspektive zu betrachten, halten wir für wesentlich. Die Supervisionen haben zudem entscheidende Bedeutung für die Weiterentwicklung der individuellen fachlichen und persönlichen Kompetenzen. Gemeinsam kann nach neuen Wegen und Möglichkeiten für die thematische und kreative Gestaltung der Gruppenstunden gesucht werden. Fallbezogene Supervisionen zu einzelnen Kindern sind eine weitere und wichtige Form, die Arbeit zu reflektieren.

Fortbildungen zu praxisrelevanten und inhaltlichen Themen sind obligatorisch. Der Austausch mit anderen Kindertrauerbegleitern ist ebenfalls im Konzept angelegt. Zusätzlich werden Einzelsupervisionen genommen, wenn Kindertrauerbegleiter mit Kindern oder Bezugspersonen in Einzelbegleitung sind oder Bedarf danach besteht.

1.4.5 Störenden, auffälligen oder schwierigen Verhaltensweisen begegnen

In der Gruppenarbeit können uns immer Verhaltensweisen einzelner Kinder begegnen, die für die Gesamtgruppe schwer zu tragen sind oder die das Kind selbst deutlich belasten. Solche Verhaltensweisen können sein:

- *ständiges Unterbrechen der anderen Kinder oder der Leitung*
- *übersteigerte oder unangemessene Reaktionen auf Äußerungen, Aussehen oder Gegenstände anderer Kinder*
- *aggressives Verhalten den anderen Gruppenmitgliedern gegenüber*
- *explizites höheres Bewerten des eigenen Verlusts und damit in Zusammenhang stehender Gedanken und Gefühle*
- *explizites Entwerten der anderen Verluste und damit zusammenhängender Gefühle und Gedanken*

- *Vorschreiben von Verhaltensweisen, Gedanken und Gefühlen*
- *keine Beteiligung an den inhaltlichen Themen – Blockade / Schweigen*
- *hoher Bedarf an Aufmerksamkeit*
- *starkes Mitteilungsbedürfnis*
- *lachen, wenn jemand von seinem Schmerz erzählt*

Mit all diesen möglichen Verhaltensweisen sollte die Gruppenleitung angemessen umgehen können. Viele dieser Verhaltensweisen können mit dem Verlust in Zusammenhang stehen, können aber auch aus der Persönlichkeit des Kindes, seinen Erfahrungen vor dem Verlust, aus der Erziehung resultieren oder aber durch aktuelle belastende Ereignisse entstanden sein. Gerade deshalb ist es wichtig, die Gruppenregeln zu Anfang der Gruppe gut zu besprechen und zu erklären. Treten die soeben beschriebenen Störungen dennoch auf, können wir diesen auf verschiedene Weisen begegnen. Zunächst sollten sich die Gruppenleiter über ihre Eindrücke austauschen und gemeinsam überlegen, aus welchem Grund das Kind vielleicht stört.

Dazu können z. B. folgende Fragen Klarheit bringen:

Gruppenleitung:
- *Fühle ich mich persönlich durch das Kind gestört?*
- *Was stört mich als Gruppenleiter/-in an dem betreffenden Kind?*
- *Hat sich das Verhalten des Kindes im Verlauf der Gruppenbegleitung verändert, oder war das Verhalten von Beginn der Gruppenstunden an so?*
- *Nehme ich das Kind in seinen Gefühlen und Gedanken ernst?*
- *Resultiert die Störung eher aus einer Abneigung der Gruppenleitung gegen das Kind?*
- *Bekommt das Kind Aufmerksamkeit und Mitgefühl von der Gruppenleitung?*

Gruppe:
- *Fühlt sich das Kind in der Gruppe nicht aufgehoben?*
- *Bekommt das Kind genügend Raum für seine Bedürfnisse?*
- *Nehmen die anderen Kinder das Kind ernst?*
- *Hat das Kind das Gefühl, für die Gruppe wichtig zu sein?*
- *Werden Vorschläge und Anregungen des Kindes zur Gruppengestaltung gehört, angenommen?*
- *Fühlt sich das Kind der Gruppe zugehörig?*

- *Bekommt das Kind Anteilnahme und Mitgefühl von der Gruppe?*
- *Lässt ein Geschwisterkind oder ein anderes Gruppenmitglied dem Kind zu wenig Raum?*

Aktuelle belastende Faktoren:
- *Hat sich im Lebensumfeld des Kindes eine weitere große Veränderung ergeben?*
- *Ist eine Bezugsperson erkrankt, oder besteht der Verdacht einer Erkrankung?*
- *Gibt es Schwierigkeiten in der Schule?*
- *Hat das Kind Probleme mit seinen Freunden?*
- *Steht ein besonderes Ereignis bevor?*
- *Sind plötzlich materielle Schwierigkeiten in der Familie aufgetreten?*
- *Hat eine Bezugsperson ihre Arbeitsstelle verloren?*
- *Kann das Kind plötzlich seinem Hobby nicht mehr nachgehen?*
- *Hat sich im Verhalten der Bezugsperson eine problematische Veränderung ergeben? (Medikamente, Alkohol, andere Verhaltensänderungen?)*

Gesamte Lebenssituation des Kindes:
- *Benötigt das Kind aufgrund der Vergangenheit oder der Lebenssituation eher eine andere Art der Unterstützung?*
- *Ist das Kind psychisch überlastet?*
- *Bekommt das Kind im sozialen Umfeld genügend Unterstützung im Alltag?*

Sicherlich gibt es noch weitere und situationsspezifische Fragen, die berücksichtigt werden müssen. Die ehrliche und selbstkritische Reflektion dieser Fragen kann hilfreich sein, um die Situation für alle zu verbessern. Durch die Beantwortung der Fragen ergeben sich mögliche Erklärungen für das Verhalten des Kindes und damit auch Handlungsmöglichkeiten für die Leitung.

Um reflektierend und selbstkritisch zu arbeiten, um das Klima im Leitungsteam positiv zu gestalten, zum Austausch von Ideen und Sichtweisen und um jedem Kind mit der notwendigen Aufmerksamkeit und Wachsamkeit begegnen zu können, sind monatliche Supervisionen der Gruppenleiter fördernd. Sie unterstützen dabei, die Arbeit an den Kindern und ihren Bedürfnissen zu orientieren und offen zu bleiben für konstruktive Veränderungen. Themen wie auffällige oder störende Verhaltensweisen von Kindern oder Probleme in den Leitungsteams und der mögliche Umgang damit finden hier Raum.

Gruppenleiter/-innen sollten zudem direkt auf bestimmte Verhaltensweisen reagieren. Es kommt z. B. vor, dass ein Kind lacht, wenn andere etwas sehr Schmerzhaftes oder Trauriges berichten. Vielfach resultiert dieses Verhalten aus Selbstschutz, Unsicherheit oder Angst. Hilfreich kann es dann sein, das Kind zu fragen, was es im Augenblick fühlt und wie es sich fühlen würde, wenn jemand lachen würde, wenn es selbst etwas Schweres und Trauriges erzählt, und dem Kind vor allem Sicherheit und Stabilität zu vermitteln.

Wenn ein Kind immer wieder andere unterbricht, sollte die Gruppenleitung direkt darauf eingehen und dem Kind zusichern, dass es sich zu einem späteren Zeitpunkt mitteilen kann. Häufig passiert dies bei Geschwisterkindern. Hilfreich ist es dann, die Kinder räumlich (im Sitzkreis, beim kreativen Arbeiten) mehr voneinander zu trennen und Kleingruppenarbeit anzubieten. Als Gruppenleitung sollten wir offen sein für neue Anregungen, Vorschläge und Kritik, die Kinder einbringen, und uns deshalb nicht persönlich angegriffen fühlen. Dies hilft, die eigene Arbeit zu reflektieren und weiterzuentwickeln.

Es kommt häufiger vor, dass Kinder sich durch aktuelle, neu entstandene Probleme zusätzlich überlastet fühlen. Deshalb sollten Gruppenleiter bei auffälligen neuen Verhaltensweisen sehr aufmerksam sein und dem betreffenden Kind in unaufdringlicher Art Einzelgespräche während der Gruppenstunde in einem separaten Raum anbieten. Ich habe die Erfahrung gemacht, dass ein solches Angebot gerne angenommen wird und die Kinder sich hier meist schneller öffnen als vor der gesamten Gruppe. Einleiten können wir ein solches Angebot z. B. so: »Mir ist aufgefallen, dass du in der letzten Zeit so still bist und gar nichts mehr hier isst. Ich habe mir gedacht, dass es dir vielleicht nicht gut geht. Wenn du möchtest, können wir gerne nach nebenan gehen und dort alleine zusammen sprechen.« Anschließend sollten wir das Kind fragen, ob es das Thema in der Gruppe ansprechen möchte oder eher nicht.

Kinder, die sich inhaltlich nicht beteiligen, die schweigen und eine innere Teilnahme an der Gruppe verweigern, sollten noch einmal gefragt werden, ob sie tatsächlich freiwillig kommen. In der ersten Stunde des Kennenlernens ist es deshalb wichtig, alle Kinder zunächst mit »leichten Themen und Aktionen« einzubinden. Hierdurch können wir Kindern eine Grundsicherheit in der Gruppe vermitteln. Dann fällt es später leichter, sich auch bei schwierigeren Fragen zu öffnen.

Zudem kommt es vor, dass Kinder »ihre Verluste« höher bewerten als die anderer Kinder. »Ich habe aber meinen Bruder verloren, der war noch jung, dein Opa war schon alt und krank, das ist dann nicht so schwer zu ertragen, er wäre ja sowieso bald gestorben.« Als Gruppenleitung sollten wir solche Kommentare direkt ansprechen und noch einmal deutlich machen, dass jedes Kind aus der Gruppe einen ihm wichtigen Menschen durch den Tod verloren hat und dass dies für jedes Kind eine schmerzliche Erfahrung ist. Zudem sollten wir nachdrücklich erklären, dass wir nicht hier zusammen sind, um zu bewerten, wer einen schwereren Verlust erlitten hat, sondern um uns gegenseitig in der schweren Zeit zu unterstützen.

Ähnlich sollten wir mit Ratschlägen, die Kinder anderen Kindern aufdrängen möchten, umgehen. Auch hier muss deutlich gemacht werden, dass jeder einen einzigartigen Menschen verloren hat. Damit verbunden sind ganz persönliche Erfahrungen und Konsequenzen aus diesem Verlust. Kinder verstehen den Unterschied zwischen aufgedrängten Ratschlägen und der Darstellung persönlicher Erfahrungen, um daraus Möglichkeiten des Umgangs mit eigenen Schwierigkeiten zu gewinnen, meist ganz gut, wenn wir dies erklären. Gleichzeitig sollten wir nicht versäumen zu sagen, dass, wenn der Betreffende es wünscht, auch andere Sichtweisen, Deutungen und denkbare Lösungen eines Problems gerne formuliert werden dürfen.

1.4.6 Kriterien für geeignete Veranstaltungsorte und Räume

Die Räume, in denen Kindertrauergruppen stattfinden, sollten wie die Räume von *Thalita* und *Dellanima* folgenden Gesichtspunkten entsprechen, da diese mit dazu beitragen, dass Kinder sich in der Gruppe wohlfühlen. Die Räume sollten eine klare Struktur haben, d.h. nicht überladen sein und Ordnung und Sicherheit vermitteln. Sie sollten hell und freundlich sein, Geborgenheit und eine angenehme Atmosphäre ausstrahlen. Sie sollten durch ihre Ausstattung Kinder zum Spielen und zu eigenem Tun einladen. Die Räume von Trauergruppen sollten zudem dem Bewegungsbedürfnis von Kindern entgegenkommen. Insgesamt sollten sie benutzerfreundlich gestaltet sein und über einen separaten Eingangsbereich verfügen. Eine Garderobe und Toiletten verstehen sich von selbst. Sitzkreise müssen auf dem Boden mit entsprechenden Unterlagen stattfinden können. Außerdem sollten bei Bedarf zusätzliche Kissen zur Verfügung stehen. Kreative Arbeiten mit den Kindern sollten auf dem Boden und auf stabilen Tischen, an denen mit unterschiedlichsten Materialien gearbeitet werden darf, stattfinden können. Es sollte außerdem die Möglichkeit geben, bei gutem Wetter draußen zu arbeiten. Die Räume von *Thalita* und *Dellanima* verfügen über Schränke, in denen die Materialien und Werkzeuge, die für die Arbeit genutzt werden, aufbewahrt werden. Der Raum sollte für jede Gruppenstunde so vorbereitet werden, dass er bei den Kindern Neugierde darauf weckt, sich mit Hilfe der bereitgestellten Materialien und Werkzeuge zu verschiedenen inhaltlichen Themen auseinanderzusetzen. So kann im Raum für das schöpferische Tun des Kindes eine optimale Umgebung geschaffen werden, in der Selbstbegegnung möglich wird.

Die Helligkeit des Lichts im Raum sollte variabel sein. Die Möglichkeit, das Licht abzudunkeln, ist bei Fantasiereisen, Meditationen oder beim Einsatz von Kerzen hilfreich. Es sollten zudem Möglichkeiten bestehen, mit den Kindern nach draußen zu gehen. Bei *Dellanima* und *Thalita* gibt es ein Außengelände mit der Möglichkeit, in einen nahegelegenen Wald mit umliegenden Wiesen zu gehen oder auch auf einen Spielplatz in der Nähe.

Wichtig ist, dass die Veranstaltungsorte für Trauergruppen verkehrstechnisch gut angebunden und mit privaten und öffentlichen Verkehrsmitteln zu erreichen sind. Interessierten können im telefonischen Vorgespräch Hinweise dazu gegeben werden. Unsere Erfahrungen haben gezeigt, dass viele Kinder und ihre Bezugspersonen oft lange Wege auf sich nehmen, um an den Trauergruppen teilzunehmen, da das Angebot vielerorts noch nicht ausreichend groß oder qualifiziert genug ist.

1.4.7 Rüstzeug für die Gruppenstunden – notwendige Materialien

Eine Liste mit Materialien, die in den Trauergruppen grundsätzlich zur Verfügung stehen sollten, sind im Download-Material zusammengestellt. Neben dem Material für die kreative Arbeit sollten ein CD-Player, ein DVD-Player, evtl. ein Beamer, ein Wasserkocher, eine elektrische Kochplatte, ein Fön und eine Heißklebepistole zur technischen Ausstattung der Gruppe gehören. Notwendig ist zudem ein Erste-Hilfe-Verbandskasten, da es immer einmal zu Verletzungen kommen kann. In den Schränken können außerdem Gegenstände aufbewahrt werden, die als feste Bestandteile zur Gestaltung der Mitte des Gesprächskreises benötigt werden. Dies sind unter anderen z. B. der »Redestein«, ein Knetball, Taschentücher, Tücher, Feuerzeuge, Streichhölzer, Vasen, Kerzen und andere Gegenstände. Verschiedene Spiele sowie Bücher, die sich mit den Themen Tod und Trauer beschäftigen und auf die während der Stunden der Kindertrauergruppe gerne zurückgegriffen wird, sind dort ebenfalls untergebracht. Zudem sollten eine Verkleidungskiste und Spielsachen, die Rollenspiele ermöglichen, vorhanden sein.

- *Material- und Ausstattungsliste: Informationen Allgemein / MD10*

1.5 Vorgespräch – Informationsabend – Anmeldung

1.5.1 Vorgespräch mit Kindern und Bezugspersonen

Ein ausführliches Vorgespräch ohne das betroffene Kind zur Einschätzung der Situation des Kindes, das an einer Trauergruppe teilnehmen möchte, ist eine aus meiner Sicht wichtige Voraussetzung für eine qualifizierte Unterstützung. Wir führen dieses Informations- und Beratungsgespräch mit den Bezugspersonen, die ihr Kind zu einer Kindertrauergruppe anmelden möchten, in den Räumen des Instituts *Dellanima*. Im Institut *Dellanima* findet keine Begleitung ohne ein eingehendes Vorgespräch statt. Ich bin der Auffassung, dass erst nach einem ausführlichen Vorgespräch eine Einschätzung vorgenommen werden kann, welche Unterstützungsangebote für das betroffene Kind und das System Familie geeignet und hilfreich sein können. Das Vorgespräch erfüllt verschiedene Funktionen: Es dient dem Kennenlernen und erfragt die Motivation zur Anmeldung. Wir gewinnen einen ersten Überblick über die Kinder, die an der Gruppe teilnehmen wollen, und über eine mögliche Gruppenstruktur. Das Gespräch soll dazu dienen, sich kennen zu lernen und zu schauen, ob die Bezugsperson sich vorstellen kann, dass ihr Kind in dem vorgestellten Rahmen an der Gruppe teilnimmt. Das Konzept und die Thematik der Kindertrauergruppe werden erläutert. Es gibt Raum für Fragen und die Gruppenräume können besichtigt werden. Auch die Anamnese zur jeweiligen Situation der einzelnen Kinder kann erstellt werden. Grundinformationen dieses Vorgesprächs erhalten alle Leiter/-innen der Kinder- und Bezugspersonengruppe vor der ersten Gruppenstunde.

1.5.2 Entscheidungshilfen für die Teilnahme an einer Trauergruppe

Bezugspersonen müssen klar darüber informiert werden, was eine Trauergruppe leisten kann und was nicht. Viele Bezugspersonen erhoffen oder erwarten von der Trauergruppe, dass ihre Kinder nach Beendigung der Gruppe mit ihrer Trauer abgeschlossen haben und dass wieder vieles so ist wie vor dem Verlust. Es ist deshalb wichtig zu betonen, dass die Trauer sich wandeln wird, dass sie aber ein langer Prozess ist, der sich mit der Entwicklung der Kinder ändern wird. Um falsche Erwartungen und spätere Enttäuschungen schon im Vorfeld zu verhindern, weisen wir bereits jetzt darauf hin, dass die Kinder in der Trauergruppe viele Möglichkeiten haben, sich mit ihrer Trauer auseinanderzusetzen und den Verlust in ihr verändertes Leben nach und nach zu integrieren, dass die Trauer der Kinder mit der letzten Gruppenstunde aber nicht beendet sein wird. Insofern ist das Vorgespräch eine gute Möglichkeit, um zu erfahren, welche Motivation die Bezugspersonen haben, das Kind in einer Kindertrauergruppe anzumelden.

Im Vorgespräch wird explizit betont, dass nur Kinder aufgenommen werden, die freiwillig die Trauergruppe besuchen möchten. Wird im Vorgespräch klar, dass die Eltern oder Bezugspersonen Druck auf die Kinder ausüben, um sie zu einer Teilnahme zu drängen, lehnen wir eine Aufnahme des Kindes ab und weisen auf die Möglichkeit hin, beim ersten Treffen unverbindlich dabei zu sein, damit die Kinder selbst über eine Teilnahme entscheiden können.

1.5.3 Wissenswertes zum jeweiligen Kind erfragen

Im Vorgespräch werden nicht nur die Formalitäten (Name, Adresse, Kontaktdaten, Geburtstag usw.) aufgenommen. Man sollte auch versuchen, ein möglichst umfassendes Bild des Kindes, seiner familiären Situation und seines bisherigen Umgangs mit seiner Trauer zu erhalten, damit eine Entscheidung darüber getroffen werden kann, welche Form der Unterstützung für das Kind angebracht ist. Wesentlich ist ebenfalls, von der Bezugsperson zu erfahren, ob ihr Kind sich grundsätzlich in einer Gruppe wohlfühlt und sich integrieren kann.

1.5.4 Gruppenstruktur im Blick haben

Wichtig ist das Vorgespräch zudem, um später eine möglichst günstige Gruppenstruktur zusammenstellen zu können. Gibt es z. B. ein Kind, das einen Angehörigen durch Suizid verloren hat, ist es vorteilhaft, ein weiteres Kind aufzunehmen, das dieselbe Erfahrung machen musste, damit sich das andere nicht wie ein »Sonderling« innerhalb der Gruppe fühlt. Dies gilt auch hinsichtlich des Verhältnisses zum Verstorbenen, z. B. sollte ein Kind, das Vater oder Mutter verloren hat, ein Kind in der Gruppe finden, das ähnliche Erfahrungen machen musste.

Bezüglich der Gruppenstruktur bei verschiedenen Todesursachen oder Verlusten kann es keine pauschalen Bewertungen geben. Manchmal entsteht der Eindruck, dass es Kindern guttut, wenn andere Kinder in der Gruppe sind, die Angehörige durch ganz ähnliche Todesarten verloren haben wie sie selbst, manchmal scheint es gerade hilfreich, wenn nicht alle nahestehenden Menschen durch die gleiche Todesart gestorben sind. Sicherlich spricht einiges dafür, Trauergruppen nach Verlustart – Suizid, plötzlicher Tod oder lange Krankheit – oder nach Bindungskriterien wie Geschwisterverlust, Verlust eines Elternteils oder Merkmalen wie Mädchentrauergruppe, Jungentrauergruppe zu gestalten. Um derartige Angebote ergänzend qualifiziert und verantwortlich anbieten zu können, bedarf es einiger struktureller und personeller Voraussetzungen.

Kinder im Alter von 6 bis 13 Jahren in einer Gruppe zu haben ist meist kein Problem. Die Erfahrung hat gezeigt, dass Kinder unterschiedlicher Altersstufen sich gegenseitig bereichern. Jüngere Kinder ermutigen ältere Kinder häufig, sich zu besonders schweren Themen zu äußern. Ältere Kinder unterstützen jüngere Kinder vielfach bei den kreativen Angeboten.

Manchmal sind Dreizehnjährige mental und psychisch allerdings schon recht weit in ihrer Entwicklung, sodass eine Gruppe für Jugendliche und junge Erwachsene für sie in jedem Fall adäquater wäre.

Entsteht der Eindruck, dass ältere Kinder sich erwachsener fühlen und reifer denken, sollten wir sie auch so ansprechen. Dann empfiehlt sich, darauf zu achten, in der Ansprache die Jugendlichen auch so zu benennen und die Trauergruppe als die »Gruppe der Kinder und Jugendlichen« zu bezeichnen. Impulse und kreative Angebote werden dann in Varianten für Kinder und Jugendliche bereitgehalten.

Der Übergang vom Kind zum Jugendlichen ist individuell und fließend. Er kann nicht durch eine Altersangabe gekennzeichnet werden. Deshalb wird es in den Trauergruppen immer wieder vorkommen, dass wir Kinder und Jugendliche gemeinsam begleiten. Auf diesen Fall sollten wir uns vorbereiten und entsprechende Angebote machen können.

Gleichwohl bin ich der Auffassung, dass es unbedingt spezielle Angebote für Jugendliche geben muss. Wir können zwar auch in Einzelgesprächen begleiten, aber es fehlt dann der wichtige Aspekt des Austauschs mit anderen Gleichaltrigen. *Hansjörg Znoj* bestätigt diese Beobachtung: »Je nach Entwicklungsalter trauern Kinder und Jugendliche anders.« Er bemerkt zudem, dass Kinder und Jugendliche »je nach Entwicklungsalter unterschiedliche Kapazitäten haben, den Verlust zu erfassen und damit umzugehen«.

Deshalb haben Jugendliche oft andere Bedürfnisse auf ihrem Weg der Trauer als Kinder. Ihr Todesverständnis hat sich dem von Erwachsenen angeglichen und sie können verbal wie kognitiv die Bearbeitung des Verlusts anders angehen als Kinder. *Dellanima* bietet trauernden Jugendlichen einmal monatlich ein offenes Trauer-Café an. Hier können sie sich zusammenfinden, sind terminlich jedoch nicht gebunden. Es werden inhaltliche und kreative Impulse angeboten. Das Trauer-Café wird von festen Ansprechpartnern betreut und soll den Bedürfnissen von Jugendlichen auch im Zusammenhang mit Medien wie Film, Musik, Handy, Internet etc. entsprechen.

Geschwister in der Gruppe

Geschwister in einer Gruppe? Auch diese Frage taucht immer wieder auf. Es liegen positive und weniger positive Erfahrungen mit Geschwisterkindern in einer Gruppe vor. Sind Geschwister in einer Gruppe, kann dies den Trauerprozess in der Familie und die Kommunikation der Geschwister untereinander günstig beeinflussen. Gleichzeitig muss die Gruppenleitung darauf achten, dass jeder individuell gesehen wird. Wir erleben einerseits: Geschwister, die für den anderen antworten, lassen dem anderen keinen Raum, zeigen aggressives Verhalten untereinander oder werten sich gegenseitig ab. Andererseits erleben wir bei Geschwistern auch Unterstützungsverhalten, Ermutigungen und Verständnis füreinander. Im Verlauf der Gruppenstunden ist häufig eine Veränderung der Beziehung der Geschwister zueinander zu beobachten. Für die Gruppenleitung erfordert die Teilnahme von Geschwistern immer eine sehr konzentrierte und wachsame Beobachtung und verlangt teilweise nach individuellen Handlungsweisen. Hierzu zählen z. B. Kleingruppenarbeit, in der Geschwister getrennt, individuell begleitet werden können, eventuell eine direkte oder indirekte Beeinflussung der Sitzordnung oder andere der besonderen Situation angepasste Interventionen.

1.5.5 Komplizierte Trauerprozesse erkennen und Ausschlusskriterien beachten

Äußerst wichtig ist es, beim Vorgespräch genau zu prüfen, ob es Hinweise gibt, die auf komplizierte oder traumatische Trauerprozesse (vgl. dazu oben S. 54 f.) deuten, oder ob andere Kriterien vorliegen, die gegen die Aufnahme eines Kindes in die Trauergruppe sprechen könnten. Ausschlusskriterien sind für uns: eine psychische Erkrankung, die Einnahme starker Medikamente, schwere Verhaltensstörungen, Suchtverhalten, stark regressives Verhalten, schwere unbearbeitete Vorverluste, unaufgelöstes Trauma, Kinder, die noch mit dem »Überleben« im Alltag beschäftigt sind, starke emotionale Äußerungen, Suizidgedanken des Kindes, Kinder, die Missbrauch oder Gewalt in der Familie erfahren haben, Kinder mit Missbraucherfahrung, Drogen- oder Alkoholmissbrauch in der Familie, die starkes Aggressionsverhalten zeigen, sowie Kinder, die den Besuch einer Trauergruppe strikt ablehnen.

Hinweise auf komplizierte Trauerprozesse können zudem sein: eine ambivalente Beziehung zum Gestorbenen, Tod der nahestehenden Person durch Gewalt, ungeklärte Todesumstände, das Kind war Zeuge eines gewaltsamen Todes (dies kann auch ein Unfall sein), nicht betrauerte Vorverluste (auch Trennung der Eltern), Kind hat entstellte Leiche gefunden, Mehrfachverluste (mehrere nahestehende Personen sind gestorben). Zudem können starke einseitige religiöse oder kulturelle Prägungen, stigmatisierende Todesumstände, ein fehlendes soziales Netzwerk oder auch ein plötzlicher Tod komplizierte Trauerprozesse auslösen. Kinder, die einen komplizierten Trauerprozess durchleben oder bei denen die genannten Ausschlusskriterien zur Anwendung kommen, benötigen in der Regel eine qualifizierte Einzeltrauerbegleitung und/oder eine fachärztliche Therapie bzw. Traumatherapie.

Gruppenangebote können zudem eingeschränkt oder auch gar nicht geeignet sein für Kinder, bei denen zusätzlich zum Verlust massive Probleme in der Familie, im sozialen Umfeld, Mehrfachverluste, stigmatisierende Todesumstände oder schwere unbearbeitete Verluste (Trennung der Eltern, Tod der Großeltern) vorliegen. Diese Kinder benötigen dann möglicherweise eine Einzelbegleitung, eine Trauertherapie und/oder fachärztliche Behandlung. Die Einschätzung sollte jedoch immer individuell erfolgen und innere, extreme, systemische Ressourcen sowie physische und psychische Symptome einbeziehen.

Im Vorfeld sollten deshalb unbedingt notwendige Informationen erfragt werden, um die Situation des Kindes möglichst genau einschätzen zu können und Bedürfnisse zu erkennen. Das Erfragen der Informationen sollte sehr behutsam und der betroffenen Bezugsperson angepasst erfolgen. Betroffene dürfen sich nicht wie in einem Verhör fühlen, deshalb sollten nur die wesentlichen Daten (Adresse, Telefon ...) sofort mitgeschrieben werden; der übrige Gesprächsverlauf kann aus dem Gedächtnis protokolliert werden.

In meiner intensiven Arbeit mit trauernden Kindern haben sich für mich zentrale Fragen herauskristallisiert, die eine Einschätzung erleichtern. Daraus habe ich den sich im Download-Material befindlichen Anamnesebogen entwickelt, der sich in der praktischen Arbeit bewährt hat. Unter anderem finden sich dort z. B. Fragen nach: der Todesursache, Vorverlusten, nicht bearbeiteten Verlusten, Abschied, zum Lebensumfeld des Kindes, zur Grundversorgung des Kindes usw.

- *Material: Informationen Allgemein / Dellanima-Anamnesebogen: MD7* (bitte beachten Sie das Copyright!)

Einen ähnlichen Bogen habe ich bereits 2012 auch für Erwachsene entworfen. Die Anwendung in der Praxis seit nunmehr fünf Jahren zeigt, dass die dort gewonnenen Informationen eine hilfreiche, bedürfnisorientierte, individuelle Unterstützung ermöglichen und aus meiner Sicht Voraussetzung einer professionellen Begleitung sein müssen.

1.5.6 Gruppengröße und Alter der Kinder in der Gruppe

Das Angebot richtet sich an Kinder, die ein Elternteil, ein Geschwisterkind oder einen anderen für sie wichtigen Menschen verloren haben. Wie lange der Tod dieses Menschen zurückliegt, ist für die Teilnahme an der Gruppe nicht ausschlaggebend. In den Gruppen sind die Kinder zwischen sechs und 13 Jahre alt. Innerhalb der Gruppe wird mit den Kindern zeitweise ihrem Alter und ihren Bedürfnissen entsprechend einzeln oder in Kleingruppen gearbeitet. Die Gruppengröße liegt bei sechs bis acht, maximal zehn Kindern, je nach deren Lebenshintergrund. Die Erfahrung hat gezeigt, dass diese Gruppengröße ausreichenden Raum für die einzelnen Kinder lässt, sodass jedes mit seinen Bedürfnissen im Gruppenprozess zur Geltung kommen kann.

1.5.7 Informationsabend nach dem Vorgespräch

Ist eine Gruppe zusammengestellt, werden die Bezugspersonen zu einem Informationsabend eingeladen. An diesem Abend wird die Arbeit in der Kindertrauer- und der Bezugspersonengruppe vorgestellt, und die Bezugspersonen haben Gelegenheit, sich kennen zu lernen.

Am Informationsabend können zudem zusätzliche Unterstützungsangebote vorgestellt werden. Zugleich weisen wir auf die telefonische Erreichbarkeit der Gruppenleiter hin, die jederzeit für Fragen zur Verfügung stehen. Auch machen wir das Angebot, neben den Bezugspersonentreffen bei Bedarf Einzelbegleitung in Anspruch zu nehmen.

1.5.8 Zeitlicher Rahmen

Wir sind nicht der Meinung, dass Kinder nach dem Besuch einer Trauergruppe mit ihrer Trauer abgeschlossen haben. Vielmehr möchten wir ihnen ein Leben mit der Trauer ermöglichen. Das System Familie möchten wir dabei unterstützen, Wege zu finden, miteinander sowie individuell zu trauern. Die Kommunikation dazu soll angeregt werden. Zehn Treffen sowie begleitende systemische Arbeit können ausreichend sein, um diese Ziele durch die intensive Beschäftigung mit der Trauer zu erreichen. Bei Bedarf kann selbstverständlich auch nach dem Besuch der Trauergruppe weitere Unterstützung angeboten werden; unser Ziel mit diesem Konzept ist die »Hilfe zur Selbsthilfe«. Durch die in der den Bedürfnissen angepassten Begleitung gewonnene Stabilität haben die Kinder und auch die Begleitpersonen eine gute Basis für die weitere persönliche Arbeit an ihrer Trauer.

Es kann auf Grund des Trauerprozesses durchaus notwendig sein, dass Kinder auch mehrere Trauergruppenzyklen besuchen. Daher prüfen wir nach jedem Zyklus den individuellen Bedarf des Kindes und der Familie. Zudem kommt es vor, dass Kinder ein zweites Mal in die Gruppe kommen, wenn sich ein neuer Verlust ereignet hat. Geschwisterkinder besuchen die Trauergruppen manchmal versetzt, was z. B. dann sinnvoll sein kann, wenn ein Geschwisterkind noch sehr jung war, als der Verlust eintrat.

1.5.9 Kosten – Dokumentation – Statistik

Wir erheben einen geringen Kostenbeitrag pro Teilnehmer und Terminreihe. Von diesem Betrag werden die Materialkosten gedeckt. Die Finanzierung der Arbeit erfolgt im Übrigen durch Spenden und die Träger. Die Erhebung der Teilnahmegebühr ist symbolisch, als persönlicher Beitrag zur Gruppe zu sehen und soll gleichzeitig zur regelmäßigen Teilnahme motivieren. Er kann in Fällen, in denen Familien diesen Beitrag nicht leisten können, aufgehoben werden.

Die Arbeit in Kindertrauergruppen statistisch, dokumentarisch und analytisch-bewertend zu begleiten ist wichtig. Statistik, Dokumentation und Evaluation tragen zum Verständnis des einzelnen Kindes, zur Verbesserung des individuellen Angebots und zu einem immer besseren Verständnis der Gesamtsituation trauernder Kinder, ihrer Familien sowie zu einer Verbesserung der entsprechenden Angebote bei.

Nur aussagekräftige Statistiken geben langfristig Auskunft über wesentliche Fragen wie: Alter und Geschlecht der Kinder bei Eintreten des Verlustes, Alter beim Eintritt in die Trauergruppe, Bindung zum Gestorbenen, Todesverständnis vor dem Verlust, Vorverluste, Erfahren der Todesnachricht, Abschied, Trauerreaktionen, Verlustart usw. Diese Daten können Grundlage systematischer Studien sein, die wiederum die Arbeit mit trauernden Kindern verbessern können. Deshalb schlage ich vor, eine Statistik zu diesen Fragen in jeder Kindertrauergruppe zu erstellen. Ein Entwurf für einen Statistikbogen findet sich im Download-Material.

- *Material: Informationen Allgemein / Dellanima-Statistikbogen: MD8*

1.5.10 Dokumentationen zur Gruppe und zu den einzelnen Kindern

Aus meiner Praxiserfahrung kann ich sagen, dass es nicht nur hilfreich ist, sich nach jeder Gruppenstunde im Team auszutauschen und das weitere Vorgehen mit der Gruppe zu planen, sondern zuerst wichtig ist, ergänzend für sich selbst Notizen zur Gruppenstunde und zu einzelnen Kindern anzufertigen. Wesentliche Punkte und Fragen können stichpunktartig notiert werden, um diese präsent zu halten und eventuell in einem anderen Zusammenhang noch einmal aufzugreifen. Manches wird durch diese bewusste Nacharbeitung erst deutlich, oder es eröffnen sich andere Aspekte oder Wahrnehmungen. Zudem kann ein Nachlesen der Notizen vor der nächsten Gruppenstunde hilfreich sein, um sich »den letzten Stand der Gruppe« wieder bewusst zu machen. Manchmal haben die Kinder auch von Dingen erzählt, die vor ihnen liegen. An diese erinnern die eigenen Notizen, und man kann die Erzählungen der Kinder wieder aufnehmen, indem man danach fragt oder eventuell sogar inhaltliche Impulse oder das kreative Angebot darauf abstimmt. Mit Hilfe der eigenen Notizen lassen sich auch Gruppenprozesse leichter verfolgen und nachvollziehen. Ein Entwurf für einen Dokumentationsbogen findet sich im Download-Material.

- *Material: Informationen Allgemein / Dellanima-Dokumentationsbogen: MD9*

1.5.11 Kritische Selbstreflexion nach den Gruppenstunden

Um ein qualitativ gutes Angebot zu bieten, sollte das eigene Tun außerdem durch eine ständige Reflexion der eigenen Arbeit (Evaluation) verbessert werden. Evaluationen dienen dazu, die eigene Arbeit in Bezug auf das einzelne Kind der Gruppe, aber auch im Blick auf den Prozess der Begleitung zu analysieren und zu bewerten. Hier sind besonders Rückmeldungen, die Kinder geben, hilfreich, um das eigene Tun zu reflektieren, bestehende Strukturen zu überdenken und Veränderungen zu ermöglichen. Rückmeldungen bekommt man leicht, wenn man den Kindern kreative Angebote macht wie etwa die folgenden oder auch in einer moderierten Gesprächsrunde.

Kreative Schlussrunde
- *Emotionskarten – Fotokarten: Foto auswählen und in der Gruppe den Bezug zur Zeit in der Trauergruppe erläutern*
- *Bild malen: Was hat mir gutgetan in der Trauergruppe, was nicht?*
- *Text gestalten: Was hat mir gutgetan in der Trauergruppe, was nicht?*

Moderierte Gesprächsrunde
- *Hat sich deine Trauer seit Beginn der Trauergruppe bis heute verändert?*
- *Wenn ja, was hast du festgestellt?*
- *Kannst du dich an die Themen der Gruppenstunden erinnern?*

- *Welche Gruppenstunde war für dich besonders wichtig?*
- *Gibt es noch offene Fragen?*
- *Was hättest du dir noch gewünscht?*
- *Was nimmst du mit, was lässt du hier?*

2 Das DellTha-Konzept im Hinblick auf die Traueraufgaben nach J. W. Worden – Grundsätze der Begleitung

Kinder dabei zu unterstützen, die »Traueraufgaben« zu bewältigen, ist das Grundanliegen des Kindertrauergruppenkonzepts *DellTha*. In allen Gruppenstunden werden die von J. W. Worden formulierten Traueraufgaben immer wieder in neuen Formen aufgegriffen und den Kindern zur »Bearbeitung« angeboten.

Aus den vier von J. W. Worden formulierten Aufgaben für Trauernde können die »Grundsätze« der Begleitung abgeleitet werden. J. W. Worden selbst formuliert zehn solcher Grundsätze der Beratung. *K. Lammer* übersetzt die von J. W. Worden formulierten Aufgaben, die Trauernde zu bewältigen haben, in die Aufgaben der Trauerbegleitung. Beide Ansätze möchte ich hier mit einbeziehen und kurz aufzeigen, welche Aspekte der Begleitung wir in der Kindertrauergruppe mit unserem Konzept realisieren können.

Es ist zuvor jedoch zu fragen, ob die Traueraufgaben, die sich Erwachsenen stellen, so einfach auf die Kinder übertragen werden können. J. W. Worden bemerkt dazu, dass »sich dem Kind dieselben Aufgaben stellen wie dem Erwachsenen«; die Bearbeitung der Aufgaben müsse aber der kognitiven, personalen, sozialen und emotionalen Entwicklung des Kindes gemäß modifiziert werden. In der Praxis ist es allerdings nicht immer leicht, die individuelle Entwicklung, die vergangene, aber auch die aktuelle Lebensgeschichte der Kinder sowie die Bedürfnisse der Gesamtgruppe zu erkennen und den daraus sich ergebenden Einzel- wie Gruppenbedürfnissen nachzukommen.

Wenn die Kinder die Gruppe verlassen, bedeutet dies nicht – wie oben schon betont –, dass alle Aufgaben erledigt und abgearbeitet sind. Durch unsere Arbeit können die Kinder ihr individuelles »Handwerkszeug« entdecken, um mit Verlustsituationen umgehen zu lernen und den erlebten Verlust in ihr Leben zu integrieren. Beendet ist der Trauerprozess damit nicht. Gerade weil Kinder in der Entwicklung sind, werden sie sich mit zunehmendem Alter immer wieder neu und ihren Fähigkeiten entsprechend mit dem Verlust auseinandersetzen. Denn wie Worden selbst sagt, kann Trauer einerseits ein Ende finden und hört andererseits doch nie auf.

2.1 Den Verlust als Realität akzeptieren

Der Tod ist zunächst häufig etwas sehr Unwirkliches, Unfassbares, etwas, was kaum vorstellbar ist. Aus der Aufgabe für den Trauernden, »den Verlust als Realität zu akzeptieren«, folgt für uns als Kindertrauerbegleiter die Herausforderung, den Kindern die Realität des Todes deutlich wahrnehmbar zu machen. J. W. Worden bemerkt, dass der Berater ein geduldiger Zuhörer sein und den Betroffenen ermuntern sollte, über den Verlust zu sprechen. Diesen Anspruch J. W. Wordens können wir mit der Kindertrauergruppe erfüllen, wenn wir sorgfältig darauf achten, in Sprache und Gestaltung der Arbeit dem Kind gemäß und seiner Situation entsprechend zu agieren. Die Aufgabe, Kinder dabei zu unterstützen, den Verlust mit eigenen Sinnen wahrzunehmen, können wir in einer Trauergruppe allerdings nur bedingt erfüllen, da Kinder meist Wochen, Monate oder Jahre nach dem Verlust in die Trauergruppe kommen und ein direktes sinnliches Begreifen des Verstorbenen dann nicht mehr möglich ist. Durch das Arbeiten mit Erinnerungsgegenständen, durch eine klare Sprache, visuelle Informationen zum Thema Tod und in Begegnungen in der Natur können wir Kindern trotzdem eine sinnliche Erfahrung zu Sterben und Tod vermitteln.

2.2 Den Schmerz verarbeiten

Bei der zweiten Traueraufgabe geht es nach J. W. Worden darum, den Schmerz des Verlusts zu verarbeiten. Deshalb steht das zweite Gruppentreffen explizit unter dem Thema »Gefühle«. Wie wir wissen, sind Gefühle in der Trauer bei Kindern oft sprunghaft, schwankend und können plötzlich wechseln. Sie reichen von Heiterkeit, manchmal auch Albernheit bis zu Wut, Aggression, tiefer Traurigkeit. Diese Aspekte der Trauer begegnen uns in den Trauergruppen immer wieder; damit umzugehen, dem einzelnen Kind sowie der Gruppe gerecht zu werden stellt häufig eine Herausforderung an die Leitung dar. Oft ist bei den Kindern eine regelrechte Erleichterung zu spüren, wenn wir erklären, dass alle Gefühle in der Trauer ihre Berechtigung haben und sie sich dieser Gefühle auch nicht schämen müssen. Der aus dem Traueraufgaben-Modell hervorgehende Anspruch ist es, die Gefühle der Kinder zu akzeptieren, ihnen Möglichkeiten zu eröffnen, eigene Gefühle wahrzunehmen, mit ihren Gefühlen in Berührung zu kommen, sie zu benennen, ihnen Raum zu geben, zu lernen, sie selbst zu kontrollieren und zu kanalisieren.

J. W. Worden benennt für Trauernde problematische Gefühle wie Wut, Schuld, Angst, Hilflosigkeit und Einsamkeit. Wut findet seiner Meinung nach ihren Ursprung in Frustration und regressiver Hilflosigkeit, benötigt aber in jedem Fall ein Ventil. Wut auf die verstorbene Person wird nicht immer als solche erkannt. Sie kann dann auf andere Personen oder gegen sich selbst gerichtet werden. Eine Anpassung an ein Leben ohne den Verstorbenen kann aber nur dann erfolgen, wenn Wut auf den Verstorbenen zugelassen wird. Deshalb halten wir vielfältige Möglichkeiten bereit, damit Kinder sich mit Wut und Aggression auseinandersetzen können.

Die Themen Gefühle und Trauerschmerz tauchen in anderen Gruppenstunden gleichfalls immer wieder auf. So ist die dritte Gruppenstunde »sich erinnern« eng mit dem Themenkomplex Gefühle verknüpft. Beim Betrachten der mitgebrachten Fotos oder der mit dem Gestorbenen verbundenen Gegenstände kommen meist sehr vielfältige und intensive Gefühle zum Ausdruck. In diesem Zusammenhang bekommen Gruppenleiter zudem oft zusätzliche Informationen über das Verhältnis zu den Gestorbenen oder erhalten für die Arbeit andere wesentliche Hinweise.

Die Traueraufgabe, den »Schmerz zu verarbeiten«, kann in den Kindertrauergruppen mit dem DellTHa-Konzept und den darin enthaltenen kreativen, körperlichen und inhaltlichen Angeboten gut unterstützt werden. K. Lammer formuliert die darin liegende Aufgabe für die Trauerbegleiter so: »Trauernden helfen, ausgedrückte und latente Affekte zu bearbeiten.« J. W. Worden drückt dies folgendermaßen aus: »Trauernden helfen, Gefühle zu benennen und zuzulassen.« Kinder äußern ihre Gefühle zu Hause oft nicht, um ihre Angehörigen zu schonen. Auch in der Schule und im Freundeskreis gibt es für die betroffenen Kinder kaum die Möglichkeit, ihre Gefühle in der Trauer wahrzunehmen und sie auszudrücken. Kommt es zu Gefühlsäußerungen, bleiben diese oft unverstanden. Häufig unterdrücken beide Seiten, Kinder wie Bezugspersonen, ihre Gefühle, weil sie sich gegenseitig schonen wollen. Im geschützten Raum der Trauergruppen nehmen die Kinder die Gelegenheit, ihre Gefühle auszudrücken, meist sehr intensiv wahr. Häufig erzählen Bezugspersonen im Vorgespräch, dass das Kind wahrscheinlich sehr still und zurückgezogen reagieren wird; die Erfahrung zeigt nahezu immer genau das Gegenteil. Es fällt den Kindern oft leichter, mit neutralen Personen in einem geschützten Rahmen über ihre Gefühle zu sprechen, als mit ihren selbst betroffenen Angehörigen.

2.3 Sich an die Welt ohne die verstorbene Person anpassen

Die Anpassung an die neue Lebenssituation bzw. das Sichzurechtfinden in ihr wird von vielen Kindern als sehr anstrengend und schmerzhaft erlebt. Die Aufgabe der Trauerbegleiter nach K. Lammer, die aus dieser Situation erwächst, heißt: »Trauernden helfen, Hindernisse der Wiederanpassung zu überwinden.« J. W. Worden fasst die Aufgabe für den Begleiter noch weiter, indem er betont: »Trauernden helfen, ohne die verstorbene Person weiterzuleben.« Bei J. W. Worden geht es nicht nur um Hindernisse der Wiederanpassung, sondern generell um das Leben/Überleben in einer Welt ohne den Verstorbenen. Auf dem Hintergrund von Fragen wie: »Wie habe ich den Tod erlebt?«, »Was hat sich seit dem Tod für mich verändert?«, »Wer bin ich jetzt?« und »Was tröstet mich?«, »Wo lasse ich meine Ängste und Sorgen?« setzen wir uns mit eben dieser Aufgabe auseinander.

Eng hiermit verbunden ist der vierte Grundsatz für Begleiter bei J. W. Worden: »Trauernden zu helfen, Sinn neu zu formulieren«. In der Kindertrauergruppe tragen moderierte Gesprächsrunden zum Thema »Warum?« zur Neuorientierung in der persönlichen Rolle und zur Stärkung der eigenen Ressourcen zu einer Auseinandersetzung mit der Suche des Lebenssinns bei.

Das Sichzurechtfinden in einer Umwelt ohne den Verstorbenen impliziert oft eine neue Ausrichtung zu anderen Menschen hin, den Erwerb neuer Fähigkeiten und erfordert Bewältigungsstrategien. Möglicherweise verändert sich der Alltag des Kindes, weil nun andere Menschen für es sorgen, oder ein Umzug erfordert eine Neuorientierung in einem fremden sozialen Umfeld. In der Trauergruppe können diese neuen Schritte begleitet, Probleme oder Ängste in diesem Zusammenhang besprochen und lebenspraktische Unterstützungsangebote gemacht werden. Für ein

Problem können verschiedene Lösungsmöglichkeiten erarbeitet, Informationen zu praktischer Hilfe angeboten (Hausaufgaben, Schule, Träume, Hobbys, Lebensumfeld …) sowie Informationen zum Trauerprozess gegeben werden. Überdies können Kinder wie Bezugspersonen in der Trauergruppe neue Freundschaften schließen; dies kann eine Hilfe für das Weiterleben ohne den Verstorbenen sein, zumal für in der Trauergruppe geschlossene Freundschaften der Verlust kein Tabuthema ist.

Nach J. W. Worden ergibt sich aus dieser Traueraufgabe für die Begleitung der Grundsatz, die Bewältigungsstile zu hinterfragen. Es geht darum, dass Begleiter Trauernde dazu anregen, ihre Strategien, den Verlust zu bewältigen, kritisch zu betrachten. Bei Erwachsenen, Jugendlichen und jungen Erwachsenen können Alkohol, Drogen oder Medikamentenmissbrauch die Gefühle von Trauer verstärken oder unterdrücken und den Trauerprozess behindern. Kinder können ihre Gefühle ausblenden, den Verlust verleugnen, sich zurückziehen und damit eine vermeidend-emotionale Strategie verfolgen, die auf Dauer jedoch nicht hilfreich ist. Worden stellt heraus, dass der aktiv-emotionale Bewältigungsstil wahrscheinlich am hilfreichsten ist, wenn z. B. akute Trauer verkraftet werden muss. Geprägt ist dieser Stil im Umgang mit dem Verlust von Fähigkeiten, schwierige Situationen neu zu definieren, Emotionen zu regulieren und angebotene Unterstützung anzunehmen. Gleichzeitig gehört für J. W. Worden eine gewissen Art von Humor dazu. Kinder können in der Trauergruppe neue Sichtweisen und Deutungen ihrer Situation finden und lernen, ihre Gefühle selbst zu kontrollieren und zu kanalisieren. Gleichfalls sollten nach Worden problemorientierte Bewältigungsstile eingesetzt werden, um sich im Leben ohne den Verstorbenen mit seinen neuen Anforderungen, Umstellungen und Rollen zurechtzufinden.

Wichtig ist dabei aber auch, die Kinder erfahren zu lassen, dass Ablenkung und Pausen des Trauerns sein dürfen, dass sie notwendig sind, um Kraft zu schöpfen. Kinder müssen in der Trauergruppe erfahren, dass sie ohne schlechtes Gewissen lachen und spielen dürfen und dass dies kein Zeichen von mangelnder Liebe zum Verstorbenen ist. Die Auseinandersetzung mit dem Verlust, aber auch die Beschäftigung mit anderen Dingen ist gleichbedeutend wichtig für die Bearbeitung des Verlusts.

2.4 Eine dauerhafte neue Verbindung zu der verstorbenen Person inmitten des Aufbruchs in ein neues Leben finden

Aus der vierten von J. W. Worden formulierten Traueraufgabe erwächst nach K. Lammer für den Trauerbegleiter folgende Aufgabe: »Trauernde ermutigen, sich angemessen zu verabschieden und sich guten Gewissens wieder dem Leben zuzuwenden«. Worden selbst formuliert diesen Grundsatz folgendermaßen: »Trauernden helfen, die verstorbene Person emotional neu zu verorten«. Kinder müssen den Verstorbenen nicht aufgeben, sondern eine neue Art der Bindung finden, die es ihnen ermöglicht, ihr eigenes Leben zu lieben, zu leben und auch neue Beziehungen zu knüpfen. Deshalb muss für den Verstorbenen ein neuer Platz gefunden werden. Kinder fühlen wie Erwachsene oft eine Zerrissenheit in Bezug auf den neuen Platz. Einerseits erkennen sie, dass sich ihre Welt verändert hat, neue Lebensbedingungen herrschen, andererseits möchten sie an der gemeinsamen Vergangenheit mit dem Gestorbenen festhalten. Neue positive Plätze können helfen, diesen Zwiespalt zu lösen. Der Tod wird anerkannt, der Verstorbene kehrt nicht zurück, aber Vermächtnisse und Verbindungen zum Gestorbenen können gepflegt werden und stärken den Trauernden. Jenseitsvorstellungen, spirituelle Plätze werden von Kindern als hilfreich empfunden, weil sie ein fortgesetztes Verbundensein mit dem Gestorbenen darstellen.

In der Kindertrauergruppe können Rituale, die den Aufbau der neuen Bindung fördern, erarbeitet und praktiziert werden, z. B. das Gestalten und/oder Anzünden einer Kerze. So können Kinder den Gestorbenen in ihr weiteres Leben einschließen.

Unsere Themenstunden: »Wo sind die Verstorbenen jetzt?«, »Wie stelle ich mir das Danach vor?«, das Gruppentreffen »Hoffnung« und auch der Abschied und Abschluss sind mit diesen Aufgaben der Begleitung verknüpft. Indem Kinder z. B. angeregt werden zu malen, an welchem Ort nach ihrer Vorstellung die Verstorbenen jetzt sein könnten, bekommen die Verstorbenen einen neuen Platz in den Jenseitsvorstellungen, aber auch im realen Leben. Neue Plätze gestalten sich sehr unterschiedlich und individuell. Ein neuer Platz kann ein Erinnerungsplatz in der Wohnung oder im Haus sein, er kann das Grab sein oder die Schatztruhe oder die Fotorahmen, die Kinder in der Gruppe gebastelt haben.

Die Jenseitsvorstellungen von Kindern reichen von Fußballplätzen über Eishimmel, Lebensfäden, Traktorenhallen, Inseln, Gottes Himmelreich bis hin zu Vorstellungen von Wiedergeburt. In den Gesprächen über diese Jenseitsvorstellungen stellt sich immer wieder heraus, dass Kinder sich meist einen Platz aussuchen, an dem es dem Verstorbenen gut geht, wo er vielleicht sogar seinem Lieblingshobby nachgehen kann oder sich Wünsche für ihn erfüllen, die er im Leben hatte. War die Beziehung zum Verstorbenen eher schwierig, gestaltet sich auch die Suche nach einem neuen Platz schwerer. Hier gilt es, unterstützend zu begleiten und den Kindern die Möglichkeit der Veränderung von Beziehung aufzuzeigen. Die eigenen Kraftquellen und Ressourcen wahrzunehmen ist eine Ermutigung, das eigene Leben zu leben. Indem Kinder z. B. »ihre Sonnen« malen, ihre unterstützenden Systeme wahrnehmen, können sie für das Leben ohne den Verstorbenen gestärkt und ermutigt werden. Dass Abschied und Verlust zu unserem Leben gehören, erfahren die Kinder wieder beim Abschluss und Abschied der Gruppe. Das gemeinsam Erlebte kann Teil unserer Geschichte werden und weiterhin stärkend begleiten und neue Möglichkeiten eröffnen. Die Kinder können etwas mitnehmen von der gemeinsamen Zeit, ihre Bilder, die Mappe, die Fotos, die Texte, die Erinnerungen und vielleicht sogar eine Freundschaft.

Die Trauergruppe kann Kindern sicherlich Unterstützung und Anstöße bei der Bewältigung ihrer Traueraufgaben geben. Sie hat den großen Vorteil des Austauschs mit anderen betroffenen Kindern, allerdings kann und soll eine Trauergruppe nicht die Funktionen einer Einzelbegleitung oder Therapie erfüllen. Eine Einzelbegleitung kann an vielen Punkten die »Aufgaben« viel intensiver und individueller unterstützen und durch die zeitliche Dimension eine andere Grundlage schaffen als eine Trauergruppe.

Praxisbeispiel

Florian, acht Jahre, zeigt nach dem Tod seiner Mutter Wut und Unverständnis dem Opa, dem Vater der Verstorbenen, gegenüber, weil dieser Gegenstände und Fotos der Mutter sofort wegräumt und außerdem nie zum Grab der Mutter geht. Florian äußert seinem Großvater gegenüber den Verdacht, dass dieser die Mama nicht

> *geliebt hat. Diese Vermutung schmerzt Florian und seinen Großvater. Nachdem mit Florian geklärt werden konnte, dass jeder auf seine Weise trauert und der Opa möglicherweise gerade, weil er die Mama so geliebt hat, den Anblick der Sachen der Verstorbenen und des Grabes nicht ertragen kann, ist ein klärendes Gespräch zwischen den beiden darüber möglich. Die beiden suchen nach Lösungen, die das individuelle Empfinden des anderen tolerieren.*

Für die einzelnen Familienmitglieder ist es oft schwierig, sich selbst in der eigenen Trauer zu verstehen, zu akzeptieren und zusätzlich die anderen Mitglieder der Familie in ihrer persönlichen Art zu trauern anzunehmen. In den Trauergruppen oder Einzelgesprächen können die eigene Befindlichkeit, die eigenen Bedürfnisse und Fähigkeiten sowie die der anderen Familienmitglieder in ihrer Unterschiedlichkeit und Vielfältigkeit wahrgenommen und gewürdigt werden.

2.5 Der Trauer Zeit geben

Der sechste Grundsatz für Begleiter nach J. W. Worden: »Trauernden helfen, der Trauer Zeit zu geben« bezieht sich auf den Prozess der Anpassung an die Welt ohne den Gestorbenen. Kinder wie Erwachsene wünschen sich schnell wieder einen normalen Alltag zurück, sehnen sich danach, dass alles wieder so wird wie vorher. Die Anpassung an das Leben ohne den Verstorbenen mit seinen vielfältigen Folgen und neuen Anforderungen braucht aber Zeit und Geduld auch mit sich selbst. Verbal und mit Hilfe von Bildern – z. B. säen und pflanzen – und Symbolen kann vermittelt werden, dass Trauer Zeit braucht, sich wandelt und es mit der Zeit möglich ist, damit leben zu lernen.

Der Grundsatz, der Trauer Zeit zu geben, bedeutet für die Arbeit der Trauerbegleiter/-innen, Angebote zu machen, die über die Zeit der Trauergruppe hinausgehen, und Betroffenen langfristig zur Verfügung zu stehen. Möglich sind Angebote zu Einzelbegleitungen, Beratungsgesprächen, Familienbegleitungen, Wochenenden oder Seminaren für Familien, Großeltern, Geschwister, Eltern, Väter und Mütter. Das breite Spektrum von Verhaltensreaktionen auf einen erlittenen Verlust verlangt ein breites Angebot für trauernde Kinder und ihre Bezugspersonen.

2.6 Grenzen der Trauerbegleitung im Rahmen einer Gruppe

J. W. Worden weist in seinen Grundsätzen zur Begleitung deutlich darauf hin, dass »Begleiter pathologische Entwicklungen erkennen und für eine adäquate Behandlung sorgen« sollen. Es ist notwendig, eigene Grenzen zu erkennen und trauernde Kinder oder Bezugspersonen, die anderer Unterstützungsmöglichkeiten bedürfen, anzuregen, solche in Anspruch zu nehmen und auf entsprechende Stellen zu verweisen. Eine Liste mit verschiedenen Psychotherapeuten, Analytikern, Traumatherapeuten, Seelsorgern, Sozialtherapeuten, Verhaltenstherapeuten, Physiotherapeuten und Ergotherapeuten steht deshalb im Bedarfsfall zur Verfügung. Gleichzeitig sind Hinweise, Fachleute wie Anwälte, Steuerberater, Ernährungsberater, Hinweise auf Kuraufenthalte und Hilfen zur Antragstellung bzw. Einlegung von Widerspruch oder Sportangebote in Anspruch zu nehmen, für viele Familien hilfreich. Zudem ist die Entscheidung über die Form der Unterstützung des Kindes (offenes, geschlossenes Konzept, Einzelbegleitung, Therapie …) individuell und immer in einem breiten Kontext zu sehen.

KAPITEL 3 VORAUSSETZUNGEN FÜR DIE PRAXIS DER ARBEIT IN DER KINDERTRAUERGRUPPE

1 Aufbau einer Kindertrauergruppe – vor dem Start zu klärende Fragen

Für den Aufbau einer neuen Kindertrauergruppe sind zahlreiche Aspekte zu berücksichtigen. Nicht alle können hier erfasst und bearbeitet werden. Dennoch möchte ich versuchen, einige wesentliche Gesichtspunkte aufzugreifen; denn ein fachlich qualifiziertes Angebot benötigt in vielerlei Hinsicht eine sorgfältige Vorbereitung.

Grundsätzlich geht es um die Frage nach den Voraussetzungen, die für die Gründung und den Aufbau einer Kindertrauergruppe bestehen. Soll es eine neue, ergänzende Gruppe in einer bereits bestehenden Infrastruktur werden, oder geht es um ein neues Angebot, das von Grund auf aufgebaut werden muss? – In beiden Fällen sollten zunächst folgende Fragen geklärt werden.

(1) Gibt es den Bedarf einer neuen Kindertrauergruppe in der Region?
Liegen Zahlen vor, die zur Beantwortung der Frage führen können? Gibt es bestehende Angebote? Wie arbeiten diese? Wäre das neue Angebot eine Ergänzung oder ein Konkurrenzangebot?

(2) Was ist die Zielsetzung der neuen Kindertrauergruppe?
Vor der praktischen Planung sollten die für die neue Kindertrauergruppe Verantwortlichen zunächst die inhaltlichen Ziele ihrer Arbeit genau festlegen und verschriftlichen.

(3) Mit welchem Konzept und auf welchen theoretischen Grundlagen soll die Zielsetzung erreicht werden?
Hier sollten sich die Verantwortlichen einen Überblick über mögliche Konzepte und deren theoretische Grundlagen verschaffen, um zu

schauen, was zu ihnen selbst und der vereinbarten Zielsetzung passt. Alternativ können sie auch selber ein Konzept erstellen. Das Konzept sollte allen Beteiligten schriftlich vorliegen und miteinander erörtert werden, um eine gemeinsame Basis für eine gelungene Zusammenarbeit zu schaffen. Sind die Zielsetzung und das Konzept für alle nachvollziehbar und einsichtig, ist dies eine wesentliche Grundlage für ein qualifiziertes, seriöses Angebot.

(4) Wie soll die Struktur der Kindertrauergruppe sein?
Die Struktur richtet sich nach der Zielsetzung, dem Konzept und den zur Verfügung stehenden personellen Kapazitäten, räumlichen Gegebenheiten und finanziellen Mitteln. Soll die Kindertrauergruppe als geschlossene Gruppe mit einer bestimmten Anzahl von Treffen arbeiten, oder geht es um eine offene Gruppe, die sich regelmäßig trifft, zu der neue Mitglieder hinzukommen und die andere verlassen können? Soll eine Mischung dieser Strukturen versucht werden? Aus der Struktur ergeben sich Fragen nach dem Wochentag und der Uhrzeit des Treffens und nach der Länge der Gruppenstunden, der Gruppengröße, den Raumanforderungen für die Gruppe und nach den Kosten oder einer Kostenbeteiligung für die Teilnehmer.

(5) Wie kann die Zielsetzung personell, räumlich und finanziell umgesetzt werden?
Hierbei sind zunächst die zur Verfügung stehenden räumlichen Gegebenheiten und finanziellen Mittel zu berücksichtigen, aber auch die personellen Möglichkeiten. Diese können sich im Lauf der Zeit verändern und erfordern dann eine Neuanpassung an die bestehenden Verhältnisse.

(6) Wie und von wem soll die Gruppe geleitet werden?
Je nach Ziel und Konzept sowie nach der Anzahl der Gruppenleiter, sollte außerdem der Führungsstil (aktiv, passiv, übergreifend ...) der Gruppenleitung und die dafür notwendigen Kompetenzen sowie die Frage der Teamleitung besprochen werden.

(7) Wie kann eine mögliche Finanzierung der Kosten für eine Gruppe aussehen?
Gibt es bereits einen Träger, oder wer käme dafür eventuell in Frage? Soll ein neuer Verein gegründet werden, und welche Institutionen oder Unternehmen würden ein solches Projekt unterstützen? Bedacht werden

müssen laufende Kosten für Öffentlichkeitsarbeit, Mitarbeiter, Material, Räume, Referenten, Fortbildungen und Supervisionen.

(8) Wo könnte notwendige finanzielle Unterstützung beantragt werden?
Möglich sind Sponsoren aus Wirtschaft und Kultur, Stiftungen, Institutionen, Spenden finanzieller oder ideeller Art, Ausschreibungen, die soziale Projekte fördern und diese dauerhaft oder zeitlich begrenzt unterstützen.

(9) Welche Qualitätsstandards sollen erfüllt werden?
Hier sind im Wesentlichen die Qualifikationen der Gruppenleiter, das Konzept selbst und die Qualitätssicherung des Angebots zu bedenken.

(10) Wie kann für eine passende Infrastruktur gesorgt werden?
Dazu gehören entsprechende Räume und ihre Ausstattung, Material zur kreativen Arbeit sowie technische Ausstattung: Telefon, Computer, Beamer, Musikanlage, Fernseher ...

(11) Wie und von wem soll die Öffentlichkeitsarbeit gestaltet werden?
Ein aussagekräftiger Internetauftritt, Flyer, ein Netzwerk müssen erstellt und die Erreichbarkeit von Mitarbeitern zur Beantwortung von Anfragen sowie für Terminvereinbarungen muss geregelt werden. Aufgaben der Presse- und Öffentlichkeitsarbeit brauchen ein entsprechendes Fachwissen, d. h., dass hier auch inhaltliche Fragen kompetent vermittelt und Interessierte auf das Angebot, über die Arbeit und die Ziele der Kindertrauergruppen, klar nachvollziehbar aufmerksam gemacht und informiert werden.

(12) Soll mehr als eine Kindertrauergruppe angeboten werden?
Angeboten werden sollten auch Einzelbegleitungen für Kinder, Jugendliche und Erwachsene und Trauerbegleitungen des Systems Familie. Auch eine ergänzende Begleitung während der Kindertrauergruppe für Bezugspersonen, Wochenendtreffen, Seminare und Fortbildungen könnten zum Angebot gehören. Wenn dies alles geleistet werden soll, ist zu fragen, wer diese zusätzlichen Aufgaben fachlich qualifiziert übernehmen kann.

2 Grundhaltungen in der Begleitung trauernder Kinder

Im Folgenden geht es um wesentliche mentale und seelische Haltungen auf Seiten der Begleitenden in der Trauerarbeit mit Kindern (vgl. Witt-Loers, Trauernde begleiten, 2010, S. 67–112; Witt-Loers, Wesentliche Aspekte in der Begegnung mit trauernden Kindern, in: Kowalski, Er wischt die Tränen ab von jedem Gesicht, 2011, S. 131–144; Witt-Loers, Trauernde Jugendliche in der Schule, 2012, S. 41 ff.; Witt-Loers, Trauernde Jugendliche in der Familie, 2014, S. 18 ff.; Witt-Loers, Wie Kinder Verlust erleben, 2016).

2.1 Wertschätzung der Kinder

Kinder schenken uns ihr Vertrauen, indem sie sich auf die Trauergruppe einlassen und bereit sind, sich mit einem Verlust, den sie erfahren haben, auseinanderzusetzen. Begleiter/-innen sollten ihnen grundsätzlich mit einer Haltung der Wertschätzung und des Respekts begegnen und die Erfahrung des Verlusts und die damit verbundenen Konsequenzen für das Kind zu würdigen wissen. Darum sind Bewertungen und ungebetene »Ratschläge« zu unterlassen. Das Kind hat keine »richtigen« oder »falschen«, sondern nur echte Wahrnehmungen, die unbedingte Wertschätzung verdienen.

2.2 Selbstkongruenz und Authentizität der Begleiter/-innen

Unsere eigenen Erfahrungen, Meinungen, Glaubensauffassungen und Werte können in der Gruppe geäußert werden, vorausgesetzt, wir tun dies in einer verantwortlichen Form. Kinder werden uns nach persönlichen Meinungen und eigenen Erfahrung fragen. Wir können diese mitteilen, aus unserem Leben berichten, dürfen aber individuelle Erfahrungen und eigene Meinungen nicht auf die Kinder übertragen, sie zum Maßstab machen oder auf diese Weise gar persönliche Erlebnisse verarbeiten wollen.

Nahezu in jeder Trauergruppe erlebe ich, dass Kinder mich nach meiner Religiosität oder meinen Jenseitsvorstellungen befragen. Beantworten kann ich diese Fragen aus meiner ganz persönlichen Auffassung heraus und diese genau so formulieren. »Ich glaube für mich persönlich an Gott und dass wir nach dem Tod bei ihm gut aufgehoben sein werden, aber das ist mein Glaube. Wissen tue ich es nicht, bisher ist ja auch noch niemand zurückgekommen, der das bestätigen oder beweisen könnte. Es gibt aber noch viele andere Auffassungen zu dieser Frage. Was glaubst du denn, wo der Verstorbene jetzt ist?«

Möglich sind auch Mutmaßungen über Erlebnisse, die Kinder gemacht haben, die wir selbst aber noch nicht erfahren haben. »Wenn mein Vater gestorben wäre, wäre ich sicherlich auch verzweifelt gewesen.« Wichtig in diesem Zusammenhang ist es, dass immer wieder der reflektierende Austausch zwischen den Begleitern einer Gruppe stattfindet. Regelmäßige Supervisionen und Fortbildungen sind zudem Grundlagen einer verantwortlichen Trauerarbeit.

2.3 Körpersprache kennen und verstehen – Körperkontakt sensibel einfließen lassen

Gerade Kinder verstehen durch nonverbale Kommunikation. Gibt es keine Worte, können wir Körpersprache einsetzen. Mit ihrer Hilfe können wir mitteilen, dass wir als Begleiter dem Kind zugewandt, offen und bereit sind, zuzuhören, da zu sein, mit auszuhalten. Durch kleine Gesten und Berührungen können wir Kindern unser Verständnis und unsere Nähe zeigen.

Kinder müssen aber immer auch das Recht haben, Körperkontakt abzulehnen. Mögliche Formen des Körperkontaktes können in einer Kindertrauergruppe sein: Hand auf die Schulter legen, über den Kopf streichen, Hand berühren, Hand halten, Hand streicheln, je nach Situation umarmen, über den Rücken streichen, spielerische Massagen, Hände halten im Kreis, ähnliche körperliche Kontakte in Spielen ...

2.4 Aktiv zuhören – behutsam sprechen

Die Trauergruppe soll Kindern die Möglichkeit geben, den erlittenen Verlust zu realisieren, indem sie darüber sprechen können. Die eigene Geschichte erzählen zu können, zu spüren, dass andere Menschen daran interessiert sind und zuhören, das ist ein wichtiger Schritt auf dem Weg zur Anerkennung des Verlusts.

Hier gilt selbstverständlich, dass Kinder nicht zum Sprechen gezwungen werden, wenn sie nichts sagen wollen. Im Gespräch sollten wir »aktiv zuhören«, ohne schon daran zu denken, was wir antworten möchten, und ohne bereits eine Wertung oder Interpretation im Kopf zu haben. Trauerbegleiter sollten schon mit ihrer Körperhaltung im Gespräch deutlich machen, dass sie dem Kind zugewandt sind und zuhören. Dazu gehört, das Kind anzuschauen, sich ihm hinzuwenden und eine offene Körperhaltung. Wir sollten das Gesagte auf uns wirken lassen. Anschließend können wir das Gehörte in einer leicht veränderten Form spiegeln. Diese kurze, nicht wertende oder interpretierende Zusammenfassung des Gesagten zeigt dem Kind, was wir von dem Mitgeteilten verstanden haben. Wir können uns zudem selber vergewissern, ob wir das Gesagte auch tatsächlich richtig verstanden haben. Wenn wir Kinder etwas fragen möchten, sollten wir dies in einer einladenden Form tun. »Mögt ihr erzählen, wie es euch heute geht? Mögt ihr berichten, wie die letzte Woche für euch war?«

Sinnvoll ist es, dem Kind eigene Gefühle, die beim Zuhören auftauchen, zu spiegeln. Wiederholen wir behutsam die Gefühle, Gedanken und Bedürfnisse des Kindes, unterstützen wir damit gleichzeitig seine Selbstwahrnehmung. Dies hilft ihm, sich neu zu ordnen und zu möglichen Entlastungen zu finden. Zudem sind emphatische Rückmeldungen auf das Gesagte möglich. »Ich wünschte, ich könnte dir dabei helfen ... Das tut mir leid ... Das war sicher sehr schwer für dich.« Alternativen dazu, über den Verlust zu sprechen, können sein, darüber zu schreiben oder zu malen. Darauf möchte ich später genauer eingehen. Moderierte Gesprächsrunden, die die Aufgabe, den Verlust anzuerkennen, unterstützen, können Fragen einbeziehen wie: »Wie hast du vom Tod von ... erfahren? Wer hat dir davon erzählt? Wo warst du, als du vom Tod erfahren hast? Wo ist die Person gestorben? Warum ist die Person gestorben?« Auch andere Traueraufgaben können im Gespräch auf diese Weise bearbeitet werden.

2.5 Informieren – bestätigen – anerkennen

In der Kindertrauergruppe und in den Einzelbegleitungen äußern Kinder immer wieder die Meinung, dass sie »unnormal« seien. Sie erleben sich oft nicht mehr als Teil der Peergruppen, denen sie vorher angehörten (Schule, Freundeskreis, Vereine ...). Sie hören, dass andere Kinder sie tatsächlich als »anormal« bezeichnen oder über ihren Verlust und dessen

Auswirkungen spotten. Das löst Unsicherheit und Angst aus. Wir können Kinder unterstützen, indem wir ihnen immer wieder bestätigen, dass ihre Verhaltensweisen, ihre Gedanken und Gefühle normal sind. Wir sollten erklären, dass viele Reaktionen anderer Kinder Ausdruck von Unsicherheit und Angst vor dem Tod sind.

Unterstützung erfahren Kinder auch durch die Trauergruppe selbst. Ich erinnere mich an ein Mädchen, das am Ende der Trauergruppenzeit sagte, sie habe es am besten gefunden, dass da noch andere so waren wie sie. Sie habe, bevor sie in die Gruppe gekommen sei, gedacht, dass sie wirklich bescheuert sei, und habe sich total allein gefühlt. Jetzt habe sie gesehen, dass es anderen auch so gehe, und das sei gut. Die Anerkennung aller auftauchenden Gefühle, Gedanken und die Bestätigung seitens der Gruppenleiter, dass dieses Erleben in der Trauer normal ist, unterstützt Kinder in der Bewältigung ihrer neuen Lebenssituation und beruhigt sie hinsichtlich der eigenen Verhaltensweisen.

Kinder sollten sagen können, wie Trauer sich bei ihnen »anfühlt«, wie sie sich seelisch, körperlich oder im Verhalten äußert. Wir können danach fragen, ob sie sagen können, was die Trauer bei ihnen ausgelöst hat. Kinder beschreiben körperliche Symptome meist sehr genau. »Ich hatte das Gefühl, mein Hals geht zu und ich bekomme keine Luft mehr. Das Schlucken fiel mir schwer. Mein Bauch tut oft weh und drückt, seit der Papa gestorben ist.«

Desgleichen können sie über weitere Trauerreaktionen berichten: »Ich kann nicht mehr im Dunkeln schlafen. Wenn ich die Spielsachen von Lara sehe, muss ich weinen. In der Schule bin ich immer wütend. Ich habe Angst, dass die Oma jetzt auch stirbt.«

Spielerisch können wir gemeinsam die Trauerreaktionen auf einem Plakat sammeln und weitere Ergänzungen hinzufügen. Diesem Plakat gegenüber können wir auf einem weiteren Plakat das sammeln, was in der Trauer guttut. Hier können wir zudem Hinweise zur Ernährung, zu körperlichen Tätigkeiten oder Entspannungsübungen geben. Weitere Hinweise dazu finden sich im Folgenden:

- *Kreative Angebote*/MDK74/MDK9/MDK86/MDK101
- *Informierende Angebote: Informationen Allgemein/Infos für Kinder*/MD11; *Literaturlisten*/MDL4

Manche Kinder sind erschrocken über ihre eigenen Reaktionen auf den Verlust. Die aufkommenden Gefühle und Gedanken sind ihnen fremd. Oder sie verstehen nicht, warum sie plötzlich ängstlich sind, Bauchschmerzen oder Albträume haben. Hier sollten wir immer wieder deutlich machen, dass dies normale Reaktionen auf den Verlust sind. In der Kindertrauergruppe können wir so der Angst der Kinder, sie seien nicht normal, begegnen.

Man sollte die Kinder auch über das mögliche Trauerverhalten von Erwachsenen aufklären. Ängste, falsche Rückschlüsse oder Schuldgefühle bei den Kindern können so vermindert werden. Darüber hinaus sollten wir auch deutlich machen, dass der normale Tagesablauf hilfreich sein kann, dass es also auch in der Trauer gut ist, weiter die Schule zu besuchen, Hobbys beizubehalten, Dinge zu tun, die Freude machen, auf genügend Schlaf zu achten und sich gesund zu ernähren.

Wenn Kinder darüber Bescheid wissen, kann dies ein Bewusstsein in der gesamten Familie dafür schaffen, trotz der schweren Situation auf das eigene Wohlbefinden und die Gesundheit zu achten.

Vielfach fehlt Kindern ein sachliches Verständnis zum Themengebiet Sterben und Tod. In der Begleitung von Kindern stelle ich immer wieder fest, dass auch lange nach der Beerdigung noch Fragen zur Krankheit, zum Sterben oder zur Beerdigung offen geblieben sind. Um die Realität des Verlusts verstehen zu können, ist die Beantwortung dieser Fragen jedoch eine wesentliche Voraussetzung. *Dellanima* arbeitet deshalb eng mit verschiedenen Bestattern zusammen. Im Bestattungsinstitut haben die Kinder die Möglichkeit, auf ungeklärte Fragen auch anschauliche Antworten zu finden.

Kreatives Angebot

- *Fragenkatalog zum Thema Krankheit, Sterben und Tod erstellen (hier erleben wir immer wieder, dass Kinder noch viele offene Fragen haben, wie z. B.: Was ist eigentlich Krebs? Hat das Verbrennen dem Papa wehgetan? War die Lara wirklich tot?)*

Informierende Angebote

- *Besuch beim Bestatter*
- *Buch: Daniel Schumann, Purpur Braun Grau Weiß Schwarz: Leben im Sterben. Kerber Verlag, Bielefeld/Leipzig 2009. Literaturlisten/MDL4*
- *Film: Willi will's wissen: »Wie ist das mit dem Tod?«: Literaturlisten/MDL14*
- *Informierende Literatur für Kinder: Literaturlisten/MDL4*
- *Fachliteratur: Literaturlisten/MDL1*

2.6 Aufmerksam für die Träume der Kinder

Kinder berichten wie Erwachsene über Träume im Zusammenhang mit dem Verstorbenen: Der Verstorbene erscheint, spricht oder gibt körperliche Zuwendung. Träume, von denen trauernde Kinder berichten, werden manchmal als positiv und tröstend erlebt, manchmal wirken sie beängstigend und verunsichernd.

Fragen wir Kinder, ob sie Träume hatten, die mit dem Verstorbenen oder mit dem Tod in Verbindung stehen, stellen wir schnell fest, ob eine Stunde zum Thema notwendig ist. Kinder können sich über diese Erfahrungen austauschen und müssen von uns darüber informiert werden, dass Menschen vom Verstorbenen träumen, dass diese Träume mit erlebten Erinnerungen zusammenhängen können, dass aber auch neue Erlebnisse geträumt werden können. Die Träume können schön, aber auch schwer sein. Manche Menschen haben auch keine Träume.

Moderierte Gesprächsrunde
- *Hast du schon einmal etwas von dem Gestorbenen geträumt?*
- *Worum ging es in deinem Traum?*
- *Wie hast du den Traum empfunden? War er schön für dich oder hat er dir Angst gemacht?*

Kreative Angebote
- *Bild vom Traum malen*
- *Traumfänger basteln: Kreative Angebote / MDK69*
- *Wolkenmassage: Massagen / MDM1*
- *Fantasiereise Ballonfahrt: Fantasiereisen / MDP1*
- *Atemübung: Massagen / MDM5*

2.7 Klare Sprache mit den Kindern sprechen

Wir können Kindern in der Trauergruppe durch klare sprachliche Formulierungen helfen, den Tod zu begreifen. Umschreibungen wie »ist eingeschlafen, ist auf eine Reise gegangen, ist fortgegangen«, die viele Kinder aus ihrem Lebensumfeld als Informationen über den Tod bekommen, verwirren, machen Kinder unsicher und lassen offen, ob derjenige wiederkommt oder nicht. Missverständliche Umschreibungen des Todes machen es Kindern schwer, den Tod zu begreifen. Das abstrakte Denken ist bei Kindern noch nicht so entwickelt wie bei Erwachsenen; deshalb nehmen Kinder das Gesagte oft wörtlich. In der Trauergruppe müssen wir den Tod und die damit im Zusammenhang stehenden Umstände deutlich benennen. Deshalb sollten wir immer wieder die Namen der Verstorbenen aussprechen: »deine Mutter, deine Schwester Klara«; denn diese Beschreibungen, nicht Umschreibungen, der Wirklichkeit des Todes können die Kinder unterstützen, den Tod als Realität zu begreifen. Auch mit Gesprächen über das, was der Verstorbene jetzt nicht mehr tun kann oder was das Kind nicht mehr mit dem Verstorbenen machen kann, können wir Kindern nahebringen, dass der Tod endgültig ist. In unseren Gesprächen mit Kindern formulieren wir unsere Aussagen und Fragen deutlich: »Als deine Mama gestorben ist …, – als der Papa noch da war …, – war das, bevor deine Schwester gestorben ist …?«

Dabei unterstützen Fragen, die an Rituale erinnern, die im Zusammenhang mit der Trauerfeier stehen: »Konntest du bei der Beerdigung dabei sein? Wie hast du die Beerdigung erlebt? An was kannst du dich besonders gut bei der Beerdigung erinnern? Was hat dir bei der Beerdigung gefallen, was eher nicht?« Dass vom Verstorbenen nach wie vor die Rede ist, zeigt, dass er trotzdem noch einen Platz im Leben hat.

2.8 Vermittlung von Sicherheit und Zuverlässigkeit

Kinder können in ihrem Trauerprozess durch körperliche Zuwendung, Geborgenheit und die Vermittlung von Sicherheit und Zuverlässigkeit unterstützt werden. Wir sollten zudem möglichst viel Zuversicht ausdrücken ohne dabei Versprechungen zu machen, die sich nicht erfüllen werden, oder an die wir selbst nicht glauben. Kindern gibt es in der Trauergruppe Sicherheit, wenn sie wissen, dass sie sich darauf verlassen können, immer wieder auf bestimmte vertraute Strukturen und Personen zu treffen. Wenn wir absehen können, dass wir bei der Trauergruppeneinheit einmal nicht da sein werden, ist es gut, den Kindern dies anzukündigen. So können sie sich darauf einstellen. Wird eine Person uns vertreten, wäre es hilfreich, diese den Kindern gleich zu Anfang der Trauergruppeneinheit vorzustellen. Kinder darüber zu informieren, was geschehen wird, Abläufe transparent zu machen, sie einzubinden, das gibt ihnen Sicherheit und das Gefühl, ernst genommen zu werden.

2.9 Die Rolle als Begleiter/-in reflektieren

Die Trauerbegleitung des Kindes wirkt, indem sie beim Kind Prozesse begleitet oder in Gang bringt, auch auf das System Familie. Insofern sollten in der Trauerbegleitung der Kinder auch immer die Rollen, die wir als Begleiter für das Kind und damit auch für das System Familie übernehmen, reflektiert werden.

Die Rolle als Begleiter für ein trauerndes Kind wird der Individualität und dem persönlichen Schicksal jedes Kindes gemäß spezifisch sein. Die Rolle kann sich im Laufe der Begleitung verändern oder es können Rollenkombinationen auftreten. Sich über die Funktion, die wir für das trauernde Kind einnehmen, bewusst zu werden, erleichtert es, jedem Kind die persönliche Unterstützung zu geben, die es benötigt.

Beispiele für mögliche Rollen eines Begleiters: Initiator – Kompensator – Verwirrer – Förderer – Begleiter – Informierender – Bestärker – Ansporner – Bindeglied – Verstörer.

2.10 Grenzen erkennen: im Angebot und bei sich selbst als Begleiter/-in

Entsteht der Eindruck, dass Kinder oder Bezugspersonen andere oder zusätzliche Unterstützung benötigen, müssen wir ausdrücklich darauf hinweisen und können anbieten, bei der Vermittlung der entsprechenden Fachleute oder Stellen behilflich zu sein. Wie wir gesehen haben, sind eine achtsame Begleitung, eine sorgfältige Vor- und Nachbereitung sowie eine grundlegende theoretische Kenntnis notwendig, um das Bedürfnis nach anderen Interventionen und Unterstützungsangeboten oder um pathologische Entwicklungen zu erkennen. Zudem sollten wir eigene Grenzen und Kompetenzen verantwortlich wahrnehmen und gegebenenfalls auf kollegiale oder andere fachliche Unterstützung zurückgreifen.

Kinder und Jugendliche wünschen oftmals, dass ich Erzieher oder Lehrer über das Geschehen, über Tod und Trauer zu Hause, informiere. Ihnen selbst oder den Bezugspersonen fällt dies aus der eigenen emotionalen Betroffenheit heraus oft zu schwer. Erfahrungen zeigen, dass ein solches Gespräch meist zu einem tieferen Verständnis beiträgt, die Begegnung auf einer zwischenmenschlichen Ebene ermöglicht und sich entlastend auf Betroffene und Pädagogen auswirkt.

3 Kommunikations- und Gestaltungsfelder der Kindertrauerarbeit
Wahrnehmung – Ausdruck – Ressourcenförderung – Neuorientierung

Nun stelle ich eine Fülle von Praxisbausteinen für die konkrete Gestaltung der Kindertrauergruppenarbeit vor. Grundsätzlich sollten in der Kindertrauergruppe die Identifikation eigener Gefühle, das Auffinden individueller kreativer Ausdrucksmöglichkeiten und die Förderung und Nutzung persönlicher Ressourcen unterstützt werden. Die eigene Gefühlswelt zu entdecken, sie ausdrücken zu können und so Zugang zu den eigenen Ressourcen zu finden stärkt Kinder für das Leben ohne den Verstorbenen. Das kindliche Selbstvertrauen und Selbstwertgefühl sind durch den Verlust häufig erschüttert. Sie können durch das Erleben von Kreativität und Selbstwirksamkeit neu gestärkt werden. In der Trauergruppe bekommen Kinder deshalb viele Möglichkeiten, sich selbst als tatkräftig, erfindungsreich und selbstmächtig zu erfahren.

3.1 Gefühle erleben – Gefühle zeigen

Kinder in den Trauergruppen zeigen manchmal gar keine Gefühle, manchmal einen ganz unterschiedlichen, scheinbar widersprüchlichen Umgang mit ihnen. Kinder sind auch hier vielfältigen Einflüssen unterworfen, die auf ihr Verhalten einwirken. Um sich selbst vor zu starken Gefühlen zu schützen, entwickeln Kinder Strategien, diese und den Schmerz zu umgehen. Sie reagieren dann beispielsweise mit Schock, Ablenkung, Verleugnung, Ängsten oder Dissoziation.

Zeigen Kinder nach einem erlittenen Verlust zunächst keine Gefühle, dann bedeutet dies nicht unbedingt, dass sie diese verdrängt haben. Kinder verstecken manchmal ihre Gefühle vor den Bezugspersonen, um diese zu schonen, spüren aber gleichzeitig das Bedürfnis, sich zu artikulieren und mitzuteilen. Gleichzeitig lernen Kinder von ihren Bezugspersonen unterschiedliche Umgangsweisen mit Gedanken und Gefühlen der Trauer. Lassen die Bezugspersonen Gefühle zu, zeigen sie Tränen und

Schmerz, wird sich das Kind ermutigt fühlen, dies ebenfalls zu tun. Verbergen oder unterdrücken Bezugspersonen ihre Gefühle, wird auch dieses Verhalten zum Vorbild für das Kind. Bezugspersonen wiederum nehmen ihre Gefühle häufig zurück, um das Kind nicht zu belasten.

In der Trauergruppe sollen Kinder, die bereit sind, sich mit dem Verlust auseinanderzusetzen, angeregt werden, ihre Gefühle wahrzunehmen und auszudrücken. Es fällt Kindern oft leichter, sich in der Gruppe zu öffnen, weil sie wissen, dass sie Bezugspersonen hier nicht zusätzlich belasten. Außerdem sind viele Kinder erleichtert, wenn sie in der Trauergruppe erleben, dass es Kinder in vergleichbaren Situationen gibt, die ähnlich fühlen und denken. In der Gruppe sollen Kinder erfahren, dass Gefühle widersprüchlich und extrem sein können und dürfen, dass Gefühle wertneutral sind, dass es keine falschen oder richtigen Gefühle gibt und dass sie uns aus dem inneren Gleichgewicht bringen können. Kinder können in der Trauergruppe Wege finden, um mit starken Gefühlen umzugehen. Sie erfahren, dass ihre Gefühle ernst genommen werden, dass sie nicht verdrängt werden müssen, sondern ihre Berechtigung haben.

3.1.1 Identifikation von Gefühlen

Kennen Kinder ihre Gefühle nicht oder können sie diese nicht kontrollieren, führt dies häufig zur Verminderung des Selbstwertgefühls. In der Trauergruppenarbeit ist ein wesentliches Ziel, Kinder zu ermutigen, ihre Gefühle wahrzunehmen und auszudrücken. Denn je besser Kinder in der Lage sind, eigene Impulse zu kontrollieren (damit ist nicht gemeint, sie zu unterdrücken!), umso weniger Hilflosigkeit und Ohnmacht verspüren sie. Zunächst können wir spielerische Übungen einsetzen, die es den Kindern ermöglichen, unterschiedliche Gefühle zu identifizieren. Diese können auf die eigene Lebenssituation übertragen werden.

Körperliche Angebote zum Thema Gefühle
- *Fühlen mit Händen im Dunkeln – ertasten von Gegenständen löst Gefühle aus: Angst, Wohlgefühl, Freude, Ekel, Unsicherheit ...: Kreative Angebote / MDK23*
- *Gefühle identifizieren – Smileys: MDK21*
- *Gegenseitig Gesichter bemalen – lustig, traurig, wütend ...*
- *Gefühlsraupe: Kreative Angebote / MDK24*
- *Gefühlssteine: Kreative Angebote / MDK25*

- *Gefühle-Quartett: Kreative Angebote / MDK22*
- *Selbstgemachte Knete: Kreative Angebote / MDK55*
- *Gefühle beschreiben:*
  - *Wie fühlt es sich an, wenn du traurig bist?*
  - *Was machst du, wenn du wütend bist?*
  - *Wo bist du am liebsten, wenn du traurig bist?*
- *GefühlsMix-Spiel / MDK86*
- *Wer bin ich? / MDK99*
- *Wie fühle ich mich? / MDK101*
- *Fotos / Emotionskarten, die verschiedene Gefühle darstellen; jedes Kind sucht für sich eine Karte aus, wir sprechen über die Karten*
- *Gefühle durch Körperhaltungen ausdrücken, vorspielen; die anderen müssen das Gefühl raten: Kreative Angebote / MDK48*
- *Musikstück: Gefühlsapotheke, CD Kinderrechte, Bethanien-Kinderdorf Literaturlisten / MDL15*
- *Bildbetrachtung: Lebensbaum, Gustav Klimt: Bildbetrachtungen / DB11*

3.1.2 Gefühle und Befindlichkeiten spiegeln

Hilfreich ist auch das »Spiegeln«. Hierbei geht es darum, Kinder aufmerksam zu beobachten und die wahrgenommenen Gefühle aktiv aufzunehmen sowie kurz und wertfrei zu kommentieren: »Ich sehe, dass du sehr traurig bist.« »Du bist ganz schön wütend.«

Drücken Kinder ihre eigenen Gefühle aus, ist es zudem wertvoll, zu erfragen, wie das Kind dazu steht. »Macht dir das Gefühl Angst?«, »Was würdest du dir wünschen?«

Nachzufühlen, warum Kinder ein bestimmtes Verhalten oder Gefühl zeigen, kann hilfreich sein, um das dahinterliegende Bedürfnis des Kindes zu entdecken und darauf einzugehen: »Macht dich so wütend, dass die Mama gestorben ist, weil du dich jetzt so alleine fühlst?« (Bedürfnis nach Geborgenheit) – »Möchtest du lieber zu Fuß gehen, weil der Papa durch den Autounfall gestorben ist?« (Bedürfnis nach Sicherheit) – »Möchtest du eine neue Schwester, damit Mama und Papa nicht mehr so traurig sind?« (Bedürfnis nach Normalität).

Wir können uns dem schwierigen Thema Gefühle verbal, spielerisch, durch Impulse oder kreative Angebote nähern.

3.1.3 Wut, Aggression, Zorn – Reaktionen von Trauer

Wut, Aggression und Zorn gehören zu den möglichen Reaktionen der Trauer. Diesen Gefühlen wird auch in der Gruppe Raum gegeben. Wir erleben, dass Kinder ihre Aggressionen, ihre Wut und ihren Zorn an anderen Kindern aus der Gruppe auslassen, oder hören von Bezugspersonen, dass das soziale Umfeld damit konfrontiert wird. Zunächst ist es wesentlich, darüber zu informieren, dass Wut und aggressive Verhaltensweisen ein Ausdruck von Trauer sein können.

Die Ursachen für Verhaltensauffälligkeiten trauernder Kinder sind vielschichtig. Einige Gründe, die mir in meiner Arbeit immer wieder begegnen, möchte ich hier aufzeigen. Wut, Angst und Hilflosigkeit in der Trauer bei Kindern sind vielfach eine Folge der Angst vor der Zukunft. Kinder nehmen existenzielle Sorgen, Ohnmacht und Hilflosigkeit der überlebenden Bezugspersonen wahr und erkennen selbst, welche schwerwiegenden Veränderungen mit dem Tod der nahestehenden Person für die eigene Zukunft einhergehen. Sie leiden darunter, möchten die Veränderungen nicht akzeptieren und äußern ihr inneres Befinden durch Wut und aggressives Verhalten.

Trauernde Kinder sind außerdem mit dem Tod eines nahen, geliebten Menschen überfordert, wenn sie begreifen, dass die Person nicht wiederkommt. Sie erleben tiefgreifende Angst, haben Sehnsucht und wehren sich gegen diesen neuen, von außen aufgezwungenen Zustand. Hinzu kommt oft die durch das Sterben eines nahen Menschen erwachte Ahnung vom eigenen Tod. Kinder, die aggressive Verhaltensweisen zeigen, sind in Bedrängnis und bedürfen besonderer Aufmerksamkeit und Zuwendung. Destruktive und aggressive Auffälligkeiten sind immer ein Zeichen dafür, dass ein Kind Unterstützung braucht und sich in einem ungleichgewichtigen seelischen Zustand befindet.

Vielfach jedoch erreicht das Kind durch sein Verhalten nicht die notwendige Aufmerksamkeit und Zuwendung, sondern das Gegenteil. Das soziale Umfeld erkennt die »Notsignale« des Kindes nicht und reagiert mit Verurteilung, Strafe und Ausgrenzung. Dadurch werden Gefühle wie Einsamkeit, Hilflosigkeit und Sehnsucht nach Zuwendung verstärkt.

Kinder wissen häufig nicht, warum sie Wut im Trauerprozess spüren. Aggressive Handlungen trauernder Kinder sollten allerdings nicht einfach entschuldigt oder ausnahmslos akzeptiert werden. Ihre Wut richtet sich meist gegen Menschen, Tiere oder Gegenstände, die gerade zur Verfügung stehen. Kinder müssen lernen, dass sie Lebewesen nicht verletzen oder Eigentum zerstören dürfen. Gleichwohl müssen sie das Gefühl bekommen, dass sie angenommen und unterstützt werden.

Negativ besetzte Gefühle wie Wut, Zorn und Aggressionen müssen in der Trauergruppe Raum finden. Die Kinder bekommen ausdrücklich die Erlaubnis zur Affektregulierung durch Bewegung und Lärm. Eine wichtige Regel, die den Kindern verständlich gemacht werden sollte, ist aber, andere mit ihren Gefühlen nicht zu verletzen. Im Alltag wird meist verlangt, diese »negativen Gefühle« zu unterdrücken. Ziel in der Trauergruppe ist es, Kindern einen Umgang mit dem Gefühl Wut zu ermöglichen, der andere nicht verletzt, sich nicht gegen sich selbst oder andere Dinge richtet. Körperbetonte Angebote bieten eine adäquate Möglichkeit des entlastenden, gelenkten Abbaus von Aggressionen.

Körperliche Angebote zum Thema Wut
- *Zeitungspapierschlacht: Kreative Angebote / MDK80*
- *Kissenschlacht: Kreative Angebote / MDK31*
- *Wut wie ein wildes Tier: Kreative Angebote / MDK78*
- *Laute, wilde Musik zum Mitbewegen hören*
- *Draußen rennen und toben*
- *Punching-Ball*
- *Wurfkastanie: Kreative Angebote / MDK77*
- *Wut-, Angst-, Zornbilder malen*
- *Y-tong / MDK100*
- *Im Wald Stöcke schlagen*
- *Mülltonnen klopfen*
- *Wutgefühle aussprechen, schreien*
- *Teppich klopfen*
- *Kampf mit Schwimmnudeln oder leeren Kunststoffflaschen*
- *Tauziehen*
- *Trampolin springen*

3.1.4 Seelische Verletzungen erkennen, verstehen, kanalisieren

Wut und Aggressionen können auch eng mit einer ambivalenten Beziehung des Kindes zum Gestorbenen zusammenhängen. Möglicherweise überwiegen im Trauerprozess negative Gefühle und ungute Erinnerungen an den Gestorbenen. Die vom Kind ersehnte Zuneigung, Fürsorge und Liebe seitens des Verstorbenen blieben zu Lebzeiten vielleicht aus, nun sind sie für immer unerreichbar, und die Folge sind Enttäuschung und Selbstentwertung. Vielfach kann auf dem Hintergrund der ambivalenten Beziehung das Kind nicht zulassen, dass es Liebe zum Verstorbenen empfindet. Positive wärmende Erinnerungen müssen erst gesucht und der Trauer um eine nicht erfüllte Liebe Raum gegeben werden.

Auffälligkeiten wie Angst vor der/dem Verstorbenen oder vor Sanktionen durch den Verstorbenen können bei Kindern dazu führen, dass sie sich nicht trauen, die Gefühle, die sie für den Verstorbenen empfinden, auszudrücken, und deshalb anderen gegenüber aggressiv sind. So meinte z. B. ein achtjähriges Mädchen nach dem Tod der Mutter: »Ich sage lieber nicht, was ich manchmal über die Mama denke. Wenn sie das hört, bekomme ich Ärger.« Dann gilt es, den Kindern Möglichkeiten aufzuzeigen, ihre Wut zu kanalisieren. Wichtig ist, den Kindern nicht nur in der Trauergruppe Wege zu eröffnen, ihrer Wut Luft zu machen, sondern sie instand zu setzen, auch in Alltagssituationen Wege zu finden, die Wut loszuwerden. So können Kinder z. B. rausgehen und laut schreien, stampfen, ein Wutkissen schlagen, eine Mülltonne mit einem Stock bearbeiten o. Ä.

Praxisbeispiel

Henning fällt in der Gruppe besonders auf, weil er andere Kinder tritt, sie schlägt und körperlich angreift. Er zeigt dieses Verhalten auch während der Befindlichkeitsrunde, als andere Kinder über ihre Trauer sprechen und dafür Raum benötigen. Nachdem wir Henning darauf aufmerksam gemacht haben, dass er gleich sprechen darf, hält er eine kurze Zeit inne. Danach macht er weiter. Die anderen Kinder fühlen sich bedrängt und unsicher durch Hennings Verhalten. Wir bieten Henning an, mit einer Trauerbegleiterin in den Wald zu gehen. Henning nimmt das Angebot an und kann sich anschließend besser in den Gruppenprozess begeben.

In der nächsten Gruppenstunde setzt sich Hennings aggressives Verhalten fort. Das Thema ist heute Erinnerung. Als es um das Thema Gefühle im Zusammenhang mit der Trauer geht, bricht es aus ihm heraus. Er sei wütend und sauer auf seinen Vater. Der Vater habe ihn oft geschlagen und angeschrien. Er hätte sich gewünscht, sein Vater wäre anders gewesen. Aber jetzt sei er tot und nichts wäre mehr zu ändern.

> *Nachdem Henning all dies ausgesprochen hatte, wirkte er ruhiger. Wir bestätigten ihm, dass seine Gefühle sein dürfen und diese durchaus verständlich sind. Dass es manchmal so sei, dass nicht nur Traurigkeit und Sehnsucht die Trauer bestimmen würden, sondern auch Gefühle von Wut, Zorn oder Hass normale Gefühle in der Trauer sein können.*

Wut und Aggression trauernder Kinder richten sich nicht immer gegen andere Lebewesen oder Dinge. Es kommt vor, dass Kinder ihre Aggressionen gegen sich selbst richten und sich selbst verletzen. Sie fügen sich Ritzungen mit scharfen Gegenständen zu, stechen sich mit Nadeln, reißen sich Haare aus oder fügen sich Verbrennungen zu. Selbstverletzendes Verhalten ist ein »Schrei nach Hilfe«! Kinder benötigen dann dringend Unterstützung. Autoaggressionen entstehen dann, wenn Kinder nicht wissen, wie sie mit ihren Gefühlen umgehen sollen und wo sie diese loswerden können. Zudem können sie auftreten, wenn Kinder z. B. nach einem schweren Trauma nicht mehr fähig sind, etwas zu fühlen. Ein schweres Trauma kann zur Dissoziation führen. Kinder, die aufgehört haben zu fühlen, spüren weder Freude noch Schmerz. Selbstverletzendes Verhalten ist dann der Versuch, sich selbst zumindest zeitweise wieder zu fühlen. Autoaggressionen sind nicht immer leicht zu erkennen und zeigen sich manchmal ganz subtil. Deshalb sollten wir schnell versuchen herauszufinden, woher Verletzungen, die wir bei Kindern wahrnehmen, stammen. Besteht begründeter Verdacht auf selbstverletzendes Verhalten, ist therapeutische Hilfe einzuschalten.

3.1.5 Wenn Kinder sich schuldig fühlen und sich schämen

Kinder machen sich im Zusammenhang mit dem Tod eines geliebten Menschen manchmal Selbstvorwürfe oder Gedanken darum, wie sie den Tod noch hätten verhindern können, was sie wohmöglich versäumt haben. Diesen Schuldgefühlen versuchen wir in der Trauergruppe entlastend zu begegnen. Wir müssen Kindern immer wieder versichern, dass sie keine Schuld am Tod tragen, und sie gleichzeitig spüren lassen, dass wir ihre Schuldgedanken ernst nehmen. Es kann Kinder entlasten, wenn sie spüren, dass wir sie nicht für schuldig halten; noch besser ist es jedoch, wenn sie selbst verstehen, dass sie »unschuldig« sind. Deshalb gilt es zu ergründen, woher die Gedanken der Schuld stammen. »Magisches Denken« kann hier, je nach Alter des Kindes, eine wesentliche Rolle spielen. Kinder fühlen sich vielleicht verantwortlich für den Tod, denn in ihrer Vorstellung können sie die Ereignisse in der Welt mit ihrem Wollen steuern. Möglicherweise schämen sie sich dafür, dass sie das schlimme Ereignis nicht verhindert haben. Manche Kinder empfinden Schuld, weil nicht sie gestorben sind, sondern die nahestehende Person. Manchmal spielten in der letzten Begegnung oder generell in der Beziehung zum Verstorbenen Streit, Eifersucht, Hass und/oder Wut eine Rolle, die zu Gedanken und Gefühlen von Schuld führen. Der Austausch mit anderen Kindern, die ähnliche Erfahrungen gemacht haben, ist in diesem Zusammenhang hilfreich.

3.1.6 Weinen hat seine Zeit

Weinen gehört zu den elementarsten Ausdrucksformen des Menschen. Es gibt dem inneren Schmerz, dem tiefen Leid einen äußeren, sichtbaren Ausdruck. Kinder in der Trauergruppe weinen. Sie weinen, wenn sie vom Tod des nahestehenden Menschen berichten, davon, wie sehr sie ihn vermissen und wie schwer der Abschied war. Sie wissen, dass die Trauergruppe ein Ort ist, an dem ihr Weinen Platz finden kann. Wir sollten zu Anfang der Gruppe explizit die »Erlaubnis zu weinen« geben und sagen, dass unser Thema hier ein schweres Thema ist, das uns oft zu Tränen rührt. Das darf sein, und niemand braucht sich deshalb zu schämen. Niemand darf andere dafür auslachen.

Die Tränen, die Kinder in der Trauergruppe weinen, können wir mit einer kleinen Geste würdigen, indem in jeder Mitte immer besonders schöne Taschentücher für die Kinder bereitliegen.

- *Taschentücher: Fotos / MDF2*

3.1.7 Freude und Lachen haben ihre Zeit

Schöne Erlebnisse geben Kraft für den Trauerprozess und tragen dazu bei, wieder Lebensfreude zu empfinden. Spaß und Freude zu spüren sollte auch in der Trauergruppe gefördert werden. Wir informieren Bezugspersonen darüber, dass Lachen, Spaß und Freude gerade für Kinder wesentliche Elemente in der Trauer sind, auch wenn dies zunächst vielleicht befremdlich erscheinen mag. Wir sollten deshalb schöne Erlebnisse in der Gruppe fördern, indem wir ganz bewusst Angebote machen, die »nur« Spaß und Freude machen (Waffeln backen, Pizza backen, einen Ausflug unternehmen …).

Humor sollte ebenfalls einen Platz in der Trauergruppe haben, denn er ermöglicht durch die Übertreibung menschlichen Verhaltens eine Distanz, aus der heraus neue Wege gesucht werden können. Eingespielte Verhaltensmuster können so wohlwollend hinterfragt werden. Manchmal reagieren Kinder mit Lachen auf die Mitteilung des Todes, weil die Wucht der Nachricht sie so überwältigt oder verwirrt. Dieses Verhalten ist für Erwachsene oft irritierend, sollte aber nicht verurteilt oder bestraft werden. Kinder reagieren aus ihrer Hilflosigkeit der Situation gegenüber so.

3.2 Kognitives Verstehen des Todes und des Verlustes

Wir können Kinder auch dabei unterstützen, den Tod kognitiv zu verstehen. Gerade, wenn Kinder nicht die Gelegenheit hatten, sich vom Sterbenden zu verabschieden, kann dies eine Möglichkeit sein, sich noch einmal damit auseinanderzusetzen und den Abschied ein Stück weit nachzuholen. Problematische Erinnerungen, Streit, Bedauern, aber auch Dank oder Wünsche, die auf den Gestorbenen gerichtet sind, können in diesen Abschied integriert werden.

Kreative Angebote

- *Aufschreiben von Erinnerungen an den Verstorbenen*
- *Abschiedsbrief an den Verstorbenen: Kreative Angebote / MDK6*
- *Was ich dem Verstorbenen noch sagen wollte, was ich ihn / sie noch fragen wollte: Kreative Angebote / MDK43*
- *Was ich dem Verstorbenen wünsche: Kreative Angebote / MDK72*
- *Erinnerungsbuch: Kreative Angebote / MDK13*
- *Erinnerungen in Gips: Kreative Angebote / MDK15*
- *Schwere Erinnerungen, Gefühle von Schuld oder Scham aufschreiben und in einer Feuerschale verbrennen: Kreative Angebote / MDK70*
- *Wie fühle ich mich? / MDK101*
- *Namen des Verstorbenen gestalten / MDK96*

- *Leinwand mit Lücke / MDK95*
- *Trauerland-Spiel / MDK87*

3.3 Sinnliches Wahrnehmen – sehen, berühren, erleben

Eine Möglichkeit, in der Trauergruppe den Verlust wahrnehmbar zu machen, ist das Einbeziehen von Erinnerungen oder Erinnerungsgegenständen. Häufig erlebe ich, dass Kinder sich ein unrealistisches Bild des Toten machen oder um ein Begreifen ringen. Kinder, die den Verstorbenen als Toten nicht gesehen haben, haben oft das Bedürfnis, mehr über die Fakten des »Totseins« zu erfahren, und dies nicht nur theoretisch, sondern auch »anschaulich«, visuell. Da kann nach meinen Erfahrungen ein Besuch beim Bestatter, das Anschauen von Fotos oder eines Films zum Thema hilfreich sein. Zugleich sollten wir Kindern die Merkmale des Todes erklären und darauf hinweisen, dass immer sehr genau überprüft wird, ob ein Mensch tatsächlich tot ist.

Informierende Angebote

- *Buch: Daniel Schumann: Literaturlisten / MDL4*
- *Besuch beim Bestatter*
- *Info Bestattungsarten: Informationen Allgemein / MD12*
- *Infos für Kinder: Informationen Allgemein / MD11*
- *Filmliste: Willi will's wissen: »Wie ist das mit dem Tod?«: Literaturlisten / MDL14*
- *Filmliste: Kinderzeit: Literaturlisten / MDL14*
- *Buch: P. Staffelt: Literaturlisten / MDL2*

Kreatives Angebot

- *Ein Bild vom Leben ohne den Verstorbenen malen*

In Einzelbegleitungen vor oder direkt nach dem Tod eines nahestehenden Menschen können Kinder Unterstützung in ihrer sinnlichen Wahrnehmung des Todes bekommen. Wir können behutsam das Geschehen und das, was kommen wird, erklären und die Gelegenheit geben, den Verstorbenen noch einmal anzusehen, ihn anzufassen und sich von ihm zu verabschieden. Kindern fällt es leichter, den Tod als Tatsache zu begreifen, wenn sie sich davon überzeugen können, dass der Mensch wirklich tot ist. Nicht seltene Ängste, der Gestorbene habe wohmöglich doch noch gelebt und sei lebendig begraben worden, lassen sich so vermeiden. Die Veränderung des Menschen im Tod können Kinder auf diese Weise erfahren und sehen, dass der Gestorbene nicht zurückkommen kann. Kinder müssen allerdings vor der Begegnung mit dem Toten vorbereitet und kindgerecht informiert werden.

3.4 Heilsames Erinnern

Zur Traueraufgabe »Schmerz verarbeiten« gehört, sich mit den Erinnerungen an den Verstorbenen zu beschäftigen, mit den positiven wie mit den negativen. Die »Erlaubnis«, weniger schöne Erinnerungen zulassen zu dürfen, kann Kinder entlasten; positive Erinnerungen hingegen können stärken. Das soziale Umfeld ist vielfach der Meinung, es würde Trauernde zu sehr schmerzen, über den Verstorbenen zu sprechen, und vermeidet aus Rücksicht Gespräche über den Verstorbenen. Damit der Verstorbene einen neuen Platz im Leben der Hinterbliebenen finden kann, ist es aber notwendig, sich mit dem alten Platz auseinanderzusetzen, sich zu erinnern. Nicht das Vergessen des nahestehenden Menschen lindert den Schmerz des Verlusts, sondern das heilsame Erinnern. Sich schöne Dinge, die in Verbindung mit dem Verstorbenen stehen, zu vergegenwärtigen, das gibt Kindern eine Ahnung davon, dass nicht alles im Leben verloren geht, dass etwas bleibt, dass Vermächtnisse verschiedenster Art unser Leben weiterhin bereichernd begleiten können. So kann der Verlust in das veränderte Leben des Kindes integriert und kann fortdauerndes Verbundensein mit dem Gestorbenen geschaffen werden.

Kreative Angebote

- *Schatztruhe: Kreative Angebote / MDK53*
- *Bilderrahmen gestalten: Kreative Angebote / MDK4*
- *Spuren: Welche Spuren hat der Verstorbene in meinem Leben hinterlassen? Kreative Angebote / MDK61*
- *Malen: Wer war der Verstorbene für dich? Kreative Angebote / MDK73*
- *Filzen eines Ball, in dessen Mitte eine wertvolle Erinnerung steckt: Kreative Angebote / MDK17*
- *Textimpuls – L. Lioni, Frederik: Literaturlisten / MDL2*

- *Kissen nähen / MDK92*
- *Knopfgläser / MDK93*
- *Schieferherzen / MDK97*
- *Kokosherzen / MDK94*

Grundsätzlich ist es schmerzhaft, den Platz des Verstorbenen im Familiensystem zu verändern. Konkret kann das beispielsweise bedeuten, Entscheidungen über Gegenstände zu treffen, die dem/der Gestorbenen gehörten. Besonders schwer kann das in Familien sein, wenn bei diesem Thema alle ein anderes Bedürfnis haben. In dieser Situation unterstützt die systemische Begleitung Familien darin zu »verhandeln«, um den größten möglichen gemeinsamen Nenner zu finden, aber ebenso bei der Auseinandersetzung mit dem »alten Platz des Gestorbenen« sowie dabei, dem Toten einen »neuen kollektiven Platz« einzuräumen.

3.5 Kreativität und Körpersprache brauchen oft viel Raum

Kreativität und Körperlichkeit sind für Kinder nach einem Verlust in vielerlei Hinsicht von Bedeutung. Gefühle und Gedanken können nonverbal auf vielfältige Weise ausgedrückt werden. Eigenes Tun wirkt dem Gefühl der Ohnmacht und Hilflosigkeit entgegen. Kinder können sich selbst in kreativer oder auch körperlicher Betätigung beweisen, dass sie noch Kontrolle über gewisse Dinge haben, dass sie nicht allem hilflos ausgeliefert sind. Im Folgenden möchte ich bewährte kreative und körperliche Angebote exemplarisch vorstellen. Sie können verändert oder ergänzt werden. In meiner praktischen Arbeit bekomme ich immer wieder Impulse für neue Ideen, die für bestimmte Kindertrauergruppen passen, für andere aber keinesfalls geeignet wären. Es ist notwendig, sich bei der Vorbereitung der Gruppenstundenangebote auf die Bedürfnisse, Fähigkeiten und Wünsche der Gruppe einzustellen. Wie die individuelle kreative oder körperliche Auseinandersetzung aussieht, hängt von den Neigungen und Fähigkeiten des einzelnen Kindes ab. Dementsprechend sollten wir zu jeder Gruppenstunde mehrere Angebote bereithalten. Zudem sollten wir die Kinder zu ihren Wünschen befragen, Vorschläge machen lassen und evtl. mit ihnen gemeinsam die nächste Stunde planen (vgl. Witt-Loers, Trauernde Jugendliche in der Schule, 2012, S. 109–114).

3.5.1 Worte finden im Schreiben

Wir können Kindern der Trauergruppe vermitteln, dass es manchmal guttut, Dinge aufzuschreiben. Schreiben kann helfen, Ungesagtes, Unerledigtes, Konflikte und Gefühle in Worte zu fassen. Zudem hilft das Schreiben, sich intensiv und individuell mit einzelnen Themen auseinanderzusetzen. Das Schreiben von Briefen oder Nachrichten, Geschichten oder Gedichten und das Tagebuchschreiben bieten die Möglichkeit, Gefühle, Gedanken, Sorgen, Hoffnungen und Wünsche auszudrücken. Dabei sollte jedes Kind für sich entscheiden, ob es den Text geheim halten, vernichten, vorlesen, verschicken oder ihn für später aufbewahren möchte. Kinder können nicht nur an Verstorbene, sondern auch an lebende Bezugspersonen schreiben. Sie formulieren dann zumeist Wünsche und Sorgen, die im Zusammenhang mit dem gemeinsamen Leben ohne den Verstorbenen stehen.

Schreiben Kinder und Jugendliche Tagebuch, können sie später nachlesen, wie es ihnen ergangen ist, und vor allem sehen, was sie schon alles geschafft haben.

Kreative Angebote
- *Tagebuch schreiben: Kreative Angebote / MDK66*
- *Briefe schreiben: Kreative Angebote / MDK6*
- *Bedürfnisse: Kreative Angebote / MDK3*
- *Kreidenachrichten: Kreative Angebote / MDK34*

3.5.2 Malen

Impulse, die zum Malen anregen, finden sich im Gesamtkonzept immer wieder, da das Malen häufig zum Einsatz kommt. Gefühle, Gedanken, Erlebnisse, Sorgen, Hoffnungen und Wünsche lassen sich bildlich ausdrücken. Kinder können sich durch das malerische Tun wahrnehmen. Malen unterstützt sie dabei, persönlichen Impulsen zu vertrauen und sich auf Prozesse einzulassen. Das Malen in der Gruppe fördert zudem soziale Komponenten, wie z. B. gegenseitige Wertschätzung und Unterstützung. Zudem lernen Kinder durch die Darstellungen der anderen deren Sichtweisen kennen und akzeptieren. Gleichzeitig kann Eigenes von dem der anderen unterschieden werden. Für das Malen sollten immer viele unterschiedliche Materialen und Techniken bereitgehalten werden, die die

Kinder für sich auswählen. Wir können den Kindern anbieten, ihre Bilder in der Gruppe vorzustellen. Dabei dürfen die Bilder nicht kritisiert oder von der Maltechnik her bewertet werden. Entspannend wirkt es, nach Musik zu malen oder Mandalas auszumalen. Das Malen von Bildern zu bestimmten Themen regt die Auseinandersetzung an und unterstützt z. B. dabei, Rollen und Funktionen des Verstorbenen oder eigene Bedürfnisse zu erkennen. Zudem hilft es, individuelle Ressourcen zu entdecken. Das Malen selbst kann als stärkende Kraftquelle erlebt werden.

Kreative Angebote

- *Mandalas: Literaturlisten / MDL13*
- *Beispiele für Themenbilder:*
    - *Wer war der Verstorbene für mich?*
    - *Was wünsche ich mir in meiner Trauer von ...?*
    - *Was wünsche ich mir in meiner Trauer von mir selbst?*
    - *Was tut mir gut?*
    - *Was kann ich gut?*
    - *Was hat sich in meinem Leben verändert?*
- *Handschmeichler: MDK26*
- *Kerzen bemalen: MDK29*
- *Baumbilder: MDK2*
- *Steine bemalen: MDK62*
- *Trauerland-Spiel MDK87*

3.5.3 Basteln

Ergänzen können wir thematische Impulse mit vielen unterschiedlichen Bastelangeboten. Eine weitere Auswahl findet sich bei den Stundenkonzeptionen.

Kreative Angebote

- *Collagen: Kreative Angebote / MDK8*
- *Erinnerungen an das Leben mit ...*
- *Lichtcollage*

Bastelideen

- *Engel mit Botschaft: Kreative Angebote / MDK11*
- *Kreideglas: Kreative Angebote / MDK34*

- *Sorgenpüppchen: Kreative Angebote / MDK59*
- *Lebenskette aus Kleister: Kreative Angebote / MDK36*
- *Knetballons: Kreative Angebote / MDK33*
- *Styroporherzen: Kreative Angebote / MDK65*
- *Windräder: Kreative Angebote / MDK75*

3.5.4 Musik hören oder selber machen

Der Einsatz von Musik in der Trauergruppe erfolgt unter verschiedenen Aspekten. Musik zu hören oder selber zu machen kann entkrampfen und Kraft geben. Im Musikmachen können Kinder wiederum ihre Gefühle spüren, ausdrücken und sich selber mitteilen. Musik zu hören bietet zudem die Möglichkeit, sich mit Gefühlen zu identifizieren und sich mit ihnen auseinanderzusetzen.

Zur Ausstattung in der Trauergruppe gehören neben CD-Musikstücken verschiedene Instrumente und Gegenstände, mit denen Kinder sich musikalisch hörbar ausdrücken können.

Kreative Angebote
- *Malen ohne Thema nach Musik: Literaturlisten / MDL15*
- *Trommeln basteln: Kreative Angebote / MDK82*

Körperliche Angebote
- *Entspannung mit Musik: Literaturlisten / MDL13; Literaturlisten / MDL15, Seite 3*
- *Info Musikinstrumente: Fotos / MDF3*

3.5.5 Wahrnehmen der eigenen Körperlichkeit

Die Wahrnehmung des eigenen Körpers ist in der Trauer hilfreich. Trauer bringt vielfach ein Gefühl der Leere, der Taubheit mit sich. Sich selber wieder spüren, eigene Grenzen wahrnehmen, das bedeutet auch, zu erfahren, dass man selbst noch lebt. Zudem können so das Selbstbewusstsein und das Selbstwertgefühl gestärkt werden. Das Erlernen verschiedener Entspannungstechniken kann dazu beitragen, mit Hilfe des Körpers den Umgang mit der Trauer zu erleichtern, zu entlasten.

Körperübungen sind vielseitig einsetzbar. Je nach Befindlichkeit der

Gruppe sollten diese spontan in die jeweilige Stunde mit eingebaut werden. Häufig erlebe ich, dass Kinder, nachdem sie über schwere anstrengende Themen und Erlebnisse gesprochen haben, neben dem kreativen Ausdruck auch eine Möglichkeit brauchen, sich körperlich auszudrücken, sich zu entlasten.

3.5.6 Spiele und Sport

Körperliche Betätigung und Spielen entlasten und bauen Spannungen ab. Im Spiel oder beim Sport können Kinder sich austoben, ihre Sorgen vergessen, Spaß haben und sich stark fühlen. In der Trauergruppe gibt es deshalb Raum für freies Spiel und Bewegung. Kinder haben meist eigene Ideen und Vorstellungen, wie sie diese Zeit gestalten möchten. Häufig gespielt werden z. B: Möhren ziehen, Nachlaufen, Verstecken, Jungen gegen Mädchen, Schnick-Schnack-Schnuck, Ballspiele und Tobespiele aller Art. Zudem ist sehr zu empfehlen, dass für die Trauergruppenarbeit ein Trampolin, Taue, Bälle, Wikinger-Schach, Schwungtuch und andere für Kinder attraktive Spiele zur Verfügung stehen.

- *Materialinfo Spielzeug zum Toben: Fotos / MDF4*

3.5.7 Rollenspiele

In Rollenspielen können Kinder in andere Rollen schlüpfen oder artikulieren, was sie sich von sich oder anderen wünschen. Sie können Erlebtes nachspielen oder dem Erlebten im Spiel eine andere Wendung geben. Eigene Gefühle, Ängste und Sorgen können auf andere Figuren übertragen und so bearbeitet werden. Das Rollenspiel kann eine wichtige Hilfe für Kinder sein, die durch den Verlust verlorene eigene Kontrolle zurückzugewinnen und sich nicht als ohnmächtig, hilflos und ausgeliefert zu erleben. Zudem bietet das Spiel die Möglichkeit, sich mit zukünftigen Ereignissen oder neuen Anforderungen vertraut zu machen und sich auf neue Situationen einzustellen. Kinder, bei denen sich durch den Tod einer nahestehenden Person die Lebensumstände stark verändern bzw. verändert haben, können so spielerisch ausprobieren, mit der neuen Situation umzugehen.

Wir sollten das Spiel beobachten, nicht lenken, aber als Ansprechpartner zur Verfügung stehen. Rollenspiele können wir durch Verkleiden, durch das Spiel mit Kasperlefiguren, Puppenhausfiguren oder Tieren ermöglichen. In der Trauergruppe sollten für Rollenspiele deshalb verschiedene Kleidungsstücke, Perücken und Accessoires, menschliche und Tier-Figuren sowie andere Dinge des Alltags in Spielform (Autos, Bäume, Zäune, Haushaltsgegenstände ...) zur Verfügung stehen.

- *Spielzeug für Rollenspiele: Fotos / MDF5*

3.5.8 Entspannungsübungen

Erfahrungen zeigen, dass Kinder immer wieder sehr gerne Entspannungs-, Stille- und Meditationsübungen machen. Im Alltag herrschen ja auch in den Zeiten der Trauer häufig Hektik und Unruhe vor, deshalb werden diese stilleren Übungen von Kindern meist als wohltuend erlebt. Entspannungsübungen bilden zudem ein wesentliches Gegengewicht zur Anspannung; Trauerarbeit ist ja seelisch und körperlich durchaus anstrengend, da bieten Entspannungsübungen die Möglichkeit, Kraft zu schöpfen und sich zu erholen. Wenn der Eindruck entsteht, eine Körperübung oder Meditation (vgl. 3.5.10) könnte momentan passend sein, können wir diese Möglichkeit vorschlagen und hören, ob die Kinder das Angebot annehmen möchten oder eher nicht.

Körperliche Angebote
- *Entspannung mit Musik: Literaturlisten / MDL15, Seite 3*
- *Mandala malen: Literaturlisten / MDL13*
- *Spielen mit dem Schwungtuch*
- *Löwenmäßige Entspannung: Fantasiereisen / MDP4*

3.5.9 Fantasiereisen

Ähnlich wie Entspannungsübungen eignen sich Fantasiereisen, um Kinder zu beruhigen und sie zu innerem Gleichgewicht zu führen. Ich habe die Erfahrung gemacht, dass Kinder in den Trauergruppen sich häufig solche Reisen wünschen, die es ihnen ermöglichen, tröstende, freundliche und wärmende Fantasien und Bilder zu empfinden. Gleichzeitig können durch die in den Reisen enthaltenen Hinweise angenehme körperliche Empfindungen wie Wärme und Schwere angeregt werden.

Angebote Fantasiereisen
- *Geschichte von der Blume: Fantasiereisen / MDP2*
- *Samenkorn: Fantasiereisen / MDP3*
- *Ballonfahrt: Fantasiereisen / MDP1*
- *Löwenmäßige Entspannung: Fantasiereisen / MDP4*
- *Schmetterling: Fantasiereisen / MDP5*
- *Weizen: Fantasiereisen / MDP6*
- *Drachen: Fantasiereisen / MDP7*
- *Hoffnung und Neubeginn: Fantasiereisen / MDP8*

3.5.10 Meditationen

Meditationen fördern die Selbstwahrnehmung, stärken das Selbstbewusstsein und tragen dazu bei, zu innerem Gleichgewicht zu finden. Zudem kann ein inhaltliches Thema mit der Meditation verknüpft sein.

- *Download-Material-Hinweis: Der Duft der Orangen: Literaturlisten / MDL13*

3.5.11 Yogaübungen

Yogaübungen kommen dem natürlichen Bedürfnis von Kindern nach Bewegung entgegen, entspannen und fördern die Tiefenatmung und Konzentrationsfähigkeit. Zusätzlich werden die Eigenwahrnehmung und Körperbeherrschung unterstützt. Übungen, bei denen Tiere (Elefant, Giraffe, Krokodil, Frosch, Libelle oder Affe) imitiert werden, bringen Kindern zudem viel Freude. In die Trauergruppen können daher unterstützend Elemente aus dem Yoga einfließen.

- *Literaturhinweise: MDL13*

3.6 Körper und Seele

Nach dem Verlust eines nahestehenden Menschen sind bei Kindern und Erwachsenen somatische und psychische Symptome üblich. Trauer wirkt auf den Körper, die Seele und den Geist. Die allgemeine körperliche Befindlichkeit wird beeinträchtigt, das Immunsystem geschwächt. Dadurch wird der Körper anfälliger für Krankheiten. Zudem können Schmerzen, Schlafstörungen und viele andere Reaktionen auftreten. Deshalb ist es hilfreich, trauernde Kinder und Erwachsene mit Hinweisen und praktischen Tipps zu diesen Themenfeldern zu unterstützen. Um den trauernden Menschen, Kind wie Erwachsenen, in seiner Ganzheit unterstützend zu begleiten, ist der Blick auf Körper, Seele und Geist notwendig. In meiner praktischen Arbeit haben sich spielerische Massagen und Ansätze aus der Aromatherapie bewährt. Zudem kann die Herstellung von Duftkissen, die Zubereitung besonderer Getränke oder kleinerer Snacks dazu anregen, auch zu Hause gut für das eigene Wohlbefinden zu sorgen.

3.6.1 Struktur im Alltag

Kinder wie Eltern sollten darüber informiert werden, dass alte Gewohnheiten und Rituale aus der Zeit vor dem Verlust möglichst beibehalten werden sollten. Geregelte Schlafenszeiten, das Gute-Nacht-Ritual, Vorlesen am Abend, der Besuch von Kindergarten oder Schule und andere dem Kind vertraute Lebensabläufe, die weiter wie bisher stattfinden, zeigen Kindern, dass nicht alles verloren ist, und vermitteln zudem Struktur und Sicherheit.

3.6.2 Schlaf

Um die Zeit der intensiven Trauer zu überstehen und nicht ernsthaft zu erkranken, ist es wichtig, ausreichend Schlaf zu bekommen. Je weniger jemand schläft, umso empfindlicher ist nicht selten seine Psyche und umso anfälliger ist er für Krankheiten.

Bezugspersonen, deren Kinder schlecht einschlafen, können versuchen, diese Schwierigkeiten durch Tees, Kuscheln, Lavendelöl, warme Milch mit Honig, Entspannungsbäder, entspannende Massagen, Atemübungen oder Geschichten-Vorlesen zu überwinden. Bezugspersonen sollten geduldig mit ihren Kindern umgehen, wenn das Einschlafen nicht so schnell funktioniert, und auf keinen Fall mit Druck oder Ärger auf Einschlafstörungen reagieren. Werden Kinder von starken Ängsten geplagt, die das Einschlafen verhindern, kann es helfen, die Sorgen und Nöte aufzuschreiben oder zu malen und neben dem Bett »abzulegen«.

3.6.3 Ernährung

In der Zeit der Trauer sei Erwachsenen und Kindern sehr empfohlen, auf eine ausgewogene, vitaminreiche und regelmäßige Ernährung in schöner Atmosphäre zu achten sowie sich Zeit und Ruhe für die Mahlzeiten zu nehmen und möglichst in Gemeinschaft zu essen. Zudem sollten sie für ausreichende Flüssigkeitszufuhr in Form von Mineralwasser oder Kräutertees sorgen. Bezugspersonen tun gut daran, langfristig darauf zu achten, ob und wie das Essverhalten des Kindes sich nach dem Verlust verändert. Manche Kinder tendieren dazu, mehr zu essen, um sich zu trösten. Viele Jugendliche essen dagegen kaum noch, um Kontrolle über ihre Gefühle zu gewinnen. Um die Freude am Essen und an schönen gemeinschaftlichen Erlebnissen zu finden oder wiederzubeleben, sind in der Trauergruppe Zwischenpausen mit kleinen Snacks und Getränken vorgesehen. Eine andere Möglichkeit ist das Angebot, gemeinsam Waffeln oder Pizza zu backen, oder Milchshakes herzustellen.

Kreative Angebote
- *Äpfel im Schokomantel: Literaturlisten / MDL7*
- *Pizzagesichter: Literaturlisten / MDL8*
- *Milchshakes: Literaturlisten / MDL9*
- *Ernährung: Literaturlisten / MDL6*

3.6.4 Massagen

Innere Anspannung zeigt sich auch körperlich und kann zu Verspannungen und Blockaden führen. Spielerische Massagen in die Trauergruppenstunde einzubauen bringt Kindern Freude, entspannt und trägt zu einem positiven Körperempfinden bei. Die körperliche Zuwendung und Berührung einer anderen Person entfaltet zudem eine wohltuende Wirkung. Kinder sollten gefragt werden, welche Berührung sie mögen und welche sie als unangenehm empfinden.

Wenn spielerische Massagen eingesetzt werden, muss die Gruppenleitung unbedingt darauf achten, dass Kinder nicht dazu gezwungen oder gedrängt werden, sich zu beteiligen. Ausdrücklich sollten wir betonen, dass jede Haltung, die ein Kind einnimmt, respektiert wird.

Körperliche Angebote
- *Pizza backen: Massagen / MDM3*
- *Würstchenübung: Massagen / MDM4*
- *Massage mit Ball: Massagen / MDM2*
- *Wolkenmassage: Massagen / MDM1*
- *Literaturhinweise zu Entspannung: Literaturlisten / MDL13*

3.6.5 Atemübungen

Sind Kinder nervös, angespannt oder ängstlich, macht sich dies in einer unruhigen Atmung bemerkbar. Bewusst den eigenen Körper in der Atmung wahrzunehmen, den Atem zu beruhigen führt zu Entspannung und konzentriert die Gedanken auf die Atmung anstatt auf die Beschäftigung mit Angst und Sorgen. In der Trauergruppe verwenden wir in Verbindung mit Fantasiereisen, Meditationen und Yogaübungen Atemtechniken, die Kinder darin unterstützen, innere Ruhe zu finden.

Angebot Körperübung
- *Bauchatmung: Massagen / MDM5*

3.6.6 Aromatherapie

Die Aromatherapie geht von einer ganzheitlichen Sicht des Menschen aus, d. h. von der Leib-Seele-Geist-Einheit. Ätherische Öle wirken heilend, ausgleichend und harmonisierend auf den ganzen Menschen. Trauer bringt aus dem seelischen, körperlichen und geistigen Gleichgewicht. Hier können ätherische Öle positiv auf das körperliche und psychische Empfinden wirken. Trauerreaktionen bei Kindern, wie Schlafstörungen, Kopfschmerzen, Unruhezustände, Bauchschmerzen oder Konzentrationsschwäche, lassen sich häufig durch aromatherapeutische Maßnahmen heilsam beeinflussen. Um eine Wirkung zu erzielen, ist allerdings auf eine genaue Diagnose sowie auf die stimmige Auswahl und Dosierung ätherischer Öle zu achten. Körperliche Ursachen für die genannten Symptome müssen zudem ausgeschlossen werden. Ein schöner Duft tut gut. Das spüren auch Kinder. Lässt man sie ihren eigenen Duft finden, haben sie ein gutes Gespür dafür, was sie in Krisenzeiten unterstützt. In Einzelbegleitungen, in kleinen Trauergruppen oder in der Arbeit mit Jugendlichen habe ich gute Erfahrungen mit dem Einsatz ätherischer Öle gemacht.

Angebot Aromatherapie
- *Rezept zu Kopfschmerzen: Literaturlisten/MDL10*
- *Rezept zu »Seelischen Bauchschmerzen«: Literaturlisten/MDL11*
- *Rezept zu Schlafstörungen: Literaturlisten/MDL12*
- *Literaturhinweis: Literaturlisten/MDL13*

3.4 Begegnungen mit der Natur

Gemeinsame Spaziergänge, Entdeckungsreisen und Ausflüge in die Natur sorgen nicht nur für frische Luft, sondern geben Kindern die Möglichkeit, den Kreislauf des Lebens bewusst und direkt zu beobachten. Veränderungen und Wandlungen in der Natur wahrzunehmen, sich als Teil der Natur zu verstehen kann es Kindern erleichtern, den Verlust in ihr Leben zu integrieren. Wir können mit Kindern bewusst nach Zeichen der Wandlung, Vergänglichkeit und neuen Lebens suchen, diese Zeichen für sie erlebbar machen. Pflanzen, Tiere und die Elemente Wasser, Feuer, Erde und Luft sowie der Wandel der Jahreszeiten machen auf vielfältige Weise deutlich, dass nichts bleibt, wie es ist, dass alles der Veränderung und Vergänglichkeit unterworfen ist. Gleichzeitig finden wir unzählige hoffnungsvolle Zeichen und Hinweise auf die Entwicklung neuen Lebens, auf Wachstum und Reifung. Zudem können viele wertvolle Rituale in der Natur vollzogen werden. So kann man der Natur Botschaften übergeben, sie vergraben, aufs Wasser legen oder in den Himmel schicken. Schön ist es, jahreszeitliche Elemente in die gestaltete Mitte und die kreativen Angebote zu integrieren.

Kreative Angebote
- *Den Namen des Verstorbenen und das, was mit ihm verloren geht, und den Trauerschmerz aufschreiben und in Form eines Papierschiffchens auf die Reise schicken: Kreative Angebote/MDK45*
- *Naturmandala erstellen: Kreative Angebote/MDK44*
- *Flaschenpost abschicken: Kreative Angebote/MDK19*
- *Luftballon mit »Schmetterlings-Botschaft« fliegen lassen: Kreative Angebote/MDK41*
- *Feuerblock gestalten und abbrennen: Kreative Angebote/MDK16*
- *Kaulquappen beobachten: Kreative Angebote/MDK27*

- *pflanzen und säen: Kreative Angebote / MDK46*
- *Muscheln, Steine, Schneckenhäuser: Kreative Angebote / MDK42*
- *Baumbild malen: Kreative Angebote / MDK2*
- *Textimpuls – »Mein Freund, der Baum«: Textimpule / MDT30*
- *Literaturhinweise: Literaturlisten / MDL3*

3.5 Literatur, Filme, Bilder, Musik

Texte aus der Literatur sowie Filme, Bilder und Musik bieten eine gute Möglichkeit, einen Einstieg zu bestimmten Themen zu finden, der für Kinder ansprechend und anregend ist. Wir können Kinder anhand der dargestellten Ereignisse und Figuren fragen, wie diese wohl fühlen und denken. Kinder können so spielerisch eigene Gefühle auf die Figuren übertragen und damit experimentieren. Wir können Kinder außerdem fragen, was sie selbst anders erleben als die dargestellten Figuren. Zudem können Literatur, Bilder, Musik und Filme Anlass sein, um Kinder zu Rollenspielen zu ermutigen. Gleichzeitig haben wir die Möglichkeit, Kinder über diese Medien zu bestimmten Themen zu informieren und diese anschaulich zu machen. Eine empfehlenswerte Zusammenstellung von Literatur, Filmen, Musik und Bildern findet sich im Download-Material.

- *Literatur für Kinder: Literaturlisten / MDL2*
- *Filme: Literaturlisten / MDL14*
- *Musik: Literaturlisten / MDL15*

3.5.1 Bildbetrachtungen

Bildbetrachtungen laden den Betrachter ein, Stellung zu beziehen. Sie aktivieren eine Auseinandersetzung mit eigenen Erfahrungen und Erlebnissen, Ängsten und Wünschen. Nach dem Betrachten des Bildes sollten wir Kindern Zeit lassen, das Gesehene nachzuempfinden und sich später dazu auszutauschen. Bildbetrachtungen setze ich gerne ein, da sie gut als Impuls zu einer bestimmten Frage und für die Arbeit in Groß- oder in Kleingruppen geeignet sind. Im Download-Material finden sich verschiedene geeignete Bilder zum Themenbereich. Auch verschiedene Impulstexte sind dort notiert.

- *Bilder und Impulsfragen: Bildbetrachtungen / MDB1 bis MDB13*
- *z. B. »Tod und Leben«, Gustav Klimt: MDB1; »Das Leben«, Marc Chagall: MDB5; »Kind und Tod«, Edvard Munch: MDB4; »Die kranke Schwester«: MDB7; »Tod und Feuer«, Paul Klee: MDB3*
- *Textimpulse: MDT1 bis MDT36*
- *z. B. »Die Schmunzelsteine«, »Das rosa Tütchen«, »Ein schwedisches Waldmärchen«, »Hanna und die Sonnenblume«, »Großmutters Zauberkerze«, »Wasserlarven und Libellen«, »Johanna und der Tod« ...*

3.5.2 Biografiearbeit

Im Zusammenhang mit der Erinnerungsarbeit bekommen Kinder die Möglichkeit, die eigene Lebensgeschichte noch einmal neu zu konstruieren. Sie sollen Gelegenheit haben, ihr Leben als Ganzes, mit guten wie schlechten Erfahrungen und mit dem Verlust neu zu ordnen, aus einem neuen Blickwinkel zu betrachten.

Der Tod des nahestehenden Menschen wird für das Kind zunächst ein tiefer Einschnitt in das Leben sein, mit dem alles zu Ende zu gehen scheint. In der Trauergruppe kann der Verlust als Teil des Lebens begriffen werden, dem ein Lebensabschnitt vorausging und ein nächster folgen wird. Auch hier kommen je nach Persönlichkeit verschiedene kreative Möglichkeiten zum Einsatz.

Kreatives Angebot

- *Den eigenen Lebensweg gestalten: Kreative Angebote / MDK37*
- *Das eigene Leben aufschreiben / Tagebuch: Kreative Angebote / MDK66*
- *Zeitskala gestalten: Kreative Angebote / MDK79*
- *Vom Baby zum Kind: Kreative Angebote / MDK71*
- *Trauerland-Spiel / MDK87*

3.6 Umstrukturierung von Erwartungen und Überzeugungen

Durch den Tod eines vertrauten Menschen wird das bisherige Weltbild des Kindes erschüttert. Sein Grundvertrauen in die Welt, Selbstsicherheit und Selbstwertgefühl werden stark gemindert oder gehen vorerst verloren.

Kinder suchen dann Wege, das alte Weltbild zu erhalten oder das alte und das veränderte Weltbild sowie das Selbstbild neu zu sortieren. Hierbei entwickeln Kinder »Notlösungen«, Interpretationen des Geschehens, die dafür sorgen, dass nicht die gesamte vorherige Weltsicht zerstört wird. Dabei kommt es zu Fehldeutungen, negativen Verknüpfungen, zur Installation falscher Erwartungen und Überzeugungen, die dazu dienen, schnell wieder Kontrolle über die eigene Lebenssituation zu erlangen.

Kinder und Erwachsene erwarten dann beispielsweise von sich und ihrer Umwelt, dass alles wieder so wird wie vorher. Oder Kinder geben sich die Schuld am Geschehen und versuchen, damit ihr Weltbild zu erhalten. Zudem glauben sie auf dem Hintergrund des magischen Denkens, in Zukunft durch »richtige« Verhaltensweisen solche Ereignisse beeinflussen oder verhindern zu können. Kinder wie Erwachsene entwickeln aus der Erfahrung des Verlusts neue Überzeugungen, um die Welt zu erklären und zukünftig solche Erlebnisse zu vermeiden. Das können z. B. Verallgemeinerungen sein wie: »Ich muss auf alle Menschen aufpassen, damit ihnen nichts passiert.« – » Wenn ich etwas Böses wünsche, passiert das auch.« – »Im Dunkeln nach draußen zu gehen ist gefährlich.« – »Meine Familie hat immer Pech.«

Daneben können negative Verknüpfungen im Zusammenhang mit dem Selbstwert durch Interpretationen des Ereignisses entstehen wie z. B.: »Ich bin genauso ungeschickt wie meine Schwester.« – »Ich habe nichts Besseres verdient.« – »Ich bin es nicht wert, geliebt zu werden.« – »Meine Weihnachtsfeste sind jetzt immer schrecklich.«

Eine weitere Möglichkeit, das eigene bisherige Weltbild unangetastet zu lassen, ist die Leugnung des Verlusts. In der Trauergruppe werden derartige Interpretationen, Verknüpfungen und Überzeugungen behutsam aufgedeckt und hinterfragt werden. Deshalb achten wir in Gesprächen genau darauf, welche Folgerungen Kinder aus dem erlebten Verlust ziehen. Es hilft ihnen nicht, wenn wir ihnen nur sagen, dass die Deutungen falsch, irreführend etc. sind. Kinder müssen dies selbst erkennen. Wir können durch vorsichtiges Fragen Deutungen und Überzeugungen ins Schwanken bringen und zu neuen Erklärungen des Geschehens anregen. In der Trauergruppe sollten wir deshalb Kindern Gelegenheit geben, Interpretationen, Verknüpfungen und Überzeugungen zu überdenken, neue Sichtweisen kennen zu lernen und für sich auszuprobieren. Fragen, die eine Umstrukturierung anstoßen können, sollten auf die individuelle Deutung des Kindes gerichtet sein.

Allgemein sollten wir Formulierungen wie »es ist immer …«, »es ist sicher …«, »es kann nur so sein …«, »es ist niemals so …« hinterfragen und andere Deutungen mit den Kindern ausprobieren wie: »es ist manchmal so ...«, »es ist ab und zu so ...«, »es ist wahrscheinlich so ...«, »es ist vielleicht so ...«, »es ist möglicherweise so ...« Wir können zudem durch behutsame Realitätstests Überzeugungen als unrealistisch aufdecken: »Was hättest du tun können, um das Ereignis zu verhindern?« – »Hättest du denn wissen können, dass der Unfall passieren würde?« – »Passieren Unfälle denn nur im Dunkeln?« – »Könntest du das Geschehen auch anders erklären?« – »Gibt es noch andere Möglichkeiten?«

3.7 Offen für Sinnfragen

Unterstützung bedeutet auch, offen zu sein für Sinnfragen, die sich Kinder wie Bezugspersonen stellen. Häufig fragen Kinder in der Trauergruppe nach dem Sinn des Todes ihres kleinen Bruders, ihrer Mutter oder der Freundin. Auch Kinder versuchen, das Geschehen in einen Sinnzusammenhang zu bringen, auf die Frage nach dem Warum eine Antwort zu finden. In der Trauergruppe tauschen sich Kinder untereinander über diese Fragen aus, versuchen oftmals ganz unterschiedliche Deutungen und sind verzweifelt, wenn sie keine für sich befriedigenden Antworten entdecken können. Wir dürfen als Begleiter keine Antworten auf den Sinn des Geschehens vorgeben oder die von den Kindern gefundenen Antworten bewerten. Die Sinnfindung ist eine wichtige Traueraufgabe, die Betroffene nur für sich lösen können. Es ist jedoch darauf zu achten, dass Kinder Erklärungen zur Todesursache bekommen. Jedes Kind muss für sich die Möglichkeit bekommen, im geschützten Raum seine individuelle Deutung des Verlusts zu entdecken, sie zu äußern, anzuzweifeln, zu verwerfen und neu zu gestalten. Kindliche Sinngebungen können z. B. sein: »Marius musste sterben, damit er mich nicht mehr ärgern kann.« – »Johanna ist tot, weil Mama und Papa nicht so viel Geld haben, um uns allen ein gutes Leben zu ermöglichen.« – »Der Opa sollte im Himmel nicht so alleine sein, deshalb musste der Papa zu ihm kommen.« Diese Deutungen können Erwachsene irritieren, haben aber für Kinder eine wichtige Funktion in der Bewältigung des Verlusts. Diese Sinngebung wird sich im Laufe der Zeit wandeln und dem Alter und der Entwicklung des Kindes anpassen (vgl. auch die Hinweise oben).

Moderiertes Gesprächsangebot
- *Was glaubst du, welchen Sinn es hatte, dass dein dir nahestehender Mensch gestorben ist?*
- *Hattest du schon einmal eine Idee dazu, an die du jetzt aber nicht mehr glaubst?*
- *Welche Gedanken zum »Warum« haben andere Menschen zum Tod deines Angehörigen?*
- *Was ist deine Antwort auf die Frage »Was ist das Leben?«?*
- *Textimpuls »Schwedisches Waldmärchen«: Textimpulse / MDT17 (Impulsfrage: »Warum sind die Antworten der Tiere so verschieden?«)*
- *Textimpuls »Die Geschichte vom Baumwollfaden«: Textimpulse / MDT7*

3.8 Hoffnung

Tragfähige Hoffnungssymbole müssen in die Kindertrauergruppenarbeit aufgenommen werden. Kinder, die einen schweren Verlust erlitten haben, brauchen das Gefühl, dass sie trotz des Verlusts der nahestehenden Person ein erfülltes und glückliches Leben führen können und dürfen. Manchmal entwickeln Kinder Ängste, auch anderen Bezugspersonen könnte etwas Schlimmes zustoßen. Deshalb ist es wichtig, Kindern zu vermitteln, dass nicht alles ein schlechtes, schlimmes Ende hat und dass es nach dem schweren Ereignis auch wieder schöne Zeiten geben wird.

Ressourcenarbeit und Hoffnungssymbole unterstützen den Ausblick auf eine lebenswerte Zukunft. Deshalb sollen individuelle Ressourcen und Stärken in der Trauergruppe bewusst herausgearbeitet werden. Sie stärken für den Trauerprozess und geben Kindern Mut, persönlichen Empfindungen und Bedürfnissen zu folgen. So können sie Möglichkeiten entdecken, sich nicht für ihre Bezugspersonen verantwortlich zu fühlen und Freude am eigenen Leben zu empfinden, ohne dabei ein schlechtes Gewissen zu haben. Hoffnung zu veranschaulichen, zu zeigen, dass begründete Hoffnung besteht, ohne das Geschehene herabzuwürdigen, zu verharmlosen oder gar auszuklammern, ist ein wesentlicher Teil der Trauerarbeit mit Kindern.

Hoffnungsbilder sind Symbole, die dem Verlust mit seinem Schmerz und seinen Konsequenzen nicht ausweichen, sondern ihn integrieren. Es sollten Bilder sein, die darauf hinweisen, dass auch in scheinbar hoffnungslosen Situationen sich vorsichtige Zeichen »neuen Lebens« zeigen können.

Das kann die Wüste sein, in der trotz Kargheit und schwieriger Lebensbedingungen eine Pflanze wachsen kann. Kinder finden für sich eigene Hoffnungsbilder und Symbole. Das können religiöse Bilder (z. B. Engel) oder solche aus der Natur sein, oder Schiffe, die nach einem schlimmen Sturm die rettende Insel erreichen, der Garten des verstorbenen Vaters, den die Familie weiter bewirtschaftet ... Wir können Kindern zudem aus eigenen Erfahrungen davon berichten, dass Menschen in Gedanken, Erinnerungen und im Herzen weiterleben können.

Kreative Angebote

- *Rose von Jericho: Kreative Angebote / MDK49*
- *Senfkorn pflanzen / MDK56*
- *Luftballon mit Schmetterling steigen lassen: Kreative Angebote / MDK41*
- *Spuren im Leben hinterlassen: Kreative Angebote / MDK61*
- *Pflanzen und Säen: Kreative Angebote / MDK46*
- *Wunschbaum: Kreative Angebote / MDK76*
- *Seifenblasen: Kreative Angebote / MDK54*
- *Im Dunkel Licht finden / MDK90*
- *Kerzen mit Wachs gestalten / MDK91*
- *Koffer füllen / MDK85*
- *Rettungsring gestalten / MDK84*

3.9 Glaube und Spiritualität

Bei den an den Trauergruppen teilnehmenden Menschen finden wir meist eine bunte Mischung verschiedener Glaubensrichtungen, oder auch Menschen, die nicht religiös verankert oder nicht gläubig sind. Sie alle suchen Unterstützung in der Trauergruppe. Deshalb ist es wichtig, das Angebot glaubensoffen zu gestalten. Gruppenleiter sollten zudem selbst gut über verschiedene Glaubensrichtungen und Bestattungsarten informiert sein, um auf Fragen der Kinder eingehen zu können.

Religiöser Glaube kann für Kinder und Erwachsene nach einem Verlust ein stützendes und wesentliches Element sein, Trauer zu überleben. Hier können sie nicht nur sachliche Antworten nach dem Sinn des Lebens oder dem Verlust finden. Zusätzlich können spirituelle Erfahrungen Lebensmut geben und stärken. Eigene Glaubensauffassungen dürfen wir Kindern nicht aufdrängen, aber wir können sagen, woran wir selbst glauben.

Wir können Kinder, die religiös verankert sind und die in ihrer Trauer dort Halt finden, entsprechend unterstützend begleiten. Religiöse Lebensdeutungen werden auch von Kindern vor oder nach einem Verlust verändert. Gott kann dann als böse erscheinen oder aber als Beschützer. Spüren wir, dass Kinder beängstigende religiöse Jenseitsvorstellungen haben, sollten wir mit den Kindern neue, positive Bilder finden.

- *Literaturhinweise: Literaturlisten / MDL4*
- *Infoblatt Dellanima: Bestattungsarten Informationen Allgemein / MD12*

3.10 Neuorientierung

Der Verlust führt bei Kindern zu unterschiedlichen Rollenveränderungen, mit denen sie sich auseinandersetzen müssen. Sie sind plötzlich Einzelkind, ältestes Kind, Waisenkind. Oft haben Kinder Sorge, dass ihre Mütter oder Väter nicht mehr für sie sorgen können oder das finanzielle Mittel für die Hobbys der Kinder, für Geschenke oder Urlaube fehlen. Kinder berichten häufig von ihren Erlebnissen in der Schule nach dem Verlust. Sie fühlen sich verunsichert durch Mitschüler, die plötzlich überfreundlich sind, durch andere, die blöde Fragen stellen, sie ärgern oder auslachen. In der Gruppe festzustellen, dass es anderen ähnlich ergangen ist, stärkt Kinder und entlastet sie von dem Gefühl, nicht normal zu sein. Die Beschäftigungen in der Trauergruppe fördern eine Neuorientierung, auch weil über den Verlust und die damit verbundenen Veränderungen im Leben der Kinder in der Familie, in der Schule, bei ihren Hobbys gesprochen wird. Im Erzählen und im Austausch mit anderen Kindern über das Leben ohne den Verstorbenen entdecken Kinder neue Aufgaben, die sie übernommen haben. Wir ermutigen Kinder, ihre eigene neue Rolle einzunehmen und nicht die Rolle z. B. des Verstorbenen zu übernehmen: »Ich muss halt den Papa ersetzen, in seinem Bett schlafen und warten, bis die Mama eingeschlafen ist.« – »Ich bin jetzt wie die Mama dafür zuständig, dass alle Blumen gegossen werden.« – »Ich muss stark sein wie der Papa, damit ich später auch Polizist werde, weil es der Papa auch war.«

Individuelle Fähigkeiten können wahrgenommen und gefördert werden. Diese Wahrnehmung der individuellen Stärke kann durch das Kind selbst erfolgen, geschieht aber oft durch die anderen Kinder oder die Gruppenleitung. Kinder sollen ermutigt werden, ihre Stärken einzusetzen. Die Hervorhebung ihrer besonderen Fähigkeiten tut den Kindern gut, und sie blühen regelrecht auf. Auch in anderen Zusammenhängen möchten sie sich bestätigt wissen: »Das kann ich doch auch gut.« – »Ich konnte das als Kleinkind schon gut.« – »Meine Mama hat auch gesagt, dass ich das gut kann.« Deshalb sollten wir Kindern durch Lob und Wertschätzung Kraft geben.

- *Musikimpuls »Ich bin stark«: Literaturlisten / MDL15*

3.11 Gestaltung von schweren Tagen: Jahrestage, Geburtstage, Feste

In der Trauergruppe sollten besonders schwere Tage und Feste für Trauernde thematisiert werden. Kinder wie Bezugspersonen sollten dabei unterstützt werden, sich individuell und gemeinsam darauf vorzubereiten. Sich mit den Kindern sowie Bezugspersonen Gedanken über die Gestaltung des Weihnachtsfests, des ersten Todestages, von Geburtstagen, Allerheiligen, Muttertag, bevorstehenden Einschulungen, Kommunionfeiern, Konfirmationen oder anderen besonderen Tagen zu machen, das ist für Familien oft ein erster Anstoß, diese Tage gemeinsam in den Blick zu nehmen. Bezugspersonen erzählen häufig, dass die Kinder sich wahrscheinlich nicht an den Todestag erinnern würden. Kinder wiederum erzählen, dass sie diesen Tag ganz dick in ihrem persönlichen Kalender vermerkt haben, sich aber eher nicht dazu äußern, um die Bezugsperson zu schonen.

Oft ist es so, dass sich im Grunde jeder aus der Familie eine gemeinsame Vorgehensweise für den schweren Tag wünscht, sich aber nicht traut, das Thema anzusprechen. In der Trauergruppe können wir beide Seiten ermutigen, sich im Vorfeld damit zu beschäftigen und gemeinsame Bedürfnisse zu finden. Wir können praktische und kreative Gestaltungsmöglichkeiten für schwere Tage anbieten und Familien im Umgang mit diesen stärken.

Kreative Angebote

- *Raketen zünden zu Silvester: Kreative Angebote / MDK47*
- *Sterne für den Weihnachtsbaum: Kreative Angebote / MDK64*

- *Engel mit Botschaft zu Weihnachten: Kreative Angebote / MDK11*
- *Erinnerungskekse zum Geburtstag: Kreative Angebote / MDK12*
- *Gemeinsamer Spaziergang zum Grab, Unfallort, anderem mit dem Verstorbenen verbundenen Ort*
- *Symbole für das Grab – Gestaltung von Steinen, Kerzen: Kreative Angebote / MDK62, MDK20*

Moderierte Gesprächsrunde mit Impulsfragen wie

- *Was möchtest du an diesem Tag gerne tun?*
- *Mit wem möchtest du gerne zusammen sein?*
- *Was glaubst du oder weißt du, was andere aus deiner Familie sich für diesen Tag wünschen?*

3.12 Gestaltete Mitte

Die »gestaltete Mitte« in der Trauergruppe erfüllt verschiedene Funktionen und kann dementsprechend eingesetzt werden. Zum einen trägt die (räumliche) Mitte dazu bei, sich als Gruppe zusammenzufinden, eine Mitte zu finden. Weiterhin kann durch die Gestaltung die Atmosphäre im Raum positiv beeinflusst werden. Sie kann Geborgenheit, Harmonie, Schönheit, Entwicklung und vieles mehr vermitteln.

Die »gestaltete Mitte« kann zudem das inhaltliche Thema der Gruppenstunde optisch ankündigen oder bereits Bearbeitetes visuell wieder aufgreifen.

Die »gestaltete Mitte« soll in der Gruppenstunde offen bleiben für Veränderung und Wandlung des Gruppenprozesses und kann sichtbares Zeichen von Entwicklung werden.

Kinder und Gruppenleiter, die sich um die »gestaltete Mitte« zusammenfinden, die dort sitzen, stehen, sich bewegen, müssen sich als Individuum in den Kreis einfügen oder zurücknehmen dürfen. Wichtig ist es, den Kindern zu vermitteln, dass wir in der Trauergruppe zum einen einen Weg miteinander gehen und zum anderen aber auch jeder für sich geht, dass Wege sich verändern. Diese Veränderungen, die zum Leben gehören, können und dürfen sich an unserer Mitte, unserem Sitzplatz, unseren Standpunkten und Bewegungen zeigen. Die Rituale zu Beginn und am Ende der Stunden sollten keine starren Handlungen sein. Wir müssen Kindern auch im Anfangskreis und Abschlusskreis sichtbare Zeichen von Veränderung und Bewegung ermöglichen und zudem ein Klima in der Gruppe schaffen, das offen ist für individuelle Entscheidungen und Sichtweisen. Kinder sollen lernen, dass sie sich als Teil einer Gruppe verstehen können, sich aber nicht immer mit der Gruppe oder einzelnen Gruppenmitgliedern identifizieren müssen. Sie sollen die Möglichkeit haben, eine Selbsteinschätzung vorzunehmen, ohne Beeinflussung der Position, die andere zum gleichen Thema wählen.

Impuls- und Gesprächsangebot

- *Wenn die Mitte unsere Trauer ausdrückt, wie stehe ich zu meiner Trauer, welchen Abstand und welche körperliche Haltung wähle ich?*
- *Jeder stellt sich mit dem Rücken zur Mitte, ohne die anderen Kinder zu sehen, und wählt seine persönliche Position und Haltung. Wenn alle Kinder ihren Platz gefunden haben, kann geschaut werden, wie die anderen sich im Hinblick auf ihre Trauer sehen, und die Kinder können sich darüber austauschen.*
- *Beispiele für gestaltete Mitten: Fotos / MDF1*

4 Rituale und Symbole in der Kindertrauergruppenarbeit

Rituale spielen in unserem Leben eine wesentliche Rolle, ohne dass uns dies immer so bewusst ist. Auch in der Kindertrauergruppe sind sie ein wichtiges Element der Unterstützung. Es gibt viele unterschiedliche Möglichkeiten, Rituale zu gestalten.

Hilfreich bei der Verwendung von Ritualen sind symbolische Objekte oder Trauersymbole. Bilder, denen in der Trauer eine andere Bedeutung zugeordnet wird, sind beispielsweise: Regenbogen, Brücke, Säen oder Pflanzen, Schmetterling, Libelle, Baum, Muschel, Spirale, Schneckenhaus, Labyrinth, Weg, Boot, Kerze, Rose, Licht, Erde sowie Gegenstände, die mit dem Verstorbenen verbinden, und andere mehr. Viele dieser Symbole sind für vielfältige und individuelle Deutungen offen und können Hoffnung und Leben vermitteln.

Ich habe von Kindern immer wieder gehört, dass es ihnen hilft, eigene Rituale zu entwickeln, die sie bei Anlässen, die sie mit dem Verstorbenen verbinden, wie etwa Jahres-, Geburts- oder Festtage, pflegen. Das können beispielsweise sein: beim Grabbesuch in einer bestimmten Form das Grab zu pflegen, eine Kerze zu entzünden, ein Erinnerungsessen an den Verstorbenen zu gestalten, an der Unfallstelle eine Laterne aufzustellen, Luftballons oder eine Himmelsfackel für den Verstorbenen fliegen zu lassen.

4.1 Bedeutung von Ritualen

Kinder brauchen wie Erwachsene für ihre Trauer Ausdruck, Zeit, Orte und Gemeinschaft. Rituale sind dabei von besonderer Bedeutung. Unter einem Ritual verstehen wir eine (feierliche) Handlung, die nach festen Regeln abläuft und mit einem hohen Symbolgehalt aufgeladen ist. Ein Ritual soll durch ein spezifisches Verhalten oder eine bestimmte Handlung Gefühle und Gedanken versinnbildlichen. Eine aufeinanderfolgende Ordnung von Ritualen oder rituellen Handlungen bezeichnet man als Ritus.

Weil heute viele Menschen aus unterschiedlichen Kulturen zusammenleben, werden die kulturellen und religiösen Grenzen durchlässiger.

Gleichzeitig brechen alte Traditionen ab oder lösen sich auf. So kommt es, dass Kinder einerseits übliche Rituale nicht mehr verstehen und uns nicht mehr viele eingeübte Rituale zur Verfügung stehen, sich andererseits aber neue Rituale und Ritualformen entwickeln. Diese entstehen besonders dann, wenn Menschen sich mit unfassbaren und unerklärlichen Realitäten auseinandersetzen müssen. Trauerrituale fokussieren Trauer auf bestimmte Zeiten und Räume. Rituale bieten Halt und Orientierung in ungewissen Zeiten und geben die Möglichkeit, das Erlebte zu verarbeiten. Die Struktur des Rituals wirkt mit seiner geordneten Abfolge von Handlungen der inneren Konfusion entgegen. Rituale oder symbolhafte Handlungen fördern zudem das Gefühl der Verbundenheit mit dem Verstorbenen, aber auch mit der Gemeinschaft. Sie können als Mittel eingesetzt werden, um die Bindung zum Gestorbenen aufrechtzuerhalten, oder aber, um eine Verbindung aufzunehmen. Rituale bieten die Möglichkeit zum Austausch von Erinnerungen, die Trost spenden.

Rituale helfen und unterstützen dabei, Unfassbares zu begreifen, und wirken dem Gefühl von Ohnmacht entgegen. Das eigene Handeln stellt deshalb einen wesentlichen Aspekt des Rituals dar. Rituale als sichtbare Zeichen mildern durch das eigene Tun das Gefühl der Hilflosigkeit ab, geben Selbstwirksamkeit zurück und unterstützen durch ausdrucksstarke Bilder und Symbole die Anpassung an die veränderte Umwelt. Bilder und Symbole lassen das Unfassbare greifbarer und somit realer werden. Inneres kann durch ein Ritual sichtbar gemacht werden.

Rituale erfordern nicht unbedingt Worte und sind gerade deshalb in der Trauer hilfreich. Sie können nonverbal die Gefühle des Trauernden ausdrücken und geben der verbalen Unsagbarkeit des Geschehens einen Ausdrucksraum, in den der ganze Mensch einbezogen wird. Kindern steht entwicklungspsychologisch, wie wir bereits gesehen haben, ein verbaler Ausdruck ihrer Gefühle und Gedanken nicht so zur Verfügung wie Erwachsenen. Gerade deshalb können Rituale den Trauerprozess bei Kindern hilfreich unterstützen. Die emotionale Belastung, die das Todesereignis ebenfalls mit sich bringt, führt dazu, dass eine verbale Äußerung erschwert oder unmöglich ist. Gerade dann bieten Rituale eine Möglichkeit, das Unsagbare zu äußern, Isolation zu überwinden und in Kontakt und Kommunikation zu kommen mit anderen Menschen oder mit dem Gestorbenen. Rituale können zudem dazu dienen, Gefühle in der Trauer zu regulieren.

Rituale, die wir in der Trauer verwenden, können Abschiedsrituale sein, aber auch Rituale, um den Verstorbenen in anderer Form in die veränderte Umwelt einzubeziehen.

Somit erfüllen Rituale verschiedene Funktionen. In ihrer Gestaltung sind sie vielseitig geprägt. Es finden sich einmalig vollzogene Rituale, wie Trauerfeier, Bestattung, aber auch Rituale, die in der gleichen Form immer wiederkehren können. Dazu können z. B. das Anschauen von Fotos gehören oder das Hören oder Singen eines bestimmten Musikstücks, das Anzünden einer Kerze für den Gestorbenen oder die Gestaltung eines Erinnerungsortes, das Sprechen über den Verstorbenen und vieles andere.

Rituale werden zu bestimmten Zeiten und/oder an bestimmten Orten in einer bestimmten Handlungsabfolge durchgeführt. Generell können Rituale verschiedene Bedürfnisse des Trauernden oder des Familiensystems ansprechen. Gleiche oder ähnliche Rituale können für jeden Menschen oder für eine bestimmte Gruppe zudem unterschiedliche Bedeutungen haben.

Kindern können Rituale durch ihre äußere Ordnung und Struktur Sicherheit bieten, emotionalen Ausdruck zuzulassen, ohne dass sie sich darin verlieren. Dies ist aber nur dann möglich, wenn die Rituale den Kindern verständlich sind. Symbolische Bedeutungen ritueller Handlungen müssen für Kinder verstehbar sein und dürfen nicht eine zusätzliche Belastung darstellen oder zu Verwirrung führen. Erscheint Kindern ein Ritual missverständlich, reagieren sie möglicherweise mit Störungen oder Ablehnung des Rituals oder mit Lachen und Albernheit (vgl. Witt-Loers, Trauernde begleiten, 2010, S. 109–111 und Witt-Loers, Trauernde Jugendliche in der Schule, 2012, S. 114–120).

4.2 Rituale in der Trauergruppe

Rituale ermöglichen einen bewusst gestalteten Trauerprozess und unterstützen die Traueraufgaben in vielfältiger Weise. Rituale tragen dazu bei, den Verlust als Realität zu begreifen, dem Schmerz der Trauer Ausdruck zu verleihen, Trauer als einen langen Prozess der Veränderung wahrzunehmen, sich in einer Welt ohne den Gestorbenen zu orientieren und eine neue Verbindung zur gestorbenen Person zu finden.

In der Kindertrauergruppe gepflegte Rituale fördern das Gefühl der Gemeinschaft. Zudem schaffen sie Möglichkeiten einer symbolischen Kommunikation unter den Kindern. Hierdurch können Gefühle der Verbindung mit der Gruppe, der Sicherheit und des Aufgehobenseins gestärkt werden. Vielfach finden Kinder in der Trauergruppe eigene, ihrer Gruppe entsprechende Rituale, die ein individuelles Gruppengefühl entstehen lassen. Die Rituale, die wir in den Kindertrauergruppen verwenden, sollten einfach, nicht zu lang und leicht zu merken sein. Zugleich sollten sie einen eindeutigen Beginn und einen Abschluss haben, dem Entwicklungsstand der Kinder entsprechen und gleichzeitig den Fähigkeiten und Möglichkeiten der Gruppenleiter angepasst sein.

Beispiele von Ritualen in der Trauergruppe können das Entzünden der Kerze für den Verstorbenen, die Befindlichkeitsrunde mit Symbol oder Rituale der Entspannung und Ruhe sein. Eingangsrituale erleichtern den Übergang vom Alltag in die Trauergruppe sowie die Integration in die Gruppe. Durch Einstiegsrituale kann eine Atmosphäre geschaffen werden, die einen offenen Umgang miteinander fördert und das gemeinsame Thema des Verlusts bewusst macht. Abschlussrituale hingegen führen in den Alltag zurück und betonen das Ende der Trauergruppenstunde.

In meiner Praxis erfahre ich immer wieder, dass sich im Laufe der Arbeit in einer Gruppe auch immer neue Rituale entwickeln, die oft von den einzelnen Kindern oder der Gruppe initiiert werden. Dieses Erleben zeigt die mögliche Vielfalt und gleichzeitig die Notwendigkeit eines offenen Konzepts, das Individualität zulässt.

Dauerhafte Rituale trösten, da sie vermitteln, dass der Gestorbene nicht vergessen wird. In der Trauergruppe wird die Suche und Errichtung innerer und äußerer Plätze der Erinnerung durch kreative Methoden gefördert. Wiederkehrende Gedenkfeiern z. B. zum Jahrestag oder die jährliche Feier im Hospiz ermöglichen zudem eine Aufrechterhaltung der Erinnerung an den Gestorbenen und richten ihm so einen neuen Platz im Leben der Hinterbliebenen ein. Das Grab oder andere Orte, die besucht und gestaltet werden können, bieten beständige Plätze für rituelle Formen der Trauer. Äußere Orte geben den Trauernden Raum für ihre beständige Trauer, gerade auch dann, wenn das soziale Umfeld den Verlust nicht mehr beachtet.

4.3 Rituale im System Familie

Rituale sollten wir auch im Kontext des Systems Familie betrachten. Durch die Vielfältigkeit vorhandener Familienstrukturen, die Wandlung von Ritualen sowie das Aufeinandertreffen unterschiedlicher kultureller Herkünfte können Familien zumeist nicht mehr auf bekannte Rituale zurückgreifen, sondern müssen oft neue, je eigene rituelle Formen für sich entwickeln. Dieser Prozess ist vielfach ein Suchen, Entwickeln und Aushandeln im System Familie. Hierbei müssen Rituale den Bedürfnissen der Familie angepasst und mit Inhalten gefüllt werden, die von den einzelnen Familienmitgliedern getragen werden können. Zudem sollten sie für Kinder verstehbar sein, ihnen ein Mitgestalten gestatten und gleichzeitig offen sein für Veränderungen. Rituale sollten mit großer Sensibilität für die Bedürfnisse der Trauernden im System Familie gestaltet werden. Dann können sie den Zusammenhalt der Trauernden im System fördern.

In den Trauergruppen sollten Impulse für diesen Prozess in den Familien gegeben werden. Angeregt werden können zum Beispiel Gespräche miteinander über die Gestaltung des Jahrestages oder des Weihnachtsfestes. Dies verbindet die Familienmitglieder, und Gefühle der Einsamkeit und Isolation lassen sich so leichter vermeiden. Das symbolische gemeinsame Tun in einem Rahmen, der Verlässlichkeit und Orientierung bietet, fördert das Gefühl des Einzelnen, ein Teil der Gesamtfamilie zu sein.

4.4 Zwanghafte Rituale

Möglich ist allerdings auch eine negative Wirkung von Ritualen. Diese tritt dann ein, wenn Rituale nicht als tröstlich empfunden, sondern eher zwanghaft ausgeübt werden, der Trauernde sich zusätzlich belastet fühlt und darunter leidet. Dies kann auch auf eine psychische Störung hindeuten.

Es gehört zur normalen Entwicklung, dass Kinder Zeiten erleben, in denen sie an Ritualen und Gewohnheiten festhalten möchten. Dies drückt sich z. B. im Behaltenwollen des Schnullers oder dem Beibehalten von Abendritualen aus. Problematisch werden Rituale und das Festhalten daran erst dann, wenn sie außer Kontrolle geraten und Kinder sich nicht von Ritualen lösen können, obwohl sie unter ihnen leiden. Meist sind zwanghafte Rituale bei Kindern mit dem magischen Denken verbunden. Kinder entwickeln z. B. Rituale, um den Toten wieder lebendig zu machen. Sie meinen, der Vater käme zurück, wenn sie ihm täglich ein Bonbon und seine Lieblingssocken herauslegen, und sie leiden, wenn der Vater trotzdem nicht wiederkehrt.

Wichtig ist es deshalb, in der Begleitung trauernder Kinder darauf zu achten und zu erkennen, welche Deutungen bei Kindern hinter einer rituellen Handlung stehen, die gegebenenfalls auf die Notwendigkeit therapeutischer Hilfe hinweisen.

5 Die Praxis der Gruppenstunden
Vorbereiten, Strukturieren, Durchführen, Nachbereiten

Die Grundstruktur des DellTha-Konzepts im Hinblick auf den zeitlichen, räumlichen und personellen Rahmen der Arbeit in einer Kindertrauergruppe habe ich bereits dargestellt. Darüber hinaus haben die einzelnen Gruppentreffen einen festen Raum, eine feste Struktur und einen wiederkehrenden Ablauf. Diese festen Elemente vermitteln den Kindern Sicherheit. Die Kinder können sich auf den Ablauf der Stunde einstellen und wissen, was sie als Nächstes erwartet. Das gemeinsame Anfangs- und Abschlussritual, der Kreativteil und das freie Spiel bieten den Kindern Halt und es fällt ihnen leichter, sich zu öffnen und auch schwere Themen zu besprechen. – Der Ablauf einer Gruppenstunde, Vor- und Nachbereitung sehen wie folgt, aus.

5.1 Vorbereitung

Reflexion

Kurze Reflexion zu den einzelnen Kindern und Bezugspersonen. Letzte Absprachen zur kreativen Gestaltung und alternativen Möglichkeiten.

Vorbereitung des Raums

Der Raum muss früh genug vorbereitet werden. Dazu gehört:

- *die Gestaltung der Mitte; Zurechtlegen von: Feuerzeug / Streichhölzern (jedes Kind hat seine Vorlieben, manche Kinder benötigen Hilfe beim Anzünden), besonderen Papiertaschentüchern mit Motiven, Redestein oder Knetsack, Verteilung der Sitzkissen ...*
- *Bereitstellung von Getränken und Imbiss*
- *Material zur kreativen Arbeit vorbereiten*
- *Abschalten des Telefons*

- *eventuell Schild anbringen: »Keine Störungen bitte«*
- *Sorge für ausreichendes Licht*
- *Sorge für ausreichende Wärme*

Fotodokumentation vorbereiten

Wir dokumentieren die Arbeit in den Kindertrauergruppen auch fotografisch. Zunächst sollten die Fotos nur unserer eigenen Arbeit dienen. Im Laufe der Zeit stellten wir fest, wie wichtig es den Kindern ist, dass ihre Erinnerungsgegenstände sowie ihre kreativen Arbeiten fotografisch festgehalten werden. Haben wir den Fotoapparat einmal nicht dabei, nehmen die Kinder ihre Arbeiten selbst mit Handys auf. Oft bitten sie darum, ihre Erinnerungsgegenstände aus besonderen Perspektiven zu fotografieren, oder sie möchten zusammen mit den Gegenständen fotografiert werden. Mittlerweile gestalten wir für jedes Kind zum Abschluss der Trauergruppe eine Foto-CD.

5.2 Verlauf der Gruppenstunden

5.2.1 Begrüßung und Mitteilungsrunde

Die Kinder und Begleitpersonen werden am Eingang von einer Trauerbegleiterin empfangen. Beim ersten Treffen zeigen wir den Kindern zunächst die Räumlichkeiten und die Toiletten. Zur Begrüßungsrunde sucht sich jeder eine Sitzmatte, und wir setzen uns im Kreis um die gestaltete Mitte.

Die Stunden beginnen immer mit einer Begrüßung durch die Leiter/-innen. Diese Eröffnungsrunde soll dazu beitragen, eine lockere, entspannte Atmosphäre zu schaffen, die den Einstieg in die Thematik erleichtert. Hilfreich sind hier einfache Wahrnehmungsäußerungen und Kontaktangebote. Das können Sätze sein wie: »Heute empfinde ich es hier aber als sehr warm.« – »Ich sehe, der Jan war beim Friseur.« – »Wie schön, dass ihr trotz des fürchterlichen Regens gekommen seid.« – »Habt ihr alle einen guten Platz gefunden?«

Anschließend folgt eine Mitteilungs- und Befindlichkeitsrunde. Dazu bekommt der jeweilige Sprecher den »Redestein« und reicht diesen nach

Abschluss seiner Ausführungen weiter. Verschiedene Fragen wie z. B. »Wie war die letzte Gruppenstunde für euch?«– »Gibt es etwas vom letzten Mal, worüber ihr sprechen möchtet?« – »Was habt ihr in der letzten Woche erlebt?« – »Was beschäftigt euch sonst, in der Schule, mit euren Freunden?« erleichtern den Kindern diese Runde. Hier kommen meist für die Kinder dringende aktuelle Bedürfnisse und Probleme zur Sprache, die Raum und Zeit benötigen.

5.2.2 Inhaltlicher Impuls: Information/Thema

An dieser Stelle geben wir einen gezielten inhaltlichen Impuls in Form einer Geschichte, einer Fantasiereise, einer Bildbetrachtung, eines Musikstücks, eines Symbols, eines Films oder einer Wahrnehmungsübung und tauschen uns darüber je nach Thema in der Großgruppe oder in Kleingruppen aus. Persönliche Empfindungen und Gedanken sowie individuelle Bedürfnisse zum Thema können wahrgenommen und beschrieben werden. Möglichkeiten unterstützender Interventionen können im Rahmen der Gruppe entwickelt und diskutiert werden. Manchmal gehen wir nach dem Impuls direkt in die kreative Arbeit.

5.2.3 Pause

Nach ca. einer Stunde gibt es für die Kinder Getränke und Snacks, die auch während der kreativen Arbeit zur Verfügung stehen. Die Kinder freuen sich meist sehr darüber, verwöhnt und umsorgt zu werden.

5.2.4 Kreatives Angebot

Die kreative Arbeit ist auf die Thematik des inhaltlichen Impulses abgestimmt. Es gibt konstant verschiedene kreative Gestaltungsangebote oder Angebote, körperlich etwas zu tun, um jedem Kind die Möglichkeit zu geben, seine persönliche Ausdrucksform zu finden. Wir haben festgestellt, dass die Kinder sich auch thematisch während der kreativen Arbeit meist sehr intensiv austauschen und sich gegenseitig zu Erlebtem befragen.

5.2.5 Verknüpfung inhaltlicher Impuls und kreative Arbeit: Austausch

Nach der kreativen Arbeit setzen wir uns im Gruppenraum wieder zusammen. Dort stellen die Kinder ihre Arbeiten vor, erzählen, wie es ihnen erging, was sie weiter beschäftigt, was ihnen wichtig ist, was Spaß gemacht hat, was schwerfiel.

5.2.6 Zeit für Spiele und Bewegung

Im Anschluss an die für Kinder oft anstrengende inhaltliche und kreative Arbeit entspannen wir uns mit Spielen oder Bewegungsübungen, gehen nach draußen, je nach Wunsch und Bedürfnis der Gruppe.

5.2.7 Schlussrunde

Die Kinder lernen hier, die Stunde zu reflektieren. Fragen wie: »Wie war die Stunde?« – »Was hat mir gefallen, was nicht?« – »Was möchte ich der Gruppe noch sagen, mitteilen?« können dazu Hilfestellung geben. Die Gruppenleiter fassen ihre Eindrücke der Stunde noch einmal zusammen, greifen wesentliche Fragen, Ergebnisse, Schwierigkeiten und Wünsche auf, weisen auf ähnliches oder unterschiedliches Empfinden und Verhalten der Kinder zu bestimmten Themen hin, bündeln sichtbare Prozesse, bedanken sich bei den Kindern für die Stunde oder formulieren ein Anliegen.

Am Ende der *ersten* Gruppenstunde bedanken wir uns explizit dafür, dass die Kinder den Mut hatten, sich auf die unbekannte Gruppe und das Thema einzulassen. Wir weisen auf die Entscheidungsmöglichkeit hin, die Gruppe weiter zu besuchen.

5.2.8 Ausklangsritual

Nach der Schlussrunde gibt es einen Ausblick auf die nächste Gruppenstunde. Falls zur nächsten Stunde etwas mitgebracht werden soll, erläutern wir dies im Anschluss oder erinnern an wichtige Daten und Termine. Abschließend gehen wir zu einem Abschlussritual über, singen z. B mit den Kindern oder finden gemeinsam ein anderes für die Gruppe passendes Ausklangsritual.

5.2.9 Nachbesprechung und Reflexion

An der anschließenden Nachbesprechung und Reflexion – nach der Verabschiedung der Kinder – nehmen alle Gruppenleiter teil, d. h. die beiden der Kindertrauergruppe und die Leiterin der Bezugspersonengruppe. Hier werden die Wahrnehmungen zum Verlauf der jeweiligen Gruppenstunde ausgetauscht. Da Informationen zu Kindern und Bezugspersonen hier zusammenkommen, ist ein individuelles wie systemisches Verstehen der Situation der Betroffenen möglich.

Ich empfehle dringend, die Gruppenstunden zu dokumentieren, damit wesentliche Punkte, die in der nächsten Stunde nachbearbeitet werden sollten, auch zuverlässig wieder aufgegriffen werden können. Dazu gehören neben den Aspekten, die den Trauerprozess betreffen, auch persönliche, den Kindern und Familien wichtige Ereignisse und Veränderungen wie z. B. Kommunion, Umzug, Haustier, Krankheit. Zudem können Trauerprozesse und gruppenspezifische Dynamiken so leichter reflektiert und nachverfolgt werden. Diese Methode hat sich in meiner praktischen Arbeit nunmehr seit Jahren bewährt.

6 Inhaltliche Arbeit nach dem DellTha-Konzept in Kindertrauergruppen
Gestaltungsmöglichkeiten
von acht Gruppenstunden

Ich möchte nun auf die Themen und Inhalte eingehen, die in einem Zyklus des DellTha-Konzepts angesprochen werden können. Die Auswahl ist exemplarisch; denn grundsätzlich gilt, dass wir keinen Themenkatalog abarbeiten, sondern immer Raum lassen, die aktuellen Bedürfnisse und Wünsche der Kinder sowie der Gruppe aufzunehmen. Manchmal stehen durch einen Jahrestag, den Geburtstag eines Kindes, durch einen akuten Krankenhausaufenthalt von Bezugspersonen, durch Ereignisse in der Schule oder im Freundeskreis andere als von uns vorgesehene Themen im Vordergrund.

Betrifft das aktuelle Thema eher ein einzelnes Kind, gehen wir mit diesem Kind in die Einzelarbeit. Haben wir die Rückmeldung, dass es sich um ein Thema handelt, welches auch für andere Gruppenkinder von Bedeutung ist, gestalten wir die Gruppenstunde entsprechend. Es ist uns wichtig, mit den Bedürfnissen der Kinder flexibel sowie prozessorientiert umzugehen und aktuelle Themen mit in die Gruppenstunden einzubeziehen. Deshalb ist die regelmäßige und sorgfältige Reflexion nach den Gruppenstunden für uns von großer Bedeutung (vgl. unter 5.2.9).

Freies Gespräch und freie Themenwahl

Mögliche Themen, die aus unserer Erfahrung heraus von den Kindern immer wieder aufgegriffen werden, sind: Freundschaft (Wie haben sich Freunde verändert? Was würde ich mir von meiner Freundin/meinem Freund wünschen?), Träume, Fragen zu Krankheit, Sterben, Tod und Trauer, Trauerkulturen, Trauerritualen, Schuld, Angst, Lebensdeutungen, Religion, Glaube, Spiritualität, Gestaltung von Jahrestagen/Geburtstagen/Weihnachten, Sinnfragen.

Exemplarisch möchte ich nun zu acht Themen Gestaltungsmöglichkeiten für die Gruppenstunden vorstellen:

1. *Sich kennen lernen*
2. *Gefühle*
3. *Sich erinnern*
4. *Wie habe ich den Tod erlebt? Was hat sich seit dem Tod für mich verändert?*
5. *Wo sind die Verstorbenen jetzt? Wie stelle ich mir das Danach vor?*
6. *Was tröstet mich? Wo lasse ich meine Ängste und Sorgen?*
7. *Hoffnung*
8. *Abschluss, Abschied*

Die feststehenden Bausteine – freies Spiel, die Pause mit Getränken und Snacks sowie Körperübungen und Entspannungsmöglichkeiten – werden im Folgenden nur kurz aufgegriffen. Sie habe ich bereits beschrieben (vgl. oben an verschiedenen Stellen, z. B. zu 3.5.5 und 3.5.8). Viele weitere Ideen zur individuellen Gestaltung der Gruppenstunden habe ich schon in den vorigen Kapiteln vorgestellt. Die Übersicht ist so gestaltet, dass Bausteine individuell für eine Gruppenstunde aus den Bereichen: Textimpuls, Literatur, Musik, Bildbetrachtungen, Filme, kreative Angebote und Entspannung zusammengestellt werden können.

6.1 Erstes Kindergruppentreffen: SICH KENNEN LERNEN

Ziel der ersten Stunde:
Sich kennen lernen, Zusammenfinden der Gruppe, thematische Einführung

In der *ersten* Gruppenstunde geht es darum, sich kennen zu lernen und sich miteinander vertraut zu machen. Die Kinder sollen zudem die Möglichkeit bekommen, sich zunächst räumlich und dann auch inhaltlich zu orientieren.

Anfangs stellen sich die Leiter kurz mit Namen und Funktion vor. Der »Redestein«/»Knetsack« und seine Aufgabe werden erklärt (vgl. Download-Material: Kreative Angebote / MDK 33). Die Kinder stellen sich ebenfalls kurz namentlich vor. Notwendig sind in der ersten Stunde Hinweise zum Haus, wo die Toiletten sind, wo die Bezugspersonen sich aufhalten etc. Die Kinder sollten zudem explizit gefragt werden, ob sie noch etwas Bestimmtes wissen wollten. In der ersten Stunde verständigen sich die Leiter mit den Kindern auf folgende Regeln des Umgangs miteinander:

1 Gruppenregeln

1. Alles, was in unserer Gruppe gesagt wird, darf draußen nicht weitererzählt werden.
2. Jeder hat das Recht zu schweigen. Wer nichts sagen möchte, muss das auch nicht.
3. Wer den Redestein/Knetsack hat, darf sprechen, die anderen hören dann zu und unterbrechen nicht.
4. Niemand wird ausgelacht oder bewertet, denn jeder bringt seine eigenen wertvollen Erfahrungen mit.
5. Wir schreiben niemandem vor, was er fühlen, denken, sagen oder machen soll.
6. Jeder ist freiwillig hier und kann für sich entscheiden, ob er in der Gruppe bleiben möchte.
7. Wer sich entschieden hat zu kommen, sollte dann bitte regelmäßig kommen. Geht das wegen Krankheit oder aus einem anderen Grund einmal nicht, muss er oder sie uns bitte Bescheid geben.
8. Eure Fragen werden wir offen und ehrlich beantworten.
9. Jeder hat das Recht, allein zu sein. Wenn jemand Abstand oder Ruhe für sich braucht, kann er sich diese, nach Absprache, nehmen.
10. Jeder kann Vorschläge und Wünsche für die Gruppenstunden einbringen.
11. Wenn jemand alleine mit einem Gruppenleiter sprechen möchte, sind wir gerne für euch da.

2 Kennen lernen

Im Anschluss werden verschiedene Möglichkeiten angeboten, die ein näheres Kennenlernen zulassen. Dies kann in kreativer Form geschehen und hilft dabei, dass sich die Gruppe zusammenfinden kann. Hilfreich sind dabei Fragen wie:

- »*Wie alt bin ich?*«
- »*In welche Klasse gehe ich?*«
- »*Was sind meine Lieblingsfächer?*«
- »*Welche Hobbys habe ich?*«
- »*Wo wohne ich?*«
- »*Wie heißt mein Freund, meine Freundin?*«
- »*Was esse ich gern, was nicht?*«
- »*Was mache ich gerne, was mag ich nicht?*«

Die Gruppenleiter beteiligen sich aktiv.

Kreative Angebote zum Thema Kennenlernen: MDK28

- *Jeder gestaltet für sich seinen Namen und stellt sich selbst später in der Gruppe vor.*
- *Die Kinder finden sich zu Paaren und einer malt den anderen. Es können auch Stichworte dazugeschrieben werden. Später stellen die Kinder sich gegenseitig mit Hilfe ihrer Werke vor.*
- *Auf Tapetenrollen werden die Körperumrisse der Kinder gemalt, in die Körper können die Kinder Dinge über sich schreiben, die ihnen wichtig sind.*
- *Vorbereitete Informationen zum Namen des Kindes (Herkunft / Bedeutung) werden von den Leitern vorgestellt. Die Kinder werden um eigene Ergänzungen oder Korrekturen gebeten.*

3 Erwartungen, Befürchtungen, Vorstellungen, Wünsche

Zum ersten Treffen kommen die Kinder meist mit unterschiedlichen Erwartungen und Befürchtungen. Diese sollten die Gruppenleiter erfragen, um auf individuelle Bedürfnisse eingehen zu können und Ängste abzubauen. Wichtig für die weitere Planung und den Verlauf der Gruppe ist es, zu erfahren, welche Vorstellungen und Wünsche die Kinder an die Gruppenstunden haben. Dies kann in Form einer Gesprächsrunde oder kreativ mit Plakaten, die die Kinder gemeinsam gestalten und vorstellen, geschehen.

4 Gruppenleiter/-innen

Die Gruppenleitung sollte kurz von ihrem Tätigkeitsfeld berichten, den festen Ablauf der Stunden vorstellen (nicht den inhaltlichen), erklären, dass es kreatives Gestalten, freies Spielen, Filme, Literatur oder Möglichkeiten, in die Natur zu gehen, geben wird. Gleichzeitig sollte betont werden, dass Themen und Wünsche, die die Kinder einbringen, immer Raum haben werden.

5 Moderierte Gesprächsrunde »Warum bin ich hier?«

Wichtig ist zu erläutern, dass die Gruppe keine Bastel- oder Spielgruppe ist, sondern dass sie sich zusammengefunden hat, weil alle Kinder etwas verbindet: der Tod eines nahestehenden Menschen. Behutsam sollte nachgefragt werden, ob die Kinder den anderen erzählen möchten, wer gestorben ist. Jedes Kind darf für seinen Verstorbenen ein Licht anzünden und dieses individuell kennzeichnen. (Am Ende der gesamten Gruppenzeit dürfen die Kinder ihre Lichter mit nach Hause nehmen. Jede Gruppenstunde wird mit dem Ritual des Anzündens des eigenen Lichts für den Verstorbenen begonnen.) Im nächsten Schritt kann erfragt werden, ob die Kinder etwas zu den Umständen erzählen möchten, wann sie den Verstorbenen zuletzt gesehen haben, was sie an ihm mochten und was nicht.

6 Zusammenfassung

Am Ende der ersten Stunde kann die Leitung den Namen jedes Kindes noch einmal in Erinnerung rufen. Dann werden von ihr die Inhalte der Gruppenstunde noch einmal kurz zusammengefasst. Diese kurze Zusammenfassung sollte am Ende jeder Gruppenstunde stehen. Die Kinder werden dann darauf aufmerksam gemacht, dass sie selbst entscheiden können, ob sie weiter an dieser Gruppe teilnehmen möchten. Hinweise darauf, dass die Leitung außerhalb der Gruppenstunden bei Bedarf telefonisch, per SMS oder Mail erreichbar ist und sich in jedem Fall zeitnah zurückmelden wird, wenn eine Nachricht vorliegt, folgen. Aktuelle Telefon- und Mailkontakte sollten den Kindern für Notfälle mitgegeben werden. Die Kinder sollten über die Möglichkeit von Einzelgesprächen informiert werden.

Vor dem Abschluss der Stunde kann es noch eine kurze Gesprächsrunde geben, in der die Kinder ihre ersten Eindrücke formulieren können. Die Stunde wird beendet mit einem Ritual, das die Kinder für sich finden. Mögliche Vorschläge könnten sein:

7 Ausklangsritual

- Lied »Das wünsch ich Dir ...«: Literaturlisten / MDL16
- Klatschspiel
- Schlagen der Klangschale
- Auswählen eines »Kleinsymbols aus der Truhe«: Kreative Angebote / MDK32
- Ausblasen der Kerzen für die Verstorbenen

6.2 Zweites Kindergruppentreffen: GEFÜHLE

Ziel der zweiten Stunde:
Bei diesem Gruppentreffen geht es um Gefühle, darum, diese zu identifizieren, bewusst wahrzunehmen, sie auszudrücken und anzunehmen, sowie darum, Möglichkeiten kontrollierten Ausdrucks kennen zu lernen

Zur Vorbereitung:
Hinweis für die »Gestaltung der Mitte«: Fotos / MDF1

Licht oder Feder für positive helle, leichte Gefühle – Stein für schwere oder negative Gefühle … beides in einer Sandschale als Symbol dafür, dass all diese Gefühle zu uns gehören und sein dürfen.

1 Begrüßung und Eröffnungsrunde: »Wie fühlst du dich jetzt?«

Zunächst kann die Leitung nach der Begrüßung der Kinder diese dazu einladen, die eigene momentane Befindlichkeit wahrzunehmen und auszudrücken.

Kreatives Angebot: Wie fühlst du dich jetzt?
- *Befindlichkeit über die Wahl eines Gegenstandes ausdrücken. Wir stellen dazu verschiedene Gegenstände (z.B. Tierfiguren, Stein, Kerze, Menschenfiguren, Pflanze …) in die Mitte.*
- *Befindlichkeit über die Wahl einer Fotokarte ausdrücken. Angebot verschiedener Fotos oder Bilder*
- *Befindlichkeit über die Wahl eines Smileys ausdrücken. Smileys mit Ausdrucksweisen, die folgende Emotionen zeigen, stehen dabei zur Verfügung: fröhlich, lachend, traurig, weinend, schimpfend, frech, zornig, müde, …: Kreative Angebote / MDK4*
- *Gefühle-Quartett: Kreative Angebote / MDK22*
- *Gefühlssteine: Kreative Angebote / MDK25*
- *Raten von Gefühlen: Kreative Angebote / MDK48*
- *Literatur zu Gefühlen: Literaturlisten / MDL1*

2 Eine Geschichte vorlesen

Nach der Begrüßungs- und Mitteilungsrunde kann z.B. eine Geschichte, in der es um verschiedene Gefühle geht, gelesen werden:

- »In uns ist eine Kraft«: Textimpulse / MDT25
- »Unter der Glashaube«: Textimpulse / MDT32
- »Seelenvogel«: Literaturlisten / MDL2

Alternativ zu einer Geschichte könnten wir durch eine Bildbetrachtung oder ein Musikstück einen Impuls in die Runde geben:

- Bildbetrachtung: MDB12, MDB5, MDB6, MDB10
- Musikstück: Literaturlisten / MDL15

3 Moderierte Gesprächsrunde

- Welche Gefühle kennst du?
- Wann bist du zum letzten Mal richtig wütend gewesen? Worüber?
- Wie gehst du mit deinen Gefühlen um?

4 Kreatives Gestalten

Kreativ können die Kinder ganz unterschiedliche Objekte zum Thema GEFÜHLE erarbeiten. Es kann mit Ton, Salzteig, Stein, Federn, Glitzersteinen, Muscheln, Perlen, Farben, Papier ... und vielem mehr gearbeitet werden. Jedes Kind kann entscheiden, was es möchte. Es entstehen z. B. Herzen, Seelenvögel, Lebenskugeln, Gefühlstürme etc. Die Verbindung zum erlittenen Verlust wird von den Kindern selbst meist sehr schnell hergestellt. Sie erzählen von der Vielfalt ihrer Gefühle in diesem Zusammenhang. Es sollte mit den Kindern besprochen werden, dass wir unterschiedliche Gefühle haben, alle Gefühle zu uns gehören und dass diese Gefühle sein dürfen und sich auch ändern können. Manchmal haben Menschen auch gleichzeitig ganz verschiedene Gefühle, das kann für den Einzelnen sehr verwirrend und chaotisch erscheinen, aber auch das darf sein. Wichtig ist, immer wieder zu betonen, dass es kein richtiges oder falsches Trauern, keine falschen Gefühle gibt. Jeder trauert anders. Auch Gefühle wie Wut und Zorn haben ihre Berechtigung. Wir können Möglichkeiten suchen, auch Wut und Zorn auszudrücken, ohne diese Gefühle gegen andere Lebewesen oder fremdes Eigentum zu richten.

Kreative Angebote

- Gefühlsraupe basteln: Kreative Angebote / MDK24
- Ton: Kreative Angebote / MDK68
- Fimo: Kreative Angebote / MDK18

- *Salzteig: Kreative Angebote / MDK50*
- *Zuvor ausgewählte Fragen – Choco-Hopper-Spiel: Kreative Angebote / MDK7*
- *Seelenvogel – Literatur: Literaturlisten / MDL2*
- *Speckstein: Kreative Angebote / MDK60*
- *Knet-Gefühlsballons: Kreative Angebote / MDK33*
- *Verbrennen in der Feuerschale: Kreative Angebote / MDK70*
- *Musikstück – Gefühlsapotheke, CD Kinderrechte, Bethanien-Kinderdorf: Literaturlisten / MDL15*
- *Wut – Ballonschlagen, etc.: Kreative Angebote / MDK1, MDK78, MDK81, MDK80*

5 Zusammenfassung und Feedbackrunde

vgl. 6.1

6 Ausblick auf das Thema der nächsten Stunde: SICH ERINNERN

Vor dem Ausklangsritual sollte darauf hingewiesen werden, dass jeder zum nächsten Treffen eine ihm wichtige Erinnerung an den Verstorbenen mitbringen kann, z. B. von der verstorbenen Mama, von dem verstorbenen Bruder ... Das dürfen Fotos sein, aber auch Gegenstände, wie Kleidungsstücke, Kuscheltiere, Briefe, Brille ... Möglich ist zudem, die Todesanzeige mitzubringen oder Fotos vom Grab oder dem Toten selbst.

7 Ausklangsritual

vgl. 6.1

6.3 Drittes Kindergruppentreffen: SICH ERINNERN

Ziel der dritten Stunde:
Gefühle ausdrücken, Integrieren des Verstorbenen in das Leben ohne ihn, stärkende Erinnerungen finden

Zur Vorbereitung:
Hinweis für die »Gestaltung der Mitte«: Fotos / MDF1

1 Begrüßung und Eröffnungsrunde: »Wie fühlst du dich jetzt?«

Zunächst können die Leiter/-innen nach der Begrüßung der Kinder diese dazu einladen, die eigene momentane Befindlichkeit wahrzunehmen und auszudrücken.
(Vgl. hierzu auch oben die Hinweise zu 6.2: **1**)

2 Sich erinnern

In der *dritten* Stunde können wir z. B. mit dem Film »Leb wohl, kleiner Dachs« oder dem Lesen des gleichnamigen Buchtextes fortfahren, und nach einem anschließenden kurzen Austausch kann dann zum Thema »sich erinnern« übergeleitet werden.

Die Kinder stellen ihre Erinnerungsgegenstände und Fotos vor. Meist erzählen sie sehr engagiert und befragen sich gegenseitig. Wenn ein Kind seine Erinnerungsteile vorgestellt hat, legt es sie in die Mitte.

3 Moderierte Gesprächsrunde

Impulsfragen wie die folgenden können das Gespräch zusätzlich anregen:

- *»Was ich noch gerne gesagt hätte …«*
- *»Was ich durch den Tod von N. N. am meisten vermisse …«*
- *»Was ich an dem Verstorbenen gerne mochte«*

4 Kreatives Gestalten

Im Kreativteil haben die Kinder die Möglichkeit, ihre persönlichen Erinnerungen zu gestalten. Es kann gemalt, gebastelt, getöpfert, gekleistert, geklebt, mit Serviettentechnik, Holz oder Ton gearbeitet werden. Immer ist in den Gruppenstunden zu spüren, wie wichtig den Kindern die Gestaltung ist.

Kreative Angebote

- *Schatztruhe: Kreative Angebote / MDK53*
- *Erinnerungen in Gips: Kreative Angebote / MDK15*
- *Bilder- / Fotorahmen gestalten: Kreative Angebote / MDK4*
- *Erinnerungslichter: Kreative Angebote / MDK14*

- *Zuvor ausgewählte Fragen – Choco-Hopper-Spiel: Kreative Angebote / MDK7*
- *Erinnerungskekse: Kreative Angebote / MDK12*
- *Erinnerungsbuch: Kreative Angebote / MDK13*
- *Flaschenpost: Kreative Angebote / MDK19*
- *Schachteln für kleine Erinnerungen: Kreative Angebote / MDK51*
- *Steinherzen bemalen: Kreative Angebote / MDK63*
- *Erinnerungsbilder malen oder Collage gestalten: Kreative Angebote / MDK 73; Impulse dazu:*
  - *Wer war der Gestorbene für mich?*
  - *Was empfindest du, wenn du an den Gestorbenen denkst?*
  - *Male eine schöne Erinnerung an den Gestorbenen!*
  - *Wie sah die / der Gestorbene aus?*
- *Schreibe einen persönlichen Brief an den Gestorbenen: Impulse dazu:*
  - *Du warst für mich ...*
  - *Was ich an dir mochte!*
  - *Was ist anders ohne dich?*
- *Beschreibe den Gestorbenen in einem Erinnerungsbuch oder gestalte eine Collage! Impulse dazu:*
  - *Welche Hobbys hatte sie / er?*
  - *Was hat sie / er gerne gemacht?*
  - *Was war ihr / sein Lieblingsessen?*
  - *Was konnte die / der Gestorbene besonders gut?*
  - *Was hast du am liebsten mit dem Gestorbenen gemacht?*
  - *Was hast du an ihr / ihm besonders gerne gehabt?*
  - *Welche Worte oder Wünsche möchtest du ihr / ihm noch mitteilen?*
  - *Welche Gegenstände erinnern dich besonders an sie / ihn?*
- *Bilder kreatives Arbeiten: Fotos / MDF8*
- *Wie fühle ich mich? / MDK101*
- *Namen des Verstorbenen gestalten / MDK96*
- *Leinwand mit Lücke / MDK95*
- *Trauerland-Spiel / MDK87*

Ein Impuls, der den Kindern am Ende der Kreativphase mitgegeben werden kann, ist die Anregung, zu Hause mit den anderen Familienmitgliedern ein Erinnerungsbuch zu erstellen.

5 *Zusammenfassung und Feedbackrunde*

vgl. unter 6.1

6 *Ausblick auf das Thema der nächsten Stunde:*
WIE HABE ICH DEN TOD ERLEBT …?

7 *Ausklangsritual*

vgl. zu 6.1

6.4 Viertes Kindergruppentreffen: WIE HABE ICH DEN TOD ERLEBT? WAS HAT SICH SEIT DEM TOD FÜR MICH VERÄNDERT?

Ziel der vierten Stunde:
Realisierung des Verlusts, Klärung von Sachfragen, neue Rollen und Fähigkeiten in den Blick nehmen, Einordnung des Verlusts in Biografie, Sinnfindung, Wandlungen akzeptieren

Zur Vorbereitung:
Hinweis für die »Gestaltung der Mitte«: Fotos / MDF1

1 *Begrüßung und Eröffnungsrunde: »Wie fühlst du dich jetzt?«*

Zunächst können die Leiter/-innen nach der Begrüßung der Kinder diese dazu einladen, die eigene momentane Befindlichkeit wahrzunehmen und auszudrücken.
(Vgl. hierzu auch oben die Hinweise zu 6.2: **1**)

2 *Wie habe ich den Tod erlebt …?*

In der *vierten* Stunde könnte z. B. als Einstieg in das Thema dieses Gruppentreffens ein Vorleseteil aus dem Buch »Und was kommt nach tausend« (Textimpulse / MDT31) oder ein Film wie »Da unten«, »Leb wohl, kleiner Dachs«, »Opas Engel«, »Willi will's wissen«, »Abschied von der Hülle«, »Wenn das Leben geht« etc. (Literaturlisten / MDL14) dienen.
   Es ist für Kinder meist leichter, über Gefühle, Gedanken und Fragen der Protagonisten zu ihren eigenen Anliegen und Erfahrungen zu kom-

men. Sorgen um den Verstorbenen und Fragen nach den Kennzeichen des Todes, nach möglichen Schmerzen, aber auch Verständnisfragen zu Trauerritualen und Gebräuchen bestimmen häufig diese vierte Stunde. In diesem Zusammenhang sollte Kindern noch einmal versichert werden, dass ihre Gedanken und Gefühle niemals den Tod eines Menschen verursacht haben können.

3 Moderierte Gesprächsrunde

Impulsfragen wie die folgenden können das Gespräch zusätzlich anregen:

- *Welche Tage, Erlebnisse ohne den Gestorbenen waren bisher besonders schwer für dich?*
- *Wo oder wann vermisst du den Gestorbenen am meisten?*
- *Was hast du vorher schon zu Sterben und Tod gewusst?*
- *Hast du vor dem Tod von ihr / ihm schon einmal erlebt, dass ein Lebewesen gestorben ist?*
- *Warum ist sie / er gestorben?*
- *Wer hat dir gesagt, dass sie / er gestorben ist?*
- *Was ist dann weiter passiert?*
- *Welche Gefühle hattest du, als du die Nachricht vom Tod gehört hast?*
- *Was war dein erster Gedanke, als du von dem Tod erfahren hast?*
- *Was hast du dir gewünscht?*
- *Was hättest du in dem Augenblick gerne getan?*
- *Konntest du dich von ihr / ihm verabschieden?*
- *Hast du den toten Menschen noch einmal gesehen?*
- *Bist du bei der Beerdigung dabei gewesen?*
- *Wer trauert um sie / ihn?*
- *Wie trauern die anderen Menschen um sie / ihn?*
- *Haben sich die Menschen um dich herum durch den Tod von ihr / ihm geändert?*
- *Mit wem konntest du über den Tod sprechen?*
- *Woher wissen wir, dass jemand tot ist?*
- *Welche Fragen zum Sterben, zum Tod oder zur Beerdigung hast du noch?*
- *Gibt es schreckliche und bedrückende Erinnerungen?*
- *Wer sind deine besten Freunde? Verstehen sie dich?*

- *Haben sich Freundschaften seit dem Tod verändert?*
- *Gibt es Dinge, über die du in der Schule, im Freundeskreis oder bei deinen Hobbys nicht sprechen kannst?*
- *Wie war der erste Schultag? Wie ist die Schule jetzt? Wie fühlst du dich dort?*
- *Was hat sich seit dem Tod für dich verändert?*
- *Wie hat sich deine Familie durch den Tod verändert?*

4 Kreatives Gestalten

Im Kreativteil haben die Kinder die Möglichkeit, ihr persönliches Erleben um das Thema Tod zu gestalten.

Kreative Angebote

- *Als Symbol für schwere Gefühle in der Trauer darf sich jedes Kind, wenn es das möchte, einen Stein aussuchen und diesen bemalen und gestalten. Die Kinder gestalten den Stein vielfach für das Grab oder für einen anderen Erinnerungsort des Verstorbenen.*
- *Bedürfnisspiel: Kreative Angebote / MDK3*
- *Zuvor ausgewählte Fragen – Choco-Hopper-Spiel: Kreative Angebote / MDK7*
- *Lebenskette Kleister: Kreative Angebote / MDK36*
- *Steine bemalen: Kreative Angebote / MDK62*
- *Taguanuss: Kreative Angebote / MDK67*
- *Zeitskala: Kreative Angebote / MDK79*

Impulse für weitere Schreib- oder Malangebote

- *Schreiben eines Abschiedsbriefs, den du von dem Gestorbenen gerne bekommen hättest (Kreative Angebote / MDK6):*
  - *Was ich noch von dir wissen wollte!*
  - *Was ich dir noch sagen wollte!*
  - *Wofür ich dir noch danken möchte!*
  - *Worum ich dich noch bitten möchte!*
  - *Was ich dir noch wünschen möchte!*
- *Schreiben eines Abschiedsbriefs an den Gestorbenen:*
  - *Was hättest du ihr / ihm noch gerne gesagt?*

- *Was hättest du gerne noch für sie / ihn getan?*
- *Was hättest du gerne noch mit ihr / ihm erlebt?*
- *Worüber gab es Streit? Konntet ihr euch vertragen?*
- *Was fühlst du, wenn du daran zurückdenkst?*

Impulse zum Malen

- *Wie würdest du das Grab von ihr / ihm gestalten?*
- *Wie ist das Leben ohne den Verstorbenen?*

Impulsgeschichten/Musikimpulse

- *Z. B. lesen »Tante Sofia« – anschließend eigenes inneres Bild malen: Literaturlisten / MDL2*
- *Musikstück hören: Literaturlisten / MDL15*

Bildbetrachtungen

Bildbetrachtungen / MDB13 / Info, MDB4, MDB6, MDB7, MDB3, MDB8,

5 Zusammenfassung und Feedbackrunde

Vgl. unter 6.1

6 Ausblick auf das Thema der nächsten Stunde: WO SIND DIE VERSTORBENEN JETZT?

7 Ausklangsritual

Bevor das Ausklangsritual beginnt, weisen die Leiter/-innen darauf hin, dass die Hälfte der gemeinsamen Zeit nun vorüber ist, aber noch ebenso viel Zeit für Erlebnisse und Gespräche bleibt. Vgl. zu 6.1

6.5 Fünftes Kindergruppentreffen:
WO SIND DIE VERSTORBENEN JETZT?
WIE STELLE ICH MIR DAS DANACH VOR?

Ziel der fünften Stunde:
Einen neuen Platz für den Verstorbenen im eigenen Leben finden; positive fortdauernde Bindungen

Zur Vorbereitung:
Hinweis für die »Gestaltung der Mitte«: Fotos / MDF1

1 *Begrüßung und Eröffnungsrunde: »Wie fühlst du dich jetzt?«*

Zunächst können die Leiter/-innen nach der Begrüßung der Kinder diese dazu einladen, die eigene momentane Befindlichkeit wahrzunehmen und auszudrücken. (Vgl. hierzu auch oben die Hinweise zu 6.2: **1**)

2 *Wo sind die Verstorbenen jetzt?*
WIE STELLE ICH MIR DAS DANACH VOR?

Texte wie »Wasserlarven und Libellen« (Textimpulse / MDT33), »Der K. d. R.« (Textimpulse / MDT36), »Johanna und der Tod« (Textimpulse / DT27), »Das Märchen vom Schmetterling« (Textimpulse / MDT3) etc. können zum Thema der fünften Stunde führen.
    Immer wieder bin ich überrascht, wie unterschiedlich von Kind zu Kind die Vorstellungen von einem »Danach« ausfallen. Wichtig ist, in dieser Stunde zu betonen, dass es keine richtige oder falsche Jenseitsvorstellung gibt und dass auch die Leiter/-innen in dieser Frage nicht wissender sind als die Kinder.

3 *Moderierte Gesprächsrunde*

Impulstexte wie die folgenden können das sich anschließende Gespräch zusätzlich anregen: Textimpulse / MDT36, MDT2, MDT1, MDT3, MDT5, MDT35, MDT9.

4 Kreatives Gestalten

Im Kreativteil haben die Kinder die Möglichkeit, ihre persönlichen Vorstellungen um das Thema »Danach« zu gestalten.

Kreative Angebote

- *Zuvor ausgewählte Fragen – Choco-Hopper-Spiel: Kreative Angebote/ MDK7*
- *Malen der Jenseitsvorstellung – Impuls:*
  - *Was kommt danach?*
  - *Wo ist der Gestorbene jetzt?*
- *Malen zum Thema: Was möchte ich von dem gestorbenen Menschen für immer mit in mein Leben nehmen?*
- *Naturmandala: Kreative Angebote/MDK44*
- *Schattenspiel: Kreative Angebote/MDK52*
- *Nachrichten auf Figuren schreiben oder malen: Kreative Angebote/ MDK43*
- *Papierschiffchen: Kreative Angebote/MDK45*
- *Muscheln, Steine, Schneckenhaus: Kreative Angebote/MDK42*

Entspannung: Massagen / MDM4, MDM3, Literaturlisten / MDL9

Musikstück: Literaturlisten / MDL15
»So stell ich mir den Himmel vor«, CD Kinderrechte, Bethanien-Kinderdorf, »Mich ruft mein Stern«, CD, Kleiner Tag, Zuckowski, »Jenseits der Zeit«, CD Kinderhospiz Balthasar

Bilder: Jenseitsvorstellungen: Fotos / MDF6

5 Zusammenfassung und Feedbackrunde

vgl. zu 6.1

6 Ausblick auf das Thema der nächsten Stunde:
WAS TRÖSTET MICH ...?

7 Ausklangsritual

vgl. zu 6.1

6.6 Sechstes Kindergruppentreffen: WAS TRÖSTET MICH? WO LASSE ICH MEINE ÄNGSTE UND SORGEN?

Ziel der sechsten Stunde:
Ressourcen aufdecken und fördern

Zur Vorbereitung:
Hinweis für die »Gestaltung der Mitte«: Fotos / MDF1

1 *Begrüßung und Eröffnungsrunde: »Wie fühlst du dich jetzt?«*

Zunächst können die Leiter/-innen nach der Begrüßung der Kinder diese dazu einladen, die eigene momentane Befindlichkeit wahrzunehmen und auszudrücken. (Vgl. hierzu auch oben die Hinweise zu 6.2: **1**)

2 *Was tröstet mich? WO LASSE ICH MEINE ÄNGSTE UND SORGEN?*

In dieser *sechsten* Stunde steht die Ressourcenarbeit im Vordergrund. Nach der Begrüßung und der Befindlichkeitsrunde kann z. B. ein Textimpuls wie »Gedanken einer Kerze« (Textimpulse / MDT21), »Die Schmunzelsteine« (Textimpulse / MDT16), »Hanna und die Sonnenblume« (Textimpulse / MDT22), »Mein Freund der Baum« (Textimpulse / MDT29), »Glanzloser Stein« (Textimpulse / MDT12), »Die Kerze, die nicht brennen wollte« (Textimpulse / MDT14) gelesen werden, mit anschließendem Austausch.

3 *Moderierte Gesprächsrunde*

Impulsfragen wie die folgenden können das sich anschließende Gespräch zusätzlich anregen:

- *Was hat sich in meinem Leben verändert?*
- *Was hast du, bevor sie / er gestorben ist, gerne gemacht?*
- *Was machst du noch immer gerne?*
- *Was hat mich bisher getröstet, wenn ich traurig war?*
- *Was kann mir jetzt helfen? Was tut mir gut?*
- *Mit wem kann ich aus meinem Lebensumfeld über meine Ängste und Sorgen sprechen?*

- *Wie haben deine Freunde auf den Tod von ihr/ihm reagiert?*
- *Was hat dir gutgetan? Was nicht?*
- *Was würdest du dir von deinen Freunden wünschen?*
- *Was machst du in der Familie, mit Freunden, um euch an sie/ihn zu erinnern?*

4 Kreatives Gestalten

Im Kreativteil können die Kinder z. B. Kerzen gestalten, die sie anschließend mit nach Hause nehmen können. Viele Kinder gestalten die Kerze für den Friedhof. So kommt das Gespräch oft auf Rituale, Abschied und Trauer, auf Jahrestage und Formen des Gedenkens. Kinder erzählen oft, dass es ihnen hilft, eigene kindgerechte Rituale für Anlässe wie Jahres-, Geburts- oder Festtage zu finden. Das können beispielsweise sein: beim Grabbesuch in einer bestimmten Form das Grab zu pflegen, eine Kerze zu entzünden, ein Erinnerungsessen an den Verstorbenen zu gestalten, an der Unfallstelle eine Laterne aufzustellen, Luftballons oder eine Himmelsfackel für den Verstorbenen fliegen zu lassen …

- *Lichter aus Flachshaar: Kreative Angebote/MDK38*
- *Blumentopfkerzen: Kreative Angebote/MDK5*
- *Friedhofskerzen bemalen: Kreative Angebote/MDK20*
- *Kerzen bemalen: Kreative Angebote/MDK29*
- *Kerzen mit Wachs gestalten: Kreative Angebote/MDK30*
- *Sorgenpuppen gestalten: Kreative Angebote/MDK59*
- *Lichtertüten: Kreative Angebote/MDK40*
- *Lichtergläser gestalten: Kreative Angebote/MDK39*
- *Sorgenbaum: Kreative Angebote/MDK58*
- *Das tut mir gut!: Kreative Angebote/MDK9*
- *Feuerblock: Kreative Angebote/MDK16*
- *Duftsäckchen: Kreative Angebote/MDK10*
- *Handschmeichler: Kreative Angebote/MDK26*
- *Filzen eines Balls mit Botschaft/Wunsch …: Kreative Angebote/MDK17*
- *Lichter gestalten: Kreative Angebote/MDK83*
- *Kraftquellen malen (mit Musik)*
- *Bildbetrachtung Lebensbaum, G. Klimt: Bildbetrachtung/MDB11*
- *Brief an den Verstorbenen schreiben*
- *Im Dunkel Licht finden/MDK90*
- *Friedhofkerzen mit Serviettentechnik gestalten/MDK88*

- *Trostbrief an mich selbst schreiben*
- *Brief an Freundin / Freund schreiben – Impuls: Es tut mir gut, wenn …*
- *Bild malen zum Thema: Was hast du erlebt, seit sie / er tot ist, und was davon sollte sie / er wissen?*

Ressourcenarbeit
- *Hosentaschenamulett / MDK89*
- *Schmuck aus Speckstein, Unterlegscheiben und Fimo / MDK98*
- *Rettungsring gestalten / MDK84*
- *Koffer füllen / MDK85*

5 *Zusammenfassung und Feedbackrunde*

vgl. unter 6.1

6 *Ausblick auf das Thema der nächsten Stunde: HOFFNUNG*

7 *Ausklangsritual*

vgl. 6.1

6.7 Siebtes Kindergruppentreffen: HOFFNUNG

Ziele der siebten Stunde:
Ausblick auf ein Leben ohne den Verstorbenen

Zur Vorbereitung:
Hinweis für die »Gestaltung der Mitte«: Fotos / MDF1

1 *Begrüßung und Eröffnungsrunde: »Wie fühlst du dich jetzt?«*

Zunächst können die Leiter/-innen nach der Begrüßung der Kinder diese dazu einladen, die eigene momentane Befindlichkeit wahrzunehmen und auszudrücken.
(Vgl. hierzu auch oben die Hinweise zu 6.2: **1**)

2 *Was gibt mir Hoffnung? Worauf hoffe ich für mein weiteres Leben ohne den verstorbenen Menschen?*

Der Einstieg ins Thema dieser *siebten* Stunde kann mit einem Textimpuls gemacht werden, z. B.: »Wie die Sonne in das Land der Malon kam« (Textimpulse / MDT34), »Hanna und die Sonnenblume« (Textimpulse / MDT22), »Beutelratte oder Fledermaus« (Textimpulse / MDT26), »Das Märchen vom Löwenzahn« (Textimpulse / MDT2), – mit anschließender Impulsfrage zum Thema: »Was gibt meinem Leben Licht?«

3 *Moderierte Gesprächsrunde*

Im anschließenden gelenkten Gespräch können die Kinder entdecken, was sie stark macht, aber auch, wovor sie Angst haben:

- *Was macht dir Angst?*
- *Was bereitet dir Sorgen?*
- *Was gibt dir Kraft?*
- *Worauf freust du dich?*
- *Was macht dir besonders viel Freude?*

4 *Kreatives Gestalten*

Im kreativen Teil können die Kinder eingeladen werden, eine Sonne zu gestalten und mit ihren persönlichen Kraftquellen zu beschriften. Wer möchte, kann seine Sonne den anderen vorstellen. Hierbei finden die Kinder Anregungen, Ermutigungen und Hinweise von anderen Kindern zu eigenen Kraftquellen.

Die Kinder können sich so bewusst mit der Wahrnehmung der eigenen Kraftquellen auseinandersetzen und darauf aufmerksam werden, was ihnen in ihrer Situation helfen und sie stabilisieren kann. Sie haben die Möglichkeit, ihre Unterstützungssysteme und Ressourcen zu entdecken.

Kreative Angebote

- *Wunschbaum: Kreative Angebote / MDK76*
- *Sonne gestalten: Kreative Angebote / MDK57*
- *Collage zum Thema Licht: Kreative Angebote / MDK8*
- *Flaschenlichter: Kreative Angebote / MDK14*

- *Pflanzen und säen: Kreative Angebote / MDK46*
- *Lichter aus Flachshaar: Kreative Angebote / MDK38*
- *Lichter gestalten: Kreative Angebote / MDK83*
- *Bild malen zum Thema: Was oder wer drückt für dich Hoffnung aus?*
- *Bild malen zum Thema Zukunftsträume: Was wünschst du dir für deine Zukunft?*
- *Musikstück »Wir Kinder haben Rechte«: Literaturlisten / MDL15*
- *Hosentaschenamulett / MDK89*
- *Schmuck aus Speckstein, Unterlegscheiben oder Fimo / MDK98*
- *Rettungsring gestalten / MDK84*
- *Koffer füllen / MDK85*

5 Zusammenfassung und Feedbackrunde

Vgl. unter 6.1

6 Ausblick auf das Thema der nächsten Stunde:
ABSCHLUSS, AUSWERTUNG, ABSCHIED

7 Ausklangsritual

Vgl. unter 6.1

6.8 Achtes Kindergruppentreffen: ABSCHLUSS, AUSWERTUNG, ABSCHIED

Ziele der letzten Stunde:
Abschiede im Leben gestalten, wertschätzender Rückblick und stärkende Erinnerungen behalten, Veränderungen akzeptieren

Zur Vorbereitung:
Hinweis für die »Gestaltung der Mitte«: Fotos / MDF1

1 Begrüßung und Eröffnungsrunde: »Wie fühlst du dich jetzt?«

Zunächst können die Leiter/-innen nach der Begrüßung der Kinder diese dazu einladen, die eigene momentane Befindlichkeit wahrzunehmen und auszudrücken. Nach der ersten Befindlichkeitsrunde könnte nachgefragt werden, mit welchen Gefühlen die Kinder die letzte Gruppenstunde beginnen. (Vgl. hierzu auch oben die Hinweise zu 6.2: **1**)

2 Abschluss, Auswertung, Abschied

Wesentlicher Aspekt in der letzten Stunde ist der Rückblick auf die gesamte Zeit in der Gruppe. Es werden zudem bedeutende Themen, die aufgetaucht sind, in Erinnerung gerufen, Entwicklungen aufgezeigt sowie Erwartungen und Befürchtungen, die am Anfang standen, reflektiert und ausgewertet. Es sollte allen noch einmal bewusst werden, wie viel besprochen und gearbeitet, aber auch wie viel Schönes miteinander erlebt wurde.

Dann nehmen wir in den Blick, dass die Gruppe sich voneinander verabschiedet, dass Abschiede zum Leben gehören, aber dass auch immer etwas bleibt, wieder etwas Neues hinzukommt oder sich verändert. Der Ausblick auf die Zukunft mit den in der Gruppe erarbeiteten Inhalten steht am Ende des ersten Teils des Abschlusstreffens.

3 Moderierte Gesprächsrunde

Impulsfragen mit Fotokarten:

- *Sind Hoffnungen und Wünsche in Bezug auf die Gruppe erfüllt?*
- *Haben meine Ängste und Sorgen sich bestätigt?*
- *Was hat mir geholfen, gutgetan, was möchte ich mitnehmen?*
- *Was hätte ich nicht gebraucht? Was möchte ich hierlassen?*
- *Welche Stunde war für mich die wichtigste Stunde?*

4 Kreatives Gestalten

- *Spuren, die die Gruppe bei jedem hinterlassen hat, werden um die Mitte gelegt und sollen den Weg symbolisieren, den die Gruppe gemeinsam gegangen ist.*
- *Die Kinder werden eingeladen, zu malen oder aufzuschreiben, was ihnen in der Trauergruppe gefallen hat und was nicht (siehe Evaluation).*
- *Wenn Fotos gemacht wurden, kann die Zusendung der Foto-CD angekündigt werden.*
- *Zudem sollte noch einmal darauf aufmerksam gemacht werden, dass die Kinder ihre Adressen austauschen können, wenn sie dies möchten.*

- *Jedes Kind sollte eine namentlich gekennzeichnete, schön gestaltete Mappe mit allen Texten und den Bildern, die das Kind in den Gruppenstunden gemalt hat, bekommen. So können die Kinder zu Hause noch einmal die einzelnen Stunden bei Bedarf nachvollziehen.*
- *Die Kerzen, die zu Anfang der Gruppe für die Verstorbenen in jeder Stunde angezündet wurden, werden den Kindern heute mitgegeben.*
- *Hosentaschenamulett / MDK89*
- *Koffer füllen / MDK85*

5 Ausklang bei Kaffee und Kuchen

Gemeinsam mit den Bezugspersonen kann anschließend bei Kaffee und Kuchen Zeit für Gespräche und einen sanften Ausklang sein. Zum Abschluss können die gemeinsame Zeit, die neuen Kontakte sowie die Erlebnisse der letzten Monate gewürdigt werden. Hinweise auf weiterführende Angebote sollten jetzt gegeben werden. Bevor die Gruppe auseinandergeht, kann jeder Familie ein Symbol der Hoffnung, verbunden mit guten Wünschen für den weiteren Weg und die Zukunft, überreicht werden. Eine kurze Erklärung zur Wahl des Symbols für die Gruppe kann noch folgen.

6 Abschlussritual

Die Gruppe wird endgültig mit einem gemeinsamen Abschlussritual beschlossen.

- *Lied »Das wünsch ich sehr« … und Auspusten der Kerzen für die Verstorbenen*
- *Schlagen der Klangschale*
- *Auswählen eines »Kleinsymbols aus der Truhe« (Kleinsymbole aus der Natur).*

Schlusswort und Dank

Der Tod eines nahestehenden Menschen ist für Kinder und ihre Familien ein schmerzvolles und einschneidendes Ereignis. In meiner täglichen Praxis erfahre ich immer wieder aufs Neue, wie wichtig und wertvoll die Begleitung trauernder Kinder und ihrer Familien in dieser Situation ist. Jugendliche mit ihren spezifischen Bedürfnissen in der Trauer müssen verstärkt berücksichtigt und entsprechende Angebote gemacht werden. Ich würde mir wünschen, dass trauernde Kinder, Jugendliche und ihre Angehörigen vielerorts auf professionelle, umfassende und verantwortliche Begleitung vor und nach dem Tod eines nahestehenden Menschen zurückgreifen könnten. Dem System Familie sollte insgesamt Unterstützung und Begleitung angeboten werden. Deshalb sollten verstärkt qualifizierte, berufsorientierte Fortbildungen zum Umgang mit trauernden Kindern für Pädagogen, Ärzte, Seelsorger und andere mit Kindern und ihren Familien beruflich Tätige angeboten werden.

Es ist mir ein großes Anliegen, Betroffene verantwortlich und qualifiziert zu begleiten, deshalb lag mir die Ausarbeitung des Konzepts sehr am Herzen, mit welchem ich inzwischen seit vielen Jahren arbeite, das ich immer wieder erweitere und neu anpasse. Ich glaube, verantwortliche Trauerarbeit kann sich nur weiter entwickeln und wachsen, wenn wir Wissen und Erfahrungen kollegial miteinander teilen. Deshalb freue ich mich, dies auch mit dieser neuen Ausgabe von »Kindertrauergruppen leiten« tun zu können. Die persönliche, intensive Auseinandersetzung mit dem Thema hat mir zudem noch einmal deutlich gemacht, dass Qualitätsprofile und Qualitätsstandards für Kindertrauergruppen wichtig sind.

Meine tiefe Dankbarkeit und mein aufrichtiger Respekt gilt vor allem den Kindern und Familien, die ich auf ihrem Lebensweg ein Stück begleiten durfte, die mich an ihren Gefühlen, Gedanken und Erfahrungen in der Trauer teilhaben ließen. Sie haben mir durch ihr Vertrauen Einblick in ihre Bedürfnisse, Wünsche, Ängste und Sorgen gegeben. So erst konnte dieses Buch nicht nur ein theoretisches, sondern auch praxisorientiertes Werk für die Arbeit mit betroffenen Menschen werden.

Ein ganz herzlicher Dank geht an meine Freundin und Kollegin Romy Kohler, der Initiatorin des Trauerchats für Jugendliche und junge Erwachsene: www.doch-etwas-bleibt.de, die mich zum zweiten Mal bei einem Buchprojekt vorzüglich kollegial beraten und mir wertvolle Rückmeldungen gegeben hat. Herzlich danken möchte ich den Mitarbeiterinnen und Mitarbeitern von Vandenhoeck & Ruprecht, dass sie sich dieses Themas, welches mir sehr am Herzen liegt, angenommen haben. Mein besonderer Dank gilt Frau Wolf, Frau Rastin, Frau Dr. Gießmann-Bindewald und Herrn Presting für die zuverlässige und kompetente Begleitung nicht nur dieses Projekts. Ganz besonders danken möchte ich meinem Mann Werner, meinen Kindern Teresa, Elena und Ruben und meinen Eltern, durch die ich immer wieder Liebe und Lebensfreude erfahren darf. Die Kraft für meine Aufgabe schöpfe ich aus meinem Glauben, dem Leben mit meiner Familie, meinen Freunden und nicht zuletzt aus dem Kontakt mit den Kindern und ihren Angehörigen, die ich begleite. Es erfüllt mich mit tiefer Freude, wenn ich erlebe, dass Kinder und ihre Familien sich der Auseinandersetzung mit ihrer Trauer stellen und lernen, damit zu leben, und wieder Mut und Lebensfreude empfinden können.

Es wäre schön, wenn ich Ihnen, liebe Leser, auch etwas von der Freude, die mir die Aufgabe mit den Kindern und Erwachsenen macht, vermitteln und dazu anregen könnte, eigene Konzepte zu entwickeln oder diese zu ergänzen. Gerne würde ich Anteil nehmen an Ihren Erfahrungen mit diesem Buch und der Umsetzung oder Ihren eigenen Ideen zum Thema. Zudem können Sie Fortbildungen, Inhouse-Schulungen und Vorträge zum Thema beim Institut *Dellanima* buchen. Ich würde mich deshalb sehr freuen, von Ihnen zu hören. Sie können direkt Kontakt zu mir aufnehmen.

Für Ihre wertvolle und wichtige Arbeit wünsche ich Ihnen alles Gute, Freude und Kraft.

Stephanie Witt-Loers

Informationen, Fortbildungen und Vorträge zum Thema
www.dellanima.de/info@dellanima.de

LITERATUR

Bowlby, J., Bindung als sichere Basis: Grundlagen und Anwendung der Bindungstheorie, Ernst Reinhardt Verlag, München 2008

Bowlby, J., Frühe Bindung und kindliche Entwicklung, Ernst Reinhardt Verlag, München 2005

Bretherton, I., The origins of attachment theory, in: John Bowlby and Mary Ainsworth, Developemental Psychology, 1992, 28, S. 759–775

Eckardt, J., Kinder und Trauma. Was Kinder brauchen, die einen Unfall, eine Katastrophe, Trennung, Missbrauch oder Mobbing erlebt haben, Vandenhoeck & Ruprecht, Göttingen 2005

Fischer, G., Neue Wege aus dem Trauma. Erste Hilfe bei schwerer seelischen Belastungen, Patmos, Ostfildern 2006

Fischer, G., Lehrbuch der Psychotraumatalogie, Ernst Reinhardt Verlag, München 2010

Fischer, G., Wenn Trauer einfriert. Leidfaden, Fachmagazin für Krisen, Leid, Trauer, 2/2012

Franz, M., Tabuthema Trauerarbeit, Don Bosco Verlag, München 2002

Figdor, H., Kinder aus geschiedenen Ehen: Zwischen Trauma und Hoffnung, Psychosozial-Verlag, Gießen 2004

Holzschuh, W., Geschwistertrauer, Erfahrungen und Hilfen aus verschiedenen Praxisfeldern, Friedrich Pustet Verlag, Regensburg 2000

Kast, V., Trauern. Phasen und Chancen des psychischen Prozesses, Kreuz-Verlag, Stuttgart 1984

Kissane, D., Hooghe, A., Familiy Therapy for the Bereaved, in: Neimeyer, R., Harris, D., Winokuer, H., Thornton, G. (Eds.), Grief and bereavement in contemporary society, Bridging research and practice, Routledge, Taylor and Francis Group, New York 2011, S. 287–303

Krüger, A., Akute psychische Traumatisierung bei Kindern und Jugendlichen. Ein Manual zur ambulanten Versorgung, Klett-Cotta, Stuttgart, 2008

Krüsmann, M., Müller-Cyran, A., Trauma und frühe Interventionen, Möglichkeiten und Grenzen von Krisenintervention und Notfallpsychologie, Klett Cotta, Stuttgart 2006

Lammer, K., Trauer verstehen. Formen, Erklärungen, Hilfen, Neukirchener Verlag, Neukirchen-Vluyn, 2004

Marshall, B., Davis, B., Bereavement in children and adults following the death of a sibling, in: Neimeyer, R., Harris, D., Winokuer, H., Thornton, G. (Eds.), Grief and bereavement in contemporary society, Bridging research and practice, Routledge, Taylor and Francis Group, New York 2011, S. 107–117

Müller, H., Willmann, H., Trauer: Forschung und Praxis verbinden. Zusammenhänge verstehen und nutzen, Vandenhoeck & Ruprecht, Göttingen, 2016

Neimeyer, R., Sands, D., Meaning reconstruction in bereavement: From principles to practice, in: Neimeyer, R., Harris D., Winokuer, H., Thornton G. (Eds.), Grief and bereavement in contemporary society, Bridging research and practice, Routledge, Taylor and Francis Group, New York 2011, S. 9–23

Oerter, R. u. Montada, L., Entwicklungspsychologie, Beltz Psychologie Verlags Union, Weinheim 2008

Paul, C., Neue Wege in der Trauer- und Sterbebegleitung. Hintergründe und Erfahrungsberichte für die Praxis. Gütersloher Verlagshaus, Gütersloh 2011

Paul, C., Schuld – Macht – Sinn. Arbeitsbuch für die Begleitung von Schuldfragen im Trauerprozess, Gütersloher Verlagshaus, Gütersloh 2010

Piaget, J., Die Bildung des Zeitbegriffs beim Kind, Suhrkamp Verlag, Berlin 1993

Piaget, J., Meine Theorie der geistigen Entwicklung, Beltz, Weinheim 2003
Piaget, J., Das Weltbild des Kindes, Klett-Cotta, Stuttgart 1978
Plieth, M., Kind und Tod, Neukirchener Verlag, Neukirchen-Vluyn 2009
Rechenberg-Winter, P., Fischinger, E., Kursbuch systemische Trauerbegleitung, Vandenhoeck & Ruprecht, Göttingen 2010
Reddemann L., Dehner-Rau, C.: Trauma: Folgen erkennen, überwinden und an ihnen wachsen, TRIAS, Stuttgart 2007
Röseberg, F., Müller, M. (Hrsg.), Handbuch Kindertrauer. Die Begleitung von Kindern, Jugendlichen und ihren Familien, Vandenhoeck & Ruprecht, Göttingen 2014
Schenk-Danzinger, L. Entwicklungspsychologie, öbv hpt Verlag, Wien 2006
Schraml, W. J., Einführung in die moderne Entwicklungspsychologie für Pädagogen und Sozialpädagogen, Klett-Cotta, München 1990
Streeck-Fischer, A., Trauma und Entwicklung. Frühe Traumatisierungen und ihre Folgen in der Adoleszenz, Schattauer Verlag, Stuttgart 2006
Stroebe, M.S., Schut, H., The Dual Process Model of coping with bereavement, Rationale and Description, Death Studies, 1999, 23, S. 197–224
Stroebe, M., Schut, H., The Dual Process Model of coping with bereavement: A decade on, Utrecht University, The Netherlands, Omega 2010, Vol. 61 (4) S. 273–289
Trickey, D., Kinder und Jugendliche unterstützen in Paul, C. (Hrsg.), Neue Wege in der Trauer- und Sterbebegleitung. Hintergründe und Erfahrungsberichte für die Praxis, Gütersloher Verlagshaus, Gütersloh 2011
Witt-Loers, S., Sterben, Tod und Trauer in der Schule, Vandenhoeck & Ruprecht, Göttingen 2009
Witt-Loers, S., Trauernde begleiten, Vandenhoeck & Ruprecht, Göttingen 2010
Witt-Loers, S., Trauernde Jugendliche in der Schule, Vandenhoeck & Ruprecht, Göttingen 2012
Witt-Loers, S., Zum Tod eines Kindes. Zum Tod eines Jugendlichen durch Suizid. Reflexionen in: Kowalski, B., Er wischt die Tränen ab von jedem Gesicht. Predigten und pastorale Hilfen für Begräbnisfeiern. Verlag Katholisches Bibelwerk, Stuttgart 2011
Witt-Loers, S., Schulprojekte zum Umgang mit Tod und Trauer. In: Leidfaden, Fachmagazin für Krisen, Leid, Trauer, Vandenhoeck & Ruprecht, Göttingen 4/2012
Witt-Loers. S., Kinder sind Angehörige. Vortragsmanuskript 9. DGP-Kongress, Berlin 2012
Witt-Loers, S., Tauernde Jugendliche in der Familie, Göttingen 2014
Witt-Loers, S., Wie Kinder Verlust erleben ... und wie wir hilfreich begleiten können, Vandenhoeck & Ruprecht, Göttingen 2016
Witt-Loers, S., Nie wieder wir. Weiterleben von Frauen nach dem Tod ihres Partners, Vandenhoeck & Ruprecht, Göttingen 2017
Worden, W., Beratung und Therapie in Trauerfällen, Hans Huber Verlag, Bern 2011
Worden, W., Winokuer, H., A task-based approach for counseling the bereavement, in: Neimeyer, R., Harris, D., Winokuer, H., Thornton, G. (Eds.), Grief and bereavement in contemporary society, Bridging research and practice, Routledge, Taylor and Francis Group, New York 2011, S. 57–69
Znoj, H., Komplizierte Trauer, Hogrefe Verlag, Göttingen 2004
Znoj, H., Trauer und Trauerbewältigung. Psychologische Konzepte im Wandel, Kohlhammer Verlag, Stuttgart 2012.
Zobel, M., Traumatherapie – Eine Einführung, Psychiatrie-Verlag, Bonn 2006

Zugang zum Download-Material
Link: www.v-r.de/Kindertrauergruppen_leiten
Passwort: PFzNwHc9